AF814103

Panos Terz

Internationales Vertragsrecht

Spezialprobleme

Lehrbuchverlag

Imprint
Any brand names and product names mentioned in this book are subject to trademark, brand or patent protection and are trademarks or registered trademarks of their respective holders. The use of brand names, product names, common names, trade names, product descriptions etc. even without a particular marking in this work is in no way to be construed to mean that such names may be regarded as unrestricted in respect of trademark and brand protection legislation and could thus be used by anyone.

Cover image: www.ingimage.com

Publisher:
Der Lehrbuchverlag
is a trademark of
Dodo Books Indian Ocean Ltd., member of the OmniScriptum S.R.L Publishing group
str. A.Russo 15, of. 61, Chisinau-2068, Republic of Moldova Europe
Printed at: see last page
ISBN: 978-620-0-44713-5

Copyright © Panos Terz
Copyright © 2021 Dodo Books Indian Ocean Ltd., member of the OmniScriptum S.R.L Publishing group

Panos Terz

Internationales Vertragsrecht
Spezialprobleme

Vorwort

Nach dem bereits erschienenen Buch „Vertragsrecht internationaler Organisationen, Entstehung der Konvention von 1986“ bekannt auch als Wiener Vertragsrechtskonvention 2, stehen im Mittelpunkt des vorliegenden Buches Spezialfragen des Völkervertragsrechts auf der Basis der Wiener Vertragsrechtskonvention über das Recht der Verträge von 1969, bekannt auch als Wiener Vertragsrechtskonvention 1 wie die Konsultationen, die Verhandlungen, der Vertrag, speziell der multilaterale Vertrag universellen Charakters, die Akten und die Schlussakten, die Kodifikation des Völkerrechts, der treaty-making-process, das Jus cogens, das Prinzip Pacta sunt servanda, die Clausula rebus sic stantibus, das Pactum de consultando als neuer Terminus scientificus, geprägt zum ersten Mal hier, das Pactum de negotiando und das Pactum de contrahendo.

Diese Themenstellungen gehörten jahrelang zu der Grundlageforschung des Autors sowie zu den völkerrechtlichen Spezialvorlesungen. Hierzu sind mehrere Fachbeiträge in verschiedenen Ländern und Sprachen veröffentlicht worden. Es hat sich als besonders nützlich erwiesen, dass einige völkerrechtliche Expertisen, die vom Autor in seiner Eigenschaft als Regierungsgutachter für die Zwecke der UNO erstellt worden sind, in der Abhandlung verwendet werden. Es wurden UNO-Dokumente sowie Fachliteratur in mehreren Sprachen und aus verschiedenen Rechtskreisen ausgewertet, was nicht unbedingt üblich ist.

„Pactum est duorum consensus atque conventio“
Ulpianus, Digesten 3 50

Inhalt

1. Konsultationen, Verhandlungen, Vertrag, Multilateraler Vertrag, Schlussakten, Pactum de consultando, Pactum de negotiando, Pactum de contrahendo

1.1 Konsultationen

Die Konsultationen zwischen Staatenvertretern stellen eine eigenständige Realisierungsform des internationalen Verkehrs dar oder unter Umständen könne sie als eine Vorstufe von Verhandlungen qualifiziert werden. Sie werden erwähnt in Verträgen, in Brief- und Notenwechseln und sogar in Gesprächen auf Konferenzen.[1] Sie setzen auf Grund der souveränen Gleichheit der Staaten die Gleichheit und die Gegenseitigkeit voraus.[2] Ihre Elemente sind in erster Linie die Information, die Argumentation. Abstimmung und die Koordinierung.[3] Um die Information geht es im Prinzip im Artikel 4 des Nato -Vertrages.

Im Artikel 4 heißt es: „Die Parteien werden einander konsultieren, wenn nach Auffassung einer von ihnen die Unversehrtheit des Gebiets, die politische Unabhängigkeit oder die Sicherheit einer der Parteien bedroht ist." Ähnlich ist es auch in der „Übereinkunft der Regierungen Japans und der Bundesrepublik Deutschlands über regelmäßige Konsultationen der Außenminister über aktuelle Fragen der Weltpolitik."[4] Über die einfache Konsultation hinaus geht die vertraglich vereinbarte Verpflichtung, in der Zukunft „eine gemeinsame Haltung herbeizuführen."[5]
Die besondere Bedeutung der Konsultationen liegt im Folgenden:

a) Gewährleistung der internationalen Sicherheit durch die Verhinderung von Krisen und Konflikten. Im „Abkommen zwischen der UdSSR und den USA über die Verhinderung eines Nuklearkrieges" vom 22.6.73 sind die Vertragspartner deutlicher: Bei gefährlichen Situationen „dass das Risiko eines nuklearen Konfliktes heraufbeschworen werden könnte, werden die UdSSR und die USA unverzüglich dringende Konsultationen miteinander aufnehmen und alle Anstrengungen zur Abwendung des Risikos unternehmen".[6]

b)Viel weiter geht der Artikel XVII des „Vertrages zwischen der UdSSR und den Vereinigten Staaten von Amerika über die Begrenzung der strategischen Offensivwaffen" (SALT II: Strategic Arms Limitation Talks) vom 18. Juni 1979, indem er die Funktionen eines Konsultationsorgans in epischer Breite aufzählt:

1. Um die Zielsetzungen und die Durchführung der Bestimmungen dieses Vertrages zu fördern, bedienen sich die Vertragsparteien der Beratenden Kommission, die durch das Memorandum des Einverständnisses zwischen der Regierung der USA und der Regierung der UdSSR bezüglich der Errichtung einer Ständigen Beratenden Kommission vom 21. Dezember 1972 errichtet wurde.

2. Im Rahmen der Ständigen Beratenden Kommission werden die Vertragsparteien im Hinblick auf diesen Vertrag

a) Fragen bezüglich der Einhaltung der übernommenen Verpflichtungen und damit zusammenhängender Situationen erörtern, die als mehrdeutig angesehen werden könnten;

b) auf freiwilliger Basis solche Informationen zur Verfügung stellen, die die eine oder andere Vertragspartei als notwendig erachtet, das Vertrauen in die Erfüllung der eingegangenen Verpflichtungen zu gewährleisten;

c) Fragen im Zusammenhang mit unbeabsichtigten Störungen der NTM der Verifizierung und Fragen im Zusammenhang mit der unbeabsichtigten Behinderung der Verifizierung durch NTM erörtern;

d) mögliche Veränderungen in der strategischen Lage erörtern, die sich auf die Bestimmungen dieses Vertrages auswirken;

e) bezüglich der Verfahrensweisen für die Ersatzbeschaffung, den Umbau und die Demontage oder Zerstörung von SOW in den in diesem Vertrag benannten Fällen, und bezüglich der Verfahrensweisen für die Herausnahme von Waffen aus den Gesamtzahlen, übereinkommen, wenn diese anderweitig aufhören, den in diesem Vertrag verfügten Begrenzungen zu unterliegen, und sich auf deren regelmäßigen Sitzungen - 2mal im Jahr - gegenseitig gemäß der vorerwähnten Verfahrensweisen über die Handlugen zu informieren, die sich beendet haben oder die im Gange sind;

f) sofern angebracht, mögliche Vorschläge für eine weitere Ausweitung der Gültigkeit dieses Vertrages erörtern, einschließlich von Vorschlägen zu Vertragsveränderungen gemäß den Bestimmungen dieses Vertrags;

g) sofern angebracht, Vorschläge für weitere Maßnahmen zur Begrenzung von SOW erörtern.

3. Bei der Ständigen Beratenden Kommission unterhalten die Vertragsparteien die gemäß dem Memorandum des Einverständnisses zwischen den USA und der UdSSR vom 18. Juni 1979 bezüglich der Errichtung einer Datenbasis zur Erfassung der Zahlen der SOW zu schaffende und nach Kategorien zu gliedernde vereinbarte Datenbasis mit den Zahlen der SOW."[7]

Es kann sachlich konstatiert werden, dass ausgerechnet das damalige „Gleichgewicht des Schreckens" zwischen der Sowjetunion und den USA solche sicherheitsgewährleistende und friedenserhaltende Vertragswerke ermöglichte und zugleich die Konsultation als selbstständiges Völkerrechtsinstitut aufwertete. Allerdings in der Gegenwart sind wegen der Existenz der USA als der einzigen Supermacht der Welt, die ohnehin einen beängstigenden Völkerrechtsnihilismus an den Tag legt, sind derartige Vertragsbestimmungen ausgeschlossen. Die USA würden vielmehr die bereits abgeschlossenen Verträge dieser Art als Last über Bord werfen. Zu unterstreichen ist die Bedeutung der Konsultationen ebenso für die friedliche Streitbeilegung. Im Artikel XI des Antarktis-Vertrages vom 1.12.1959: „Bei Streitigkeiten zwischen zwei oder mehr Vertragsparteien über die Auslegung oder Anwendung dieses Vertrages werden sich die Vertragsparteien konsultieren. um Streitigkeiten durch Verhandlungen..., beizulegen."[8] Im Artikel VII des Übereinkommens über die Privilegien und Immunitäten der Spezialorganisationen der UNO von 1946 wird ebenso auf die Notwendigkeit von Konsultationen hingewiesen: „Wenn ein Vertragspartner dieses Übereinkommens der Ansicht ist, dass ein Missbrauch eines Privilegs oder einer Immunität, die durch das vorliegende Übereinkommen gewährt werden, vorgekommen ist, werden zwischen jenem Staat und der betreffenden Spezialorganisation Beratungen stattfinden, um festzustellen, ob ein solcher Missbrauch vorgefallen ist und bejahen jedenfalls zu versuchen, die Wiederholung eines solchen Falles zu verhindern."[9]

Ein Vergleich der verschiedenen Verträge, welche die Notwendigkeit von Konsultationen unterstreichen, hat ergeben, dass dies in erster Linie in Dokumenten zu Fragen der internationalen Sicherheit und insbesondere der Abrüstung geschieht. Hieraus ergibt sich die berechtigte Schlussfolgerung, dass es bei den Konsultationen hauptsächlich darum geht, in sicherheitspolitisch brisanten Situationen unverzüglich aktiv zu werden. Gerade darin besteht zwischen der Konsultation als einem selbständigen Völkerrechtsinstitut und der Verhandlung ein wichtiger Unterschied. Das Spektrum der Verhandlungsgegenstände ist viel breiter und mitunter zeitraubender.

Dass es sich um zwei unterschiedliche Völkerrechtsinstitute handelt, geht auch aus dem Artikel 42 der Wiener Konvention über Staatennachfolge in Staatsvermögen, Staatsarchive und Staatsschulden vom 8.April 1983 hervor: „Konsultation und Verhandlung, Wenn ein Streit bezüglich der Auslegung oder Anwendung der vorliegenden Konvention zwischen zwei oder mehreren Teilnehmern der Konvention entsteht, versuchen sie auf Antrag eines von ihnen, diesen durch Konsultationen und Verhandlungen beizulegen".[10] Infolgedessen kann der Auffassung nicht gefolgt werden, nach der die Konsultation als eine Unterart der Verhandlung zu betrachten sei.[11] Dies hat, wie an anderer Stelle (7.1.) nachzuweisen sein wird, Konsequenzen auch für die konkrete Bezeichnung der in Verträgen enthaltenen Konsultationspflicht eben nicht als Pactum *de negotiando*, sondern als *Pactum de consultando*.

Die Bedeutung der Konsultation in den internationalen Beziehungen hat sich im Verlaufe der Jahrzehnte etwas gewandelt. Während sie z.B. vor dem zweiten Weltkrieg bei der Streitbeilegung der Schwerpunkt lag, wuchs ihre Bedeutung bei Verträgen zu Sicherheitsfragen nach dem Zweiten Weltkrieg und insbesondere im Entspannungsprozess rapide. In der Gegenwart jedoch besitzt für sie die Streitbeilegung wieder Priorität.

1.2 Verhandlungen

Ob bilateral oder multilateral die Staaten erkennen zunächst die Regelungsnotwendigkeit, Regelungswürdigkeit und auch Regelungsmöglichkeit einer Sache und erklären ihre Bereitschaft, Verhandlungen aufzunehmen. Sie lassen sich dabei von ihren durch verschiedene Faktoren beeinflussten Interessen leiten und versuchen, diese mit legitimen Mitteln, d.h. unter Beachtung des Völkerrechts, insbesondere des grundlegenden Prinzips der souveränen Gleichheit der Staaten sowie der Freiwilligkeit, der Entscheidungsfreiheit und der Willensautonomie durchzusetzen und führen die Verhandlungen nach Treu und Glauben. Das Ergebnis jedweder Verhandlung kommt durch Interessenkoordinierung und sich darauf fußend, durch Willensübereinstimmung zustande.[12]

Eine erfolgreiche Verhandlungsführung setzt neben Fachkenntnissen auch entsprechende Kenntnisse allgemeinen Charakters, wie z.B. ethnopsychologische und ethnotraditionelle Aspekte der Partner. Andernfalls besteht die große Gefahr, dass die Verhandlungsführer aneinander vorbei reden, wie dies bei den Verhandlungen zwischen den Vertretern der Europäischen Union auf der einen Seite und den Vertretern

Griechenlands auf der anderen Seite der Fall war, als es um Kredite und Schulden ging. Hinsichtlich des generellen *approachment* eines Nordeuropäers und eines Orientalen sind erhebliche Unterschiede zu konstatieren. Der Nordeuropäer zeichnet sich durch kühles Denken und vor allem durch den *common sense* aus, während bei dem Orientalen die Emotionen und mitunter die Spekulationen überwiegen.[13] Eine weitere Voraussetzung besteht darin, am Anfang ein Maximum an Forderungen zu stellen, wohl im Voraus wissend, dass sie nicht erreicht werden können, und das er Abstriche machen muss. Es gehört auch dazu, fast kurz vor dem Abschluss der Verhandlungen lautstark zu erklären, dass weitere Zugeständnisse nicht möglich seien, und das er eher die Verhandlungen einseitig beenden wird. Das ist im Allgemeinen ein Zeichen dafür, dass dieser Staat natürlich Kompromissbereitschaft zeigen wird, und dass die Verhandlungen ergebnisreich sein werden. Das Verhandlungsergebnis hat sich teilweise weit von den ursprünglichen Vorschlägen entfernt, denn ohne Kompromisse sind ergebnisorientierte Verhandlungen nicht möglich. Am besten hat dies Kraus formuliert: „Wenn die geltend gemachten Forderungen in dem getroffenen Ausgleich keine volle Befriedigung finden, jede der Parteien vielmehr im Interesse des Zustandekommens einer Regelung von ihrem Anspruch etwas abstreicht, sprechen wir von Kompromiss. Auch im Falle eines Kompromisses kann noch ein adäquater Interessenausgleich vorliegen.“[14] P.M. Dupuy unterstreicht die Notwendigkeit von Kompromissen in einer „multikulturellen Welt“ mit unterschiedlichen Rechtsauffassungen.[15] W. Grewe wiederum verbindet die „Kunst des Verhandelns“ mit der „Kunst des Kompromisses“ und macht auf die möglichen Folgen des Vorgehens eines schlechten Verhandlers aufmerksam: „er vergrößert das Risiko des Scheiterns der Verhandlungen, im Falle des erfolgreichen Abschlusses aber riskiert er ein Ergebnis, dessen er womöglich nicht lange froh sein wird und das sich früher oder später als ein Schein-Erfolg entpuppt.“[16]

Zu erwähnen ist auch eine spezielle Vorbereitung, die eher bei multilateralen Verhandlungen in Frage käme: Nicht mit einer Lösungsvariante operieren, sondern mit mehreren, mitunter mit vier oder sogar sechs Varianten, was der Autor als Regierungsgutachter zu Völkerrechtsfragen oft praktiziert hat. Natürlich am Anfang ist nur eine Variante den anderen Verhandlungspartnern bekannt, Die anderen, die entscheidenden, sind abrufbereit und gehören eigentlich sicherheitspolitisch zu den Staatsgeheimnissen. Es ist dem Wesen nach ureigene Aufgabe der Geheimdienste, zu diesen Lösungsvarianten zu gelangen.

Insgesamt ist es so, dass nur die entwickelten und reichen Länder sich diesen vielseitigen Luxus der gründlichen Vorbereitung vor allem auf internationale Vertragskonferenzen leisten können.

Die Verhandlung als ein Völkerrechtsinstitut spielt eine essentielle Rolle für zwei grundlegende Prinzipien des Völkerrechts und zwar für das Prinzip der Friedlichen internationalen Zusammenarbeit und für das Prinzip der Friedlichen Streitbeilegung.

Ohne Verhandlungen ist die Verwirklichung des Prinzips der Friedlichen internationalen Zusammenarbeit im legitimen Interesse der Staaten kaum möglich. Es drängt sich jedoch die Frage danach auf, ob es in diesem Zusammenhang eine völkerrechtliche Verhandlungspflicht gäbe. Bei der Beantwortung dieser Frage kommt es darauf an, welcher der Bezugspunkt ist. Einerseits verpflichtet dieses Völkerrechtsprinzip *en general* die Staaten, zusammen zu arbeiten. Andererseits ist jedoch die Zusammenarbeit *in concreto* unmittelbar mit der staatlichen Souveränität, d.h. mit seiner souveränen Entscheidungsfreiheit zu sehen. D.h. auch, dass jeder Staat, ausgehend von seinen Interessen selbständig darüber entscheidet, mit wem und vorüber er kooperiert und wann er die erforderlichen Verhandlungen führen möchte. Hieraus ergibt sich, dass sich eine Verhandlungspflicht aus dem Prinzip der Friedlichen internationalen Zusammenarbeit nicht ergibt. Diese Auffassung hat der Autor bereits 1982 vertreten.[17] Zugleich möchte der Autor *hic et nunc* die von ihm in der Vergangenheit in mehreren Publikationen vertretene Ansicht revidieren, dass das Prinzip der friedlichen internationalen Zusammenarbeit einen *jus cogens* - Charakter besäße.[18] Diese Position zeichnete sich nicht durch eine völkerrechtstheoretische Schärfe aus. Dies allerdings kann die oben getroffene Feststellung über die allgemeine Verhandlungsführungspflicht nicht aufheben. Es hilft auch nicht weiter, wenn man diesem Prinzipien „teilimperativen" Charakter zuerkennt.[19]

Von eminenter Bedeutung ist die Verhandlung für das grundlegende Prinzip der Friedlichen Streitbeilegung. Es ist kein Zufall, das bereits die UNO-Charta sie in diesem Zusammenhang im Artikel 33 *expressis verbis* und an erster Stelle nennt: „(1) Die Parteien einer Streitigkeit, deren Fortdauer geeignet ist, die Wahrung des Weltfriedens und der internationalen Sicherheit zu gefährden, bemühen sich zunächst um eine Beilegung durch Verhandlung, Untersuchung, Vermittlung, Vergleich, Schiedsspruch, gerichtliche Entscheidung, Inanspruchnahme regionaler Einrichtungen oder Abmachungen oder durch andere friedliche Mittel eigener Wahl."

Mit dieser interessanten Problematik hat sich besonders intensiv E. Oeser befasst. Sie hebt folgende Aspekte mit Nachdruck hervor: „1. die Beteiligten (ver)handeln gemeinsam, gehen aufeinander zu; 2. Verhandlungen sind durch verschiedene Staatsorgane auf verschiedenen Ebenen in verschiedenen Formen möglich; 3. die Beteiligten haben insofern ein gemeinsames allgemeines Ziel, als es darum geht, eine Verständigung herbeizuführen, ansonsten aber gibt es Unterschiede. Das konkrete Ziel bei der Streitbeilegung besteht darin, durch Verständigung bestehende Belastungen, Reibungen, Streitigkeiten (Situationen) aus den bilateralen Beziehungen weitgehend auszuschalten und zu verhindern, dass davon Friedensgefahren ausgehen; bei den sonstigen Verhandlungen soll die konstruktive Zusammenarbeit für die Zukunft zwischen den Staaten im Rahmen der Grundprinzipien des Völkerrechts gefestigt werden. 4. Was den Gegenstand der Verhandlungen angeht, so finden ihn die Beteiligten entweder vor (Streitbeilegung) oder müssen ihn erst im Rahmen des Völkerrechts bestimmen."[20]

1.3 Völkerrechtlicher Vertrag

1.3.1 Völkerrechtstheoretisches (Vertragsnormenbildungsprozess)

Der Vertragsnormenbildungsprozess beginnt in der Regel damit, dass einige oder mehrere Staaten gleichzeitig oder zu einem unterschiedlichen Zeitpunkt bestimmte Probleme kognitiv erfassen. Es wird also zunächst erkannt, dass bestimmte Probleme, wie z. B. gegenwärtig der Klimawandel oder konkrete Fragen der internationalen Wirtschaftsbeziehungen vorhanden sind. Hierüber entsteht ein *consensus generalis* (allgemeine Übereinstimmung) oder sogar ein *consensus omnium* (Übereinstimmung aller) bzw. jetzt in der Zeit der Globalisierung ein *consensus universalis*. Bereits in der kognitiven Phase des *consensus* der Staaten sind mehrere Determinanten (materielle und ideelle, ökonomische und ideologische, innerstaatliche und internationale) in ihrer Komplexität beteiligt. Sie bedingen in ihrer Gesamtheit das Staatsinteresse.

Danach wird von einigen oder mehreren Staaten aus ähnlichen oder unterschiedlichen Gründen die Bedeutung der betreffenden Probleme erkannt. Hierüber kann ebenfalls je nachdem ein *consensus generalis* oder sogar ein *consensus omnium* bzw. ein *consensus universalis* entstehen. Der Bedeutungsgrad ist jedoch in erster Linie von der konkreten Interessenlage des jeweiligen Staates abhängig.

Das Erfassen der in der objektiven Realität existierenden Probleme ist hinsichtlich ihrer Bedeutung mit einer Wertung verbunden. Ihr liegen Faktoren zugrunde, die vorwiegend in den materiellen Lebensbedingungen wurzeln. Über die Wahrnehmung, Erkenntnis und Bewertung der Probleme gelangen die Staaten zu ihrer Normierungsnotwendigkeit und Normierungswürdigkeit. Der Normierungsgegenstand existiert zwar unabhängig von den wahrnehmenden, erkennenden und wertenden Subjekten (Staaten), die Normierungsfrage ist allerdings subjektiv gefärbt, weil sie durch die hauptsächlich materiell bedingte Vorstellungswelt der Staaten hindurchgeht. An diesem Prozess beteiligen sich solche Faktoren, wie z.B. das Rechtsbewusstsein und das Gerechtigkeitsempfinden. Erkennen mehrere Staaten die Normierungsnotwendigkeit, die Normierungswürdigkeit und die Normierungsmöglichkeit, dann kann hierüber das Bestehen eines *consensus generalis* und wenn dies bei der übergroßen Mehrheit der Staaten der Fall ist, eines *consensus omnium* bzw eines *consensus universalis* bejaht werden.

Danach erstreckt sich der *consensus* der Staaten auf die zu klärenden Verfahrensfragen. Eine weitere Phase des konsensualen Prozesses bezieht sich auf die Regelung der substantiellen Fragen. Deshalb ist diese Phase die wichtigste. In diesem Stadium spielen Interessen, Willen, Rechtsbewusstsein und Gerechtigkeitsempfinden eine entscheidende Rolle. Im Verhandlungsprozess versuchen die Staaten, einen Interessenausgleich zu erzielen. Daran sind insgesamt verschiedene Determinanten beteiligt: die globalen Herausforderungen der Menschheit, darunter in erster Linie der Klimawandel, das internationale Kräfteverhältnis, unter Umständen die Bündnisverpflichtungen, in der Zeit der Globalisierung die sehr starke Interdependenz, die internationale öffentliche Meinung, der politische Standort, die ökonomische und militärische Stärke, die geographische Lage, die innenpolitische Situation, die Rechtsanschauungen und die Wertvorstellungen wegen der Unterschiedlichkeit der vorhandenen Kulturkreise, die Erwartungshaltung etc. der Staaten. Alle zusammen stellen einen dialektischen und widersprüchlichen Prozess dar.

Im Verhandlungsprozess koordinieren die Staaten ihre Interessen und die darauf fußenden Willen. Das Ergebnis dieses komplexen Vorganges ist Ausdruck eines inhalts- und sachbezogenen *consensus* und findet seinen Niederschlag in Verträgen, genauer in Vertragsnormen. Sie wiederum sind, vertragstheoretisch betrachtet, Produkt der *intentio juris* (Rechtsabsicht) oder anders formuliert, der *voluntas juris* (Rechtswille) der beteiligten Staaten.[21]

Der Geltungsbereich der Vertragsnormen, völkerrechtssoziologisch betrachtet, als Verhaltensnormen ist relativ breit. An der Interessenkoordinierung zwecks eines Interessenausgleichs auf internationalen Staatenkonferenzen, im Rahmen der UNO-Vollversammlung oder auf bilateraler Ebene bei Verhandlungen über eine wichtige Materie sind verschiedene Determinanten beteiligt wie die globalen Probleme der Menschheitsentwicklung, gegenwärtig der bedrohliche Klimawandel, das internationale Kräfteverhältnis, unter Umständen die Bündnisverpflichtungen, die objektiv bedingte gegenseitige Abhängigkeit, der Wille der Völker, die internationale öffentliche Meinung, die weltanschauliche Position und der politische Standort der Staaten, die ökonomische Stärke, die geographische Lage, die innenpolitische Situation in einem Staat, die Rechtsanschauungen, das Rechtsbewusstsein, die Wertvorstellungen, das Gerechtigkeitsempfinden, die Erwartungshaltung etc. Diese materiellen und ideellen, innerstaatlichen Faktoren und solche in den internationalen Beziehungen wirken in der Regel - das ist abhängig von der Verhandlungsmaterie - komplex und meistens gleichzeitig. Sie stellen damit einen dialektischen und widersprüchlichen Prozess dar.

Im Verhandlungsprozess koordinieren die beteiligten Staaten ihre Interessen und die darauf fußenden Willen. Das Ergebnis dieses Prozesses ist Ausdruck ihres inhaltsbezogenen Consensus, findet seinen Niederschlag in Verträgen bilateraler oder multilateraler Art. Somit bezieht sich der Consensus der Staaten auf Inhalt und Form der angenommenen Instrumente. In den internationalen Beziehungen erfolgt der Interessenausgleich zwischen den Staaten, wie bereits nachgewiesen, auf der Basis des Consensus zwischen den Staaten. Dabei sind die rechtlichen Normen die konkretesten und wichtigsten Ergebnisformen. Auf sie kann der traditionelle Begriff der Vereinbarung nach wie vor angewandt werden.

Gerade um die Vereinbarung ging es im 19. Jh. bei H. Triepel, der zwischen dem Vertrag und der Vereinbarung unterschied. Der Vertrag sei die „Vereinigung mehrerer Personen von verschiedenem, aber korrespondierendem Interesse zu inhaltlich entgegen gesetzten, auf denselben äußern Zweck gerichteten Willensäußerungen." Ausschlaggebend sei nach H. Triepel, dass der Willensinhalt der Kontrahenten verschieden ist, und daher könne der Vertrag keinen Gemeinwillen bilden. Nur bei der Vereinbarung sei der Willensinhalt der Kontrahenten identisch.

Er betrachtete also die Vereinbarung als Verschmelzung verschiedener aber inhaltlich gleicher Willen. Das Ergebnis der Vereinbarung sei ein Gemeinwille, der das Völkerrecht schaffe: „Ich finde die bindende Kraft des Völkerrechts einmal darin begründet, dass in dem Gemeinwillen, dessen Inhalt dem Staat als Norm seines Verhaltens gegen andere Staaten erscheint, ihm nicht ein durchaus fremder, sondern zugleich sein eigener Wille entgegentritt [...]. Nicht lediglich sein eigener Wille, [...] aber doch nicht schlechthin ein fremder Wille. Freilich, der Wille des Staates, der jenen Gesamtwillen mit begründet, ist nicht unwandelbar; er kann sich ändern in dem Sinne, dass der Staat sich jetzt nicht ebenso an der Gesamtwillensbildung beteiligen würde, wie er es früher tat."[22]

Diese Gemeinwille - Konzeption wurde teilweise von K. Binding[23] sowie von D. Anzilotti,[24] wenn auch modifiziert, ebenfalls vertreten. Auch als „Gesamtwille" ist sie anzutreffen.[25] Diese „kollektiv-psychologische Erscheinung"[26] stieß bei vielen Völkerrechtlern auf Ablehnung. G. Morelli z.B. kritisierte an der Konzeption die Ungeeignetheit, ein einheitliches Völkerrechtssystem aufzubauen. Es gäbe eine große Anzahl von zwischenstaatlichen Vereinbarungen, die im Grunde miteinander nicht verbunden wären.[27] Die massivsten Angriffe gegen die Triepelsche Gemeinwille - Konzeption, soweit überblickbar, werden von T. Gihl geführt. Er wirft ihr Mystizismus vor, spricht in diesem Zusammenhang von einer „unio mystica" und schätzt schließlich ein, dass sie zum Scheitern verurteilt ist.[28] Einer gründlichen Kritik unterzog diese Konzeption erst der sowjetische Völkerrechtler G. Tunkin. Er lehnt hauptsächlich das formelle und dogmatische Herangehen an die Vereinbarungsfrage und das Vorbeigehen „an den Prozessen des Kampfes und der Zusammenarbeit" bei der Völkerrechtsschöpfung ab. Tunkin unterstreicht zugleich den rationalen Kern der Konzeption H. Triepels, „dass die Vereinbarung zwischen den Staaten die einzige Methode der Schaffung der Prinzipien und Normen des Völkerrechts darstellt".[29] Einerseits ist Tunkins Kritik zu folgen. Andererseits darf man jedoch die historische Wahrheit nicht übersehen, dass der Positivismus, darunter der Rechtspositivismus, seinen Siegeszug antrat, nachdem die bürgerliche Klasse ihre „heroischen Ilusionen" schon längst über Bord geworfen hatte und es ihr nur um die Sicherung ihrer Macht ging.

Diesem politischen Ziel dienten konkrete Rechtsnormen. gesellschaftspolitische Erfordernisse zwangen die Positivisten, das Recht aus den gesellschaftlichen Verhältnissen heraus zu konstruieren.[30] Deswegen konnte H. Triepel das soziale Wesen der Vereinbarung nicht aufdecken. Eine angemessene Lösung dieses für die internationalen Beziehungen in besonderem Maße wichtigen theoretischen Problems kann nach der Meinung des Autors nur auf der Grundlage der neuesten Erkenntnisse der

Philosophie, der Staats- und Rechtstheorie und der Theorie der internationalen Beziehungen, in ständiger Auseinandersetzung ebenfalls mit den neuen bzw. neuesten Forschungsergebnissen anderer Völkerrechtler gefunden werden. In einem anderen Zusammenhang wurde angedeutet, dass der Staatenkonsens auch juristische Aspekte aufweist. Dies ist der Fall, wenn die Staaten darüber übereinstimmen, dass ein von ihnen gemeinsam geschaffenes Instrument juristischen Charakter besitzt.

Diesbezüglich kann auf den rationellen Kern der Consensus-Lehre im Römischen Recht zurückgegriffen werden. Die wichtigste Grundlage hierfür bildeten die Digesten (Ulpianus, 3 50 12: „Pactum est duorum consensus atque conventio"). Hieraus ist ersichtlich, dass Conventio erklärter Consensus, d. h. die Erklärung des Consensus ist. Nach den Digesten setzt sich der Vertrag aus innerer Willenseinigung (Consensus) und äußerer Erklärungsübereinstimmung (Conventio) zusammen. Consensus bedeutet also im Römischen Recht Willensübereinstimmung,[31] ohne die ein Vertrag nicht zustande kommen kann.

Einige Autoren gehen bei der Interpretation des Consensus darüber hinaus, indem sie auch die „übereinstimmende Meinung der Parteien über die wesentlichen Vertragselemente, besonders des Typus und die Hauptgegenstände des Vertrags" erfassen.[32]

Das Wesen des Consensus im Römischen Recht besteht darin, dass die Willensübereinstimmung die *conditio sine qua non* jedes Vertrages ist. Die Willensübereinstimmung bedeutet, dass die sachbezogenen Meinungen der Kontrahenten ebenfalls übereinstimmen. Dieser hohe Abstraktionsgrad kann natürlich weder das soziale noch das politische Wesen der Willensübereinstimmung zum Ausdruck bringen. Das konkrete soziale und politische Wesen der Willensübereinstimmung ist ohnehin nicht *a priori* gegeben.

In den internationalen Beziehungen und speziell im Völkerrecht kommt es bei dieser Fragestellung auf den politischen Standort der Vertragspartner an. Während z. B. bei einem Vertrag zwischen Staaten einer Gesellschaftsordnung wie z.B. zwischen China und Nordkorea die Willen juristisch und politisch übereinstimmen, würde eine wesensmäßige, d. h. sich auf politische Motive und Zielstellungen beziehende politische Willensübereinstimmung zwischen China und den USA eine *contradictio in adiecto* bedeuten. Von einer solchen politischen Übereinstimmung ist jedoch eine Übereinstimmung der Meinungen und Willen über politische Fragen zu unterscheiden.

Das Ergebnis der Interessen- und Willenskoordinierung, erzielt im Verhandlungsprozess, ist einheitlich.[33] Während die Willenskoordinierung ein Verfahren darstellt, ist die Willensübereinstimmung das Ergebnis des Willensbildungsprozesses. Von der Willensübereinstimmung im völkerrechtlichen Normsetzungsprozess spricht auch Tunkin. Er bezieht dabei die Willensübereinstimmung auf den Inhalt einer Norm sowie auf ihre Anerkennung als Rechtsnorm. Hinzu kommt noch die gegenseitige Bedingtheit der Staatswillen. Sie äußert sich darin, dass die Zustimmung des einen Staates zur Anerkennung einer Norm als Völkerrechtsnorm nur unter der Bedingung gegeben wird, dass der andere bzw. die anderen Staaten gleichfalls die Zustimmung dazu geben. Nach Tunkins Auffassung sind damit die Übereinstimmung und die gegenseitige Bedingtheit der Willen die zwei wichtigsten Merkmale der Vereinbarung als Mittel der Setzung von Völkerrechtsnormen.[34] In späteren Publikationen Tunkins und anderer früherer sowjetischer Völkerrechtler war aber nicht mehr von der Übereinstimmung, sondern nur von der Koordinierung der Willen die Rede.[35]

Die Konzeption von der Willenskoordinierung kann jedoch rechtstheoretisch die Rechtsnorm als ein für die Staaten einheitliches Modell verbindlichen Verhaltens nicht erklären. Wird diese Konzeption konsequent zu Ende gedacht, so gäbe es nach dem Abschluss von Vertragsverhandlungen zwischen hundert Staaten immer noch hundert unterschiedliche Staatswillen. Was aber in einem solchen Fall die Staaten schaffen, ist „das einheitliche Ergebnis ihres Zusammenwirkens“.[36]

In einer späteren Publikation bekräftigte Tunkin seine Vereinbarungskonzeption aus den 50er und 60er Jahren des vergangenen Jahrhunderts und versuchte, sie teilweise weiter zu entwickeln. Als Demonstrationsobjekt hierfür nannte Tunkin die im Artikel 38 des IGH-Statuts erwähnten „Allgemeinen Rechtsprinzipien“ („General Principles of Law“), die juristisch verbindlichen Beschlüsse sowie einen empfehlenden Charakter aber auch einzelne rechtliche Elemente besitzenden Resolutionen internationaler Organisationen. Die in seiner Argumentation auftretenden Probleme logischer und rechtstheoretischer Art lassen die Schwächen seiner vereinbarungstheoretischen Konzeption relativ leicht erkennen. Denn es gelang ihm in keinem der drei Fälle überzeugend nachzuweisen, dass sie („Allgemeine Rechtsgrundsätze“ etc.) das Ergebnis von juristischen Vereinbarungen zwischen den Staaten seien.[37]

In der Fachliteratur wird die Übereinstimmung (Consensus, consent), bezogen auf das Völkerrecht zum einen ganz allgemein aufgefasst: Übereinstimmung der

Auffassungen über das System und die Prinzipien des Völkerrechts bereits als Fakt[38] oder als etwas Erstrebenswertes.[39] Zum anderen wird der Consensus - dabei sind Nuancen nicht zu übersehen - allgemein als die einzige Quelle des Völkerrechts angesehen. Dies ist vorwiegend bei Völkerrechtlern aus dem deutschsprachigen Raum[40] sowie bei mehreren aus dem „angloamerikanischen Rechtskreis“[41] festzustellen. Bei den Letzteren darf aber der Consensus nicht mit der Konzeption von „Common consent“ verwechselt werden, die zwar im Prinzip die gemeinsame Übereinstimmung als Grundlage des Völkerrechts betrachtet („Common consent“) „is the basis of all law“[42] jedoch eine Majorisierung einiger Staaten zulässt, weil sie letzten Endes nicht die Zustimmung jedes Staates verlangt.[43]

Weitere Juristen erkennen ebenfalls die grundlegende Bedeutung des Consensus für das Völkerrecht[44] und bringen seine Bedeutung mit der staatlichen Souveränität in Verbindung.[45] In einem Fall wird der Versuch unternommen, die Grundlagen der Völkerrechtsordnung den „natürlichen und soziologischen Gegebenheiten in der internationalen Gemeinschaft“ und im „Konsens der Staatengemeinschaft“ zu erblicken.[46] Einerseits wird über die formaljuristische Betrachtungsweise anderer Völkerrechtler hinausgegangen, andererseits werden allerdings die dem Consensus zugrundeliegenden sozialen, politischen und anderen Faktoren nicht genannt.

Die kurz skizzierten Auffassungen über die grundlegende Bedeutung des Consensus für das Völkerrecht haben zwar einen rationalen Kern, dass nämlich die Übereinstimmung der Staaten die unabdingbare Voraussetzung für die Schaffung des Völkerrechts ist, sie sind jedoch mit mehreren Mängeln behaftet: Sie sind zu abstrakt, allgemein und absolut; es wird zwischen den bezüglich des Charakters unterschiedlichen Ergebnissen des Staatenconsensus nicht unterschieden; sie stehen weder mit dem Interesse noch mit dem Willen der souveränen Staaten in Verbindung; sie stellen *summa summarum* keine geschlossene theoretische Konzeption, sondern Gedankenfragmente dar.

Im Unterschied dazu konzentrieren sich andere Völkerrechtler - die wenigsten jedoch in der Zeit nach dem zweiten Weltkrieg - auf die Willensübereinstimmung als Entstehungsgrund des Völkerrechts. An erster Stelle stehen deutsche[47] und italienische[48] Juristen. Abgesehen von seltenen Ausnahmen[49], wird allerdings die Willensübereinstimmungsproblematik zu allgemein und abstrakt behandelt. Es werden keine philosophischen, soziologischen, erkenntnistheoretischen und rechtstheoretischen Untersuchungen angestellt. Die entscheidende Tatsache, dass es gegenwärtig Staaten unterschiedlicher Kultur- und Rechtskreise mit unterschiedlichen Interessenlagen und Willen gibt, wird dabei völlig außer Acht gelassen.

Dies gilt in diesem Kontext teilweise auch für jene Juristen, die ansonsten eine globale Sicht an den Tag legen.[50] Gleiches kann auch hinsichtlich des Charakters des Völkerrechts konstatiert werden. Die konkreteste juristische Ergebnisform des Normenbildungsprozesses ist der völkerrechtliche Vertrag, durch den völkerrechtliche Rechte und Pflichten begründet bzw. übernommen werden. Er ist das juristische Hauptinstrument zur rechtlichen Regulierung der Beziehungen zwischen den Völkerrechtssubjekten, d. h. in erster Linie zwischen den Staaten aber auch zwischen den internationalen staatlichen Organisationen.

Der völkerrechtliche Vertrag wird im Artikel 2 der WVK1 wie folgt definiert: „Im Sinne dieses Übereinkommens a) bedeutet «Vertrag» eine in Schriftform geschlossene und vom Völkerrecht bestimmte internationale Übereinkunft zwischen Staaten, gleichviel ob sie in einer oder in mehreren zusammengehörigen Urkunden enthalten ist und welche besondere Bezeichnung sie hat. Wenn es aber bei dieser lapidaren Definition bliebe, wäre die Sache kompliziert. Es verwundert daher nicht, dass es immer wieder seitens der Völkerrechtler Versuche gab und weiterhin gibt, die möglichen Bezeichnungen des *treaty* zu bestimmen.

L. Gross fügt hinzu die Bezeichnungen Charter, Statute, *agreed minutes* und *Memorandum of agreement*[51],während Charles Rousseau u.a. die Bezeichnungen *arrangement* und *accord*[52] nennt und in einer anderen Publikation als einziger Völkerrechtler den Versuch unternimmt, die einzelnen Vertragsbezeichnungen zu beschreiben: Pakt (der neueste Ausdruck und besonders feierlich), Charta (ebenso feierlich), Statut (für die multilateralen Verträge mit institutionellem Charakter), Akt (wenn es darum geht, Rechtsregelungen auszudrücken), Deklaration (bei Schaffung juristischer Prinzipien oder bei der Bestätigung einer gemeinsamen Position), Protokoll (Verwendung bei verschiedenen Akten, sie zielt darauf, schnell Rechtsregelungen zu schaffen oder einen Vertrag zu verlängern, zu ergänzen, zu erklären oder zu ändern), Arrangement (ein diplomatisches Instrument, das gewöhnlich bestimmt ist, die Richtlinien für die Durchführung eines vorherigen Vertrages zu fixieren oder ein provisorisches Regime zu schaffen), Accord (allgemeiner juristischer Ausdruck mit einem technischen Inhalt), Modus vivendi (Abmachung mit provisorischem Charakter), Avenant (Abmachung, die ein vorheriges , mit kommerziellem Charakter Instrument abändert), Konstitution (Abkommen über die Gründung einer internationalen

Organisation). Wie dem auch sei, die offizielle Auffassung der International Law Commission ist entscheidender bestimmend. In ihrem Kommentar zum Artikel 2 der WVRK1 zählt sie die verschiedenen Bezeichnungen des Terminus scientificus „treaty“ auf: „Thus in addition to „treaty“, „convention“ und „protocol“, one not infrequently finds titles such as „declaration“, „charter“, „covenant“, „pact“, „act“, „statute“, „agreement“, „concordat“, whilst names like „declaration“, „agreement“ and „modus vivendi“ may well be found given both to formal and less formal types of agreements. As to the latter, their nomeclature is almost illimitable, even if some names such as „agreement“, „exchange of notes“, „exchange of letters“, „memorandum of agreement“, or „agreed minute“ may be more commen than others [...]. Fourthly, the use of the term „treaty“ as a generic term embracing all kinds of international agreements in written form is accepted by the majority of jurists“ (United Nations Conference on the Law of Treaties, Official Records, A/CONF.39/11/Add.2. p.8). Zugleich verweist die ILC auf die vom Berichterstatter H. Lauterpacht in seinem ersten Bericht aufgestellte Liste mit den Bezeichnungen (Yearbook of International Law Commission, 1953, Vol II, p.101).

Es wird festgestellt, dass die ILC zwischen den formellen und den weniger formellen Abmachungen unterscheidet. Interessant dürfte die Erklärung des Spezialberichterstatters Waldock sein, warum sich die ILC für den Begriff „treaty“ entschieden hat: Dieser Begriff sei allgemeinüblich für das Völkervertragsrecht, während hingegen der Terminus „agreement“ die geplante Vetragsrechtskonvention schwerfällig machen würde (ILC Yearbook 1965, Vol. II. p.9). Auch die Encyclopedia Britannica (1965, Vol. 22, p.4369) hat den Begriff „treaty“ privilegiert. Im Grunde genommen, die angelsächsische Rechtstradition konnte sich durchsetzen. Interessant dürften auch einige Bezeichnung des „Vertrages“ in der deutschen Sprache sein: Abkommen, Abmachung, Übereinkommen (üblich bei internationalen Konventionen), Übereinkunft, Vereinbarung.[53]

Folgend sollen einige Beispiele von Deklarationen angeführt werden, die von den Staaten als völkerrechtliche Verträge betrachtet bzw. angewandt wurden: Die Pariser Seekriegsrechtserklärung vom 16.April 1856. Es wird wiederholt klargestellt, dass diese Erklärung als Vertrag betrachtet wird und infolgedessen für die sieben Teilnehmerstaaten rechtsverbindlich ist.[54] Die „Erklärung in Anbetracht der Niederlage Deutschlands und der Übernahme der obersten Regierungsgewalt durch die Regierungen der [...]“ vom 5. Juni 1945 wurde als Vertrag formuliert, bestand aus fünfzehn Artikeln und trat gemäß Artikel 14 mit Unterzeichnung in Kraft.[55] Die

Londoner Deklaration über erzwungenen Eigentumsübergang in den vom Feind besetzten Gebieten vom 4.Januar 1943[56] ist in der Entscheidung vom 21. Mai 1953 des Tribunal Civil in Brüssel in Sachen De Rothschild d'encouragement pour l'ameloration des races [...] als verbindlicher Vertrag anerkannt (in: International Law Reports, 1953, p.658).

Die verschiedenen Bezeichnungen des Vertrages vermögen, den verbindlichen Charakter des jeweiligen Dokuments nicht im geringsten zu beeinträchtigen.[57] A. Ulloa bringt es auf den Punkt: „La diferencia tecnica o simplemente formal entre acuerdo, acta, protocolo, convencion o tratado no tiene ninguna importancia desde el punto de vista del valor internacional de las obligaciones contraidas por los estados“[58]. In etwa ähnlich auch Ricardo Monaco[59]: „La terminologia al riguardo e molto varia e viene usata senza regole fisse e senza alcuna preoccupazione di uniformita , tanto che talvolta accade che il medesimo atto sia designato, in punti diversi del suo testo, mediante termini differenti.“

Zahlreiche Juristen haben versucht, den völkerrechtlichen Vertrag zu definieren. Die meisten beschränken aber den Kreis der Völkerrechtssubjekte, die über eine Vertragsfähigkeit verfügen, auf die Staaten und übersehen die internationalen zwischenstaatlichen Organisationen, die ebenso Völkerrechtssubjekte, d. h. Träger von völkerrechtlichen Rechten und Pflichten sind.[60] Es kann sachlich konstatiert werden, dass die vollkommenste Definition des völkerrechtlichen Vertrages vom Spezialberichterstatter der ILC Fitzmaurice geprägt worden ist: „fort he purposes of the application of the presant Code, a treaty is an international agreement embodied in a single formal instrument (whatever its name, title or deignation) made between entities both or all of which are subjects of international law possessed of international personality and treaty-making capacity, and intended to create rights and obligations , or to establish relationships, governed by international law“.[61] Einen ähnlichen, jedoch nicht so zutreffenden Versuch, hat auch der spätere Spezialberichterstatter Waldock unternommen.[62] Die Definition von Fitzmaurice enthält die wesentlichen Merkmale eines völkerrechtlichen Vertrages: a) geschlossen zwischen Völkerrechtssubjekten; b) Besitz der Vertragsabschlussfähigkeit, c) Absicht, Rechte und Pflichten zu schaffen, d) Rechte und Pflichten unterliegen dem Völkerrecht, d.h. nicht einem anderen Rechtssystem. Letzteres wird im ILC-Kommentar *expressis verbis* unterstrichen: „(6) The phrase „governed by international law“ serves to distinguish between international agreements regulated by public international law and those which, although concluded between States, are regulated by the national law of one of the parties (or by some other national law system chosen by the parties". Für die anderen Verträge gilt z.B. das Internationale Privatrecht mit eigenen Rechtssubjekten.[63]

Hier drängt sich dennoch die Frage danach auf, ob die *intentio* zu den unabdingbaren Merkmalen eines völkerrechtlichen Vertrages gehört. Diese Frage hat oft die ILC beschäftigt. Insbesondere der Spezialberichterstatter H. Waldock trat dafür ein, im Kommentar zum Artikel 2 den Begriff *intentio expressis verbis* zu nennen.[64] Auch einige Staaten haben sich in ihren Stellungnahmen dafür ausgesprochen wie z.B. Großbritannien, Luxemburg und Österreich.[65] Einzelne Völkerrechtler unterstreichen ebenso die *intentio* als notwendiges Vertragsmerkmal wie z.B. P. Reuter[66]: „Die Schaffung einer Vertragsnorm sei die Absicht der Partner" und Mendelson: „Die Absicht schaffe die Bindungskraft eines Dokuments".[67] Normbildungs- sowie vertragstheoretisch geht es eigentlich um die *intentio juris*, allerdings dem Wesen nach um den Willen der Staaten, genauer um die *voluntas juris*, ein Dokument zu schaffen, aus dem sich juristische Rechte und Pflichten ergeben. Gerade der *consensus voluntatis* macht das Wesen eines völkerrechtlichen Vertrages aus.[68] Der Willensfaktor wird in der Völkerrechtsliteratur oft hervorgehoben. Dreyfus spricht jedoch nicht von Übereinstimmung, sondern von der Koordinierung der Willen.[69] M. Rotter wiederum stellt zwei Vertragsdefinitionen gegenüber: a) Eine objektive: Der Vertrag als übereinstimmende Willenserklärungen zweier oder mehrerer Parteien, die auf bestimmtes Verhalten dieser Parteien gerichtet ist. b) Eine subjektive Definition: Ähnlich wie bei a), aber um ein subjektives Element erweitert und zwar die Absicht, Rechte und Pflichten zu begründen.[70] Ch. Rousseau hingegen nennt weder den Willen noch die Absicht und reduziert den Vertragsbegriff auf die folgenden: „Au sens large on doit reserver 1 appellation de traite a tout accord conclu entre membres de la communaute internationale et destine a produir certains effets de droit".[71] Diese pragmatische Position kommt wahrhaftig ohne die Normbildungs- bzw. Vertragstheorie aus.

Die ältere Völkerrechtswissenschaft, speziell die französisch nahm eine Unterscheidung zwischen den „traites lois" („law-making treaties") und den „traites contrats" („contractual treaties") vor. Die ersteren würden generelle Normen festlegen, während die zweiten konkrete Abmachungen enthielten.[72] Diese Einteilung gilt als veraltet und deswegen wird sie von der Mehrheit der Völkerrechtsspezialisten abgelehnt, weil beide Vertragsarten Elemente sowohl eines Rechtsgeschäftes als auch einer Vereinbarung enthalten.[73]

1.3.2 Multilateraler Vertrag universellen Charakters

1.3.2.1 Behandlung in der Fachliteratur

Eine Kategorie sui generis des völkerrechtlichen Vertrages ist der multilaterale Vertrag universellen Charakters. Vergeblich hat die ILC versucht, den multilateralen Vertrag im Entwurf des Artikels 1, Ziffer 1, c) zu definieren: „Ein allgemeiner multilateraler Vertrag bedeutet einen multilateralen Vertrag, der allgemeine Normen des Völkerrechts oder Angelegenheiten von allgemeinem Interesse für die Staaten als Ganzes betrifft „(ILC-Yearbook, 1962, Vol. II, p.165 und Yearbook 1965 Vol. I., p. 9)". Das Vorhaben stieß auf massiven Widerstand der meisten westlichen Völkerrechtler. Der amerikanische Völkerrechtler Briggs rief z.B. auf, gar nicht den Versuch zu unternehmen, den multilateralen Vertrag zu definieren. Solche Versuche seien zum Scheitern verurteilt (Yearbook, 1962, Vol. I, p.115). Dennoch hat eine Gruppe von Staaten später auf der ersten Tagung der Wiener Vertragsrechtskonferenz einen neuen Vorschlag unterbreitet: „Der allgemeine multilaterale Vertrag bedeutet ein multilateraler Vertrag, der sich auf Fragen bezieht, welche von allgemeinem Interesse für die internationale Staatengemeinschaft sind" (A/CONF.39/C.1/L 19, Rev. I). Auch diesem wurde kein Erfolg beschieden.

Soweit überblickbar, hat sich mit der Gesamtproblematik des multilateralen Vertrages die damalige sowjetische Völkerrechtlerin N. N. Uljanowa befasst.[74] Der Autor stützt sich teilweise auf die Forschungsergebnisse der beiden Wissenschaftlerinnen. Zu erwähnen ist auch G. Schirmer,[75] der viele Aspekte der Problematik überzeugend ausgelotet hat. Uljanowa hat noch das Adjektiv universell hinzugefügt und folgende Merkmale des multilateralen Vertrages universellen Charakters ausgearbeitet:

1. Regelung von Fragen, die für alle Staaten von Interesse sind.

2. Annahme durch die Mehrheit oder von allen Staaten.

3. Annahme durch Staaten, die den unterschiedlichen Gesellschaftsordnungen, heute würden wir sagen den unterschiedlichen Kulturkreisen, angehören.[76]

Trotz grundsätzlicher Zustimmung stellen wir fest, dass die Rolle des multilateralen Vertrages universellen Charakters für das Völkerrecht ungenügend beachtet wird. In der Präambel der Wiener Konvention der Staatennachfolge in Verträge vom 23.August 1978 ist der notwendige Bezug zum Völkerrecht evident: „Emphasizing that the consistent observance of general multilateral treaties which deal with the codification and progressive development of international law and those the object and purpose of which are of interest to the international community as a whole is of special importance for the strengthening of peace and international co-operation", (Reproduced from United Nations Document A/CONF.80/31 of August 22, 1978, as corrected by A/CONF.80/31/Corr.2 of October 27, 1978).

Somit ist der multilaterale Vertrag universellen Charakters das wichtigste Instrument zur Schaffung neuen Völkerrechts, genauer neuer allgemeiner Prinzipien und Normen. Hierdurch entstehen zugleich neue Zweige und Institut des Völkerrechts.[77]

*1.3.2.2 Gegenstand der Kodifikation der Staatennachfolge in Verträge**

*Der folgende Text stützt sich auf ein gemeinsames Gutachten mit H. J. Heintze.

1. Stand der Behandlung des Problems vor Beginn der Staaten<u>konferenz</u>.

1.1 Dieses Problem wurde erstmals im zweiten Entwurf 1974 aufgeworfen, als das sowjetische Mitglied der Völkerrechtskommission der UNO, Uschakow, den Vorschlag unterbreitete, dass für multilaterale Verträge universellen Charakters in Abweichung von clean-slate-Prinzip eine automatische Nachfolge auch der „Neuen unabhängigen Staaten" erfolgen sollte (ILC-Yearbook 1974, Vol. II, P. 157 ff.). Uschakow begründete seinen Vorschlag damit, dass bestimmte Verträge, besonders jene humanitären Inhalts, auch für die neuen unabhängigen Staaten in Kraft bleiben sollten. Viele Mitglieder der ILC hatten im Verlaufe der Erarbeitung des Entwurfs ihre Befürchtungen über die Wirkung des clean-slate-Prinzips hinsichtlich der für die internationale Gemeinschaft so wichtigen multilateralen Verträge universellen Charakters wie die humanitären Konventionen, die ILC-Konvention, die Konventionen zu den Menschenrechten, die universelle Post-Konvention und ähnliche, wie das Teststoppabkommen, der Vertrag über die Nichtweiterverbreitung von Kernwaffen und der Vertrag über die friedliche Nutzung des Weltraumes angemeldet. Das clean-slate-Prinzip würde insofern nicht beeinträchtigt, als den neuen unabhängigen Staaten das Recht bleibe, ihren Auftritt aus diesen Verträgen innerhalb einer vernünftigen Zeitbegrenzung zu erklären. Leider hatte die ILC 1974 nicht ausreichend Zeit, diesen Vorschlag zu diskutieren. Daher schlug Uschakow vor, ihn in den Bericht aufzunehmen, um den Staaten Gelegenheit zur Stellungnahme zu geben (ILC-Yearbook 1974, Vol. I, P. 264). Dieser Vorschlag wurde von einigen ILC-Mitgliedern unterstützt (Reuter, Ustor), gleichzeitig aber auf die große Kompliziertheit der Materie verwiesen (Reuter, Vallat).

1.2. Ein Jahr später (1975) gaben zehn Staaten schriftlichen Stellungnahmen ab. Neun davon (außer Irland) beschäftigten sich auch mit dem Entwurfsartikel von Uschakow.

- Die meisten anerkannten das Bemühen und betonten die Bedeutung des Vorschlags, forderten aber eine gründliche Überarbeitung (Belgien, Dänemark, Frankreich, Niederlande). Als wichtigstes Argument dafür wurde die Notwendigkeit hervorgehoben, dass alle Staaten Mitglieder bestimmter Verträge, besonders humanitären Inhalts, sein sollten.
- Eine weitere Gruppe (Schweden, Großbritannien) bedauerte, dass die ILC nicht über den Vorschlag diskutiert hat und wollten ihn deshalb an die ILC zurückverweisen.
- Grundsätzlich gegen den Vorschlag äußerten sich zwei Staaten (Österreich, USA). Die hauptsächlichsten Einwände waren: Der Vorschlag würde den neuen unabhängigen Staaten viele finanzielle Verpflichtungen auferlegen, die sie noch nicht sofort im Nachfolgefall überblicken könnten und es könnte somit zum Vertragsbruch kommen.
- Ein Staat (Mexiko) verstand zwar die Zielrichtung des Vorschlags war aber gegen dessen Annahme, da das clean-slate-Prinzip gefährdet würde. Fast alle Staaten waren sich darin einig, dass die Definition des multilateralen Vertrages universellen Charakters unzureichend ist (Belgien, Dänemark, Frankreich, Mexiko, USA, Niederlande).

1.3. In der 1975er Diskussion des Gesamtentwurfes zur Staatennachfolge in Verträge im 6. Komitee spielte der Vorschlag eine erhebliche Rolle. Seine große Bedeutung wird daran deutlich, dass sich fast alle Staaten dazu äußerten (37 und einer zweimal). 23 Staaten (Kanada, Neuseeland, Zaire, Belgien, Liberia, Ägypten, Griechenland, Indonesien, Madagaskar, Kamerun, Sri Lanka, Somalia, Kenia, Lesotho, Marokko, Japan, Botswana, Irak, Iran, Nigeria, Syrien, Uganda, Mali) lehnten der Vorschlag ab. Die wichtigsten Argumente bezogen sich darauf, dass der Artikel überflüssig sei und mehr Probleme schaffe als löse (Kanada, Neuseeland, Griechenland, Madagaskar, Iran, Somalia, Sri Lanka, Indonesien, Japan, Uganda, Mali). Ferner verletzte er das clean-slate-Prinzip (Swasiland, Nicaragua, Syrien, Nigeria, Irak, Botswana, Kenia, Lesotho, Kamerun, Madagaskar, Ägypten, Liberia, Zaire).

Eine weitere große Gruppe von Staaten sprach sich dafür aus, die Frage auf der Staatenkonferenz zu klären und nicht an die ILC zurückzuweisen (Indien, Chile, Venezuela, Peru, Österreich Äthiopien, Thailand, Swasiland, Philippinen). Dabei sollten die Staatenstellungnahmen entsprechend ausgewertet werden. Fünf Staaten schlugen vor, das Problem erst in der ILC zur Diskussion zu stellen (Bulgarien, Belorussische SSR, Großbritannien, ČSSR, Türkei). Es gab auch positive Äußerungen zum Entwurf des Artikels 12 bis, allerdings wurde eine gründliche Überarbeitung besonders der Definition des multilateralen Vertrages universellen Charakters gefordert (Niederlande, Belorussische SSR, Großbritannien). Bulgarien schlug vor, ob es nicht vorzuziehen wäre, ein vertragsgemäßes Austrittsystem nur für derartige Verträge zu schaffen.

1.4. 1976 wurden uns drei schriftliche Stellungnahmen zu diesem Problem bekannt (A/31/144 vom 24. August 1976). Zwei lehnten die Kontinuität unter Verweis auf das clean-slate-Prinzip ab (Brasilien, Mali) und ein Staat sprach sich für die Kontinuität solcher Verträge aus (Ungarn).

2. Begründung der Position der Gutachter

2.1. Ausgangspunkt ist die besondere Bedeutung der multilateralen Verträge universeller Art für die internationalen Beziehungen, was eine Kontinuität derartiger Verträge auch nach dem Eintritt der Staatennachfolge als äußerst wünschenswert erscheinen lässt. Um Verabsolutierungen zu vermeiden, empfiehlt es sich, zwischen den verschiedenen Kategorien von multilateralen Verträgen zu differenzieren. Für die Zwecke des vorliegenden Konventionsentwurfes kann es selbstverständlich nur um die multilaterale Verträge universellen Charakters gehen, d. h. um solche Verträge, die im wahrsten Sinne des Wortes allen Staaten offen stehen. Multilaterale Verträge regionalen Charakters kommen nicht in Frage, da sie grundsätzlich nur für die Staaten einer bestimmten Region von Bedeutung und Interesse sind.

Es macht sich ferner notwendig, einheitliche Merkmale für jene multilateralen universellen Verträge herauszuarbeiten, die Gegenstand der Nachfolgepflicht sein können.

Als erstes Merkmal ist die herausragende Bedeutung derartiger Verträge für den Weltfrieden, die internationale Sicherheit, die friedliche internationale Zusammenarbeit und für die Festigung der Grundanliegen der Humanität. Dazu zählen in erster Linie die UN-Charta aber auch solche Verträge wie der Vertrag über das Verbot der Kernwaffenversuche in den drei Medien von 1963, der Vertrag über die Nichtweitergabe von Kernwaffen von 1968, ferner die Konvention über die Verhütung und Bestrafung des Völkermordes von 1948, die Genfer Konventionen von 1949 sowie die Wiener Konvention über diplomatische und konsularische Beziehungen von 1961 bzw. 1963.

Ein zweites Merkmal ist die Anerkennung bzw. die Annahme solcher Verträge durch die „internationale Staatengemeinschaft als Ganzes". Diese Formulierung ist zwar interpretationsfähig, es kann aber in jedem Falle davon ausgegangen werden, dass, wenn die übergroße Mehrheit der Staaten – etwa über 100 und darunter die ständigen Mitglieder des Sicherheitsrates - eine Konvention angenommen haben, sodass tatsächlich von einer Annahme durch die Staatengemeinschaft „als Ganzes" gesprochen werden kann. Das bedeutet, dass derartige Verträge den Interessen aller Staaten entsprechen. In diesem Zusammenhang sei betont, dass die Entwicklungsländer einen eigenen Beitrag zur Ausarbeitung von Verträgen universellen Charakters geleistet haben.

2.2 Kontinuität von multilateralen Verträgen universellen Charakters ist zwar eine Ausnahme vom clean-slate-Prinzip, stellt jedoch keine unzumutbare Verletzung des Grundprinzips der souveränen Gleichheit der Staaten dar, weil sie ohnehin das verbriefte Kündigungs- bzw. Austrittsrecht besitzen.

Die Kündigungsmöglichkeit ist z. B. in der Konvention über die Verhütung und Bestrafung des Völkermordes (Art. 15) und in der Konvention über die Beseitigung aller Formen der Rassendiskriminierung (Art. 21) verankert. Die Austrittsmöglichkeit steht mitunter mit einer eminenten Seite staatlicher Souveränität, nämlich mit grundlegenden Staatsinteressen, in Verbindung. Pragmatisch für neuere Vertragswerke sei der Vertrag über das Verbot von Massenvernichtungswaffen auf dem Meeresgrund

und dessen Untergrund (Art. VIII) genannt. Diese Bestimmung sieht im Falle der Gefährdung „höchster Interessen" die Austrittsmöglichkeit vor.

Die in den multilateralen Verträgen universellen Charakters fixierten Kündigungs- bzw. Austrittsmöglichkeiten lassen somit die gegen die Kontinuität dieser Verträge erhobenen Einwände einerseits als sekundär erscheinen. Andererseits ist es fraglich, ob die Inanspruchnahme dieses Mittels durch die Staaten den „Interessen der gesamten Menschheit" dienlich wäre.

2.3 Grundsätzlich kann die von Uschakow vorgeschlagene Definition des multilateralen Vertrages universellen Charakters akzeptiert werden, was jedoch eine Überarbeitung dieser Definition einschließt. Hierbei geht es hauptsächlich darum, dass diese Definition über die außerordentliche internationale Bedeutung, die Annahme bzw. allgemeine Anerkennung durch die Übergroße Mehrheit der Staaten sowie über die „Interessen der gesamten Menschheit" wenig aussagt. Im Einzelnen fehlen Aussagen über die Rolle derartiger Verträge bei dem Schutz des Weltfriedens und der internationalen Sicherheit, bei der Sicherung der friedlichen internationalen Zusammenarbeit und bei der Verwirklichung der Grundanliegen der Humanität.

Diese Definition berücksichtigt ferner eine während der Vorbereitungsarbeiten für die Wiener Vertragsrechtskonvention erarbeitete Definition des „allgemeinen multilateralen Vertrages" zum damaligen Entwurfsartikel 1 Ziffer 1 Buchstabe c nicht, die wie folgt lautet: „Ein allgemeiner multilateraler Vertrag bedeutet einen multilateralen Vertrag, der allgemeine Normen des Völkerrechts oder Angelegenheit von allgemeinen Interessen für die Staaten als Ganzes betrifft". (ILC-Yearbook 1965, Vol. I, P. 9).

Unter Berücksichtigung des bereits erarbeiteten Merkmals eines multilateralen Vertrages universellen Charakters sollen in Anlehnung an die beiden Definitionen zwei Variantenvorschläge für eine Definition unterbereitet werden:

<u>Erste Variante einer Definition</u>

„Multilateraler Vertrage universellen Charakters bedeutet einen Vertrag, der von großer Bedeutung für den Weltfrieden, die internationale Sicherheit und die friedliche internationale Zusammenarbeit ist, allgemeine Normen des Völkerrechts oder Interessen der gesamten Menschheit betrifft und daher von der internationalen

Staatengemeinschaften als Ganzes akzeptiert und anerkannt wird und zur Teilnahme für alle Staaten offen ist,…" (weiter wie bei Uschakow).

Zweite Variante einer Definition

Wie Variante 1, jedoch nur bis „offen ist", weil die formelle Seite (bei Uschakow ab „abgeschlossen in schriftlicher Form…") ohnehin in der Definition das völkerrechtlichen Vertrages der Wiener Vertragsrechtskonvention (Art. 2) enthalten ist. Uschakow übernahm übrigens diesen Teil vollständig von der oben genannten Konvention.

Die Definition des multilateralen Vertrages universellen Charakters müsste in den Textteil „Definition" aufgenommen werden.

2.4 Vorausgesetzt, dass über die Definition des multilateralen Vertrages universellen Charakters Übereinstimmung erzielt werden kann, wäre der Artikel 12 bis Ziffer 1 unter Berücksichtigung einer Reihe von Einwänden entsprechend neu zu formulieren. Da nun die meisten Entwicklungsländer, die sich gegen den Vorschlag vom Uschakow äußerten, das Argument der finanziellen Verpflichtungen ins Feld führten, wäre die Aufnahme einer entsprechenden Formulierung in Erwägung zu ziehen. Dieser Einwand könnte im Sinne eines Formulierungsvorschlages z. B. als eine Ausnahme formuliert werden: Die Ziffer 1 des Entwurfsartikels 12 bis von Uschakow könnte durch folgenden Formulierung ergänzt werden: „es sei denn, dadurch würde bei dem Nachfolgestaat eine unzumutbare und übermäßige finanzielle Belastung entstehen".

Neben dieser ersten könnte vielleicht eine zweite Variante vorgeschlagen werden, die jedoch den Entwurfsartikel von Uschakow größtenteils unterstützt. Dabei werden die Erfahrungen und die Erkenntnisse berücksichtigt, dass in Vertragsdokumenten sogar ansonsten wichtige Normen als Ausnahmen formuliert werden. Als Beispiel dafür ist der Artikel 62 der Wiener Vertragsrechtskonvention (Grundlegende Veränderungen der Umstände), der als Ausnahme formuliert wurde, genannt. Abe auch von der Ausnahme kann eine Ausnahme gemacht werden. Auch dafür kann der Artikel 62 der Wiener Vertragsrechtskonvention als Vorbild dienen, der in der Ziffer 2 eine Ausnahme von der in der Ziffer 1 gemachten Ausnahme formuliert. Demnach würde die Ziffer 1 des Artikels 12 bis folgendermaßen lauten:

„Ein multilateraler Vertrag…, bleibt zwischen einem neuen unabhängigen Staat und den anderen Partnerstaaten des Vertrages nicht in Kraft, es sein denn, es handelt sich um einen multilateralen Vertrag universellen Charakters und der neue unabhängige Staat erklärt nicht die Beendigung des genannten Vertrags.

Die vorstehende Regelung gilt jedoch nicht, wenn dadurch bei dem Nachfolgestaat eine unzumutbare und übermäßige finanzielle Belastung entstehen würde".

*1.3.2.3 Gegenstand des UNO-Projektes „Review of the multilateral treaty - making process"**

*Der folgende Text basiert auf einem Gutachten des Autors zur Behandlung der Problematik im 6. Komitee der 38. UNO-Generalversammlung.

1. Bisherige Behandlung in der UNO

Die Behandlung dieses Problems in der UNO wurde 1975 im 6. Komitee von Australien initiiert. Australien wurde später von einigen Staaten, vorwiegend Entwicklungsländern (Ägypten, Indonesien, Kenia, Mexiko, Sri Lanka) und der Niederlange unterstützt (A/32/143 and Corr. 1). Nach erfolgter Diskussion im 6. Komitee nahm die UNO-Vollversammlung am 08.12.1977 die Resolution 32/48 an. Durch sie wurde der UNO-Generalsekretär mit der Anfertigung eines Berichtes über Verfahrensfragen bei der Erarbeitung multilateraler Verträge beauftragt. Er sollte ferner die Staaten zur Stellungnahme dazu ersuchen. Am 19.09.1980 wurde die Aufnahme dieser Materie in die provisorische Tagesordnung der UNO-Vollversammlung beschlossen. Nur 9 Staaten und 25 Spezialorganisationen reagierten auf das Ersuchen des Generalsekretärs. Die Staaten waren in ihren Stellungnahmen sehr zurückhaltend. Ähnlich sah ihre Haltung dazu auch im 6. Komitee aus, wo sogar der Vertreter eines Staates (Bjelorussische SSR, A/C.6/35/SR.63, P. 8) sich gegen die Behandlung dieser Materie äußerte. Der Generalsekretär legte der Vollversammlung einen Bericht vor (A/35/312), der im 6. Komitee beraten wurde, das der Vollversammlung einen Resolutionsentwurf (A/35/73) unterbreitete. Ziel des Resolutionsentwurfs war, die Staaten und die internationalen staatlichen Organisationen aufzufordern, bis Juli 1981 zum Bericht des Generalsekretärs Stellung zu nehmen. Dabei ging es in erster Linie um einen ausführlichen Fragespiegel im Teil IV. Es wurde außerdem die Aufnahme der Materie in die Tagesordnung der 36. Tagung der Vollversammlung vorgeschlagen. Die Vollversammlung nahm die Resolution 35/162 an, durch die die Staaten erneut zu Stellungnahmen aufgefordert wurden.

Auf der 36. Tagung der Vollversammlung wurde die Materie erneut behandelt. Fünfzehn Staaten, darunter 13 Entwicklungsländer, legten am 24.11.1981 einen Resolutionsentwurf vor /A/C.6/36/L.13/Res.1). In ihm wurde die Bedeutung der Materie für die Weiterentwicklung des Völkerrechts unterschrieben und zugleich vorgeschlagen, auf der 37. Tagung im 6. Komitee eine Arbeitsgruppe zu bilden, die sich mit verschiedenen Aspekten des Problems befassen sollte.

Um die Arbeit in Gang zu setzen, wurden von der UNO 2 relativ umfangreiche Bände mit sämtlichen Berichten und Stellungnahmen zu der Überprüfung der Methoden zur Erarbeitung multilateraler Verträge herausgegeben (Legislative Series, ST/LEG./SER.B/21), deren Inhalt aber dem Bearbeiter des vorliegenden Positionspapiers bereits bekannt war. Dem Bearbeiter ist wegen Materialmangels nicht bekannt, ob und wie die Regierungsvertreter sich auf der 37. Tagung der Vollversammlung zu dieser Materie geäußert haben. Ihm stehen aber teilweise Material über die Behandlung des Themas in der oben genannten Arbeitsgruppe, der vollständige Bericht über die Arbeit dieser Gruppe, vorgelegt von ihrem Vorsitzenden Peter D. Maynard aus den Bahamas (A/C.6/37/L.29) vom 03.12.1982 und ein Resolutionsentwurf (A/C.6/37/L.31) vom 07.12.1982, vorgelegt von 14 Staaten, wieder vorwiegend Entwicklungsländern sowie Australien und der Niederlande, die sich stets an den Aktivitäten zur Realisierung dieses Projekts führend beteiligen, zur Verfügung. Dabei entwickelt Australien (mehrere Stellungnahmen, ausführliche Äußerungen des australischen Vertreters im 6. Komitee) überraschende Aktivitäten, als handle es sich um eine Grundfrage der UNO-Arbeit.

In dem Resolutionsentwurf wird konkretisiert, dass die Arbeitsgruppe mehr Zeit als vorgesehen zur Erfüllung ihrer Aufgaben gebraucht hat und es wird angeregt, sie auf der 38. Tagung der UNO-Vollversammlung erneut einzuberufen, um die Prüfung des Materials abzuschließen. Ferner wird der UNO-Generalsekretär aufgefordert, neue und aktualisierte Ausgaben des „Handbook of Final Clauses" und des „Summary oft he Practice of the Secretary-General as Depositary of Multilateral Agreeements" zu beschleunigen. Schließlich wird die Aufnahme der „Überprüfung der..." in der provisorischen Tagesordnung der 38. Tagung der UNO-Vollversammlung empfohlen. Dem Bearbeiter ist einerseits nicht bekannt, ob der Resolutionsentwurf A/C.6/37/L.31 von der 37. Tagung angenommen worden ist. Andererseits besteht kein Grund, von ihrer Ablehnung auszugehen.

2. Hauptprobleme

2.0 Da dieser Teil des Positionspapieres sich fast ausschließlich auf den Bericht der Arbeitsgruppe stützt (A/C.6/37/L.29), wird es sich logischerweise auf die im Bericht enthaltenen Probleme beschränken. Was jedoch die eigentlich wichtigsten Probleme dieses Projekts insgesamt anbelangt, ist auf das ausführliche Positionspapier vom 01.09.1982 zu verweisen, das nach wie vor von aktueller Bedeutung ist.

Es hat sich nun inzwischen herauskristallisiert, dass der Prozess der Erarbeitung multilateraler Verträge (folgend: TMP) vier Hauptphasen hat: Initiierung des Vertragsvorbereitungsprozesses; Formulierung eines multilateralen Vertrages; Annahme eines multilateralen Vertrages (S. 2, para. 7). Nach diesen Problemen gliedert sich auch der Bericht der Arbeitsgruppe. Gleiches gilt ebenfalls für den sehr wichtigen Annex I, der im Grunde ein Konzentrat der sich in der Arbeitsgruppe herausbildeten Auffassung darstellt.

2.1 Initiierung des Vertragsvorbereitungsprozesses

Das Einbringen des Vorschlages zum Vertragsabschluss richtet sich in der Praxis der UNO nach der Verfahrensordnung des entsprechenden Organs. Von den anwendbaren Regeln hängt es also ab, wer den Vorschlag zu machen hat (S. 2/3, para. 13). Kriterien für den vorzuschlagenden multilateralen Vertrag sollten sein: Das universelle Bedürfnis und Interesse (für die ganze Staatengemeinschaft); die breite Unterstützung aus den wichtigsten geographischen Regionen und von Staaten unterschiedlicher politischer und juristischer Systeme (S. 4, para. 14).

Ein Vorschlag zum Vertragsabschluss sollte auch eingeschätzt werden. Um dessen Nützlichkeit einzuschätzen, bedarf es der Anfertigung von Studien. Es sollte ferner überlegt werden, ob vielleicht ein anderes Instrument als der Vertrag, durch die Zeit und Kosten gespart werden, könnten eigentlich routinemäßig vom UNO-Sekretariat gemacht werden (S. 4/5, para. 16-20). Repräsentative Organe sollten über die Wahl (Vertrag oder etwa Deklaration) entscheiden. In der Arbeitsgruppe gab es darüber unterschiedliche Meinungen: Dies sei notwendig; dies sei nicht immer möglich, da sich die Situation im Laufe der Verhandlungen ändern könnte (S. 5, para. 20, 21). Die Entscheidung sollte auf alle Fälle nach den Nützlichkeitsstudien getroffen werden.

Wichtig ist auch die Koordinierung aller Aktivitäten durch die UNO-Vollversammlung und den Generalsekretär.

2.2 Formulierung eines multilateralen Vertrages

Der Formulierungsphase sollten vom UNO-Sekretariat anzufertigende Studien vorausgehen, die spezifische Probleme betreffen (z.B. Nützlichkeit eines Rahmenvertrages, Ergänzung eines bestehenden Vertrages, Probleme von Konflikten mit anderen Verträgen etc.). Zu klären wären auch solche Fragen wie: Wer soll die ersten Entwürfe liefern; Sprache der Entwürfe, Schlussklauseln, Kommentare usw. Diese Fragen sollten in das vorgeschlagene Handbuch aufgenommen werden. Vor Einberufung einer Diplomatenkonferenz sollte ein Vorbereitungskomitee einen Entwurf liefern, um die Konferenzdauer zu verkürzen (S. 6, para. 23-26).

Bereits in der Formulierungsphase sollten Methoden zur Erleichterung der Annahme erarbeitet werden (z.B. teilweise Annahme, Möglichkeit der Vorbehalte, provisorisches Inkrafttreten, flexible Annahmeklauseln). Die travaux préparatoires sollten nach Möglichkeit vollständig veröffentlicht werden (S. 7, para. 29,30). Nach wie vor sollten Staaten, internationale Organisationen und auch nationale Befreiungsbewegungen aufgefordert werden, Stellungnahmen zu Vertragsentwürfen zu liefern. Diese Praxis ist bisher mangelhaft (S. 8, para. 31).

Die ILC ist nicht das einzige UNO-Organ zur Erarbeitung von Vertragsentwürfen. Die ILC-Spezialberichterstatter sollten weiterhin nicht hauptamtlich tätig sein. Die Arbeit des Spezialberichterstatters könnte durch Spezial-Expertisen unterstützt werden. Der ILC sollten keine politisch heikle Materien zur Bearbeitung übertragen werden (S. 8-10, para. 32-36).

2.3 Annahme eines multilateralen Vertrages

Schwerpunktmäßig: Wahl des Forums (z.B. UNO-Vollversammlung oder Diplomatenkonferenz).

Erfolgt die Annahme durch UNO-Vollversammlung, dann wären u.a. folgende Aspekte zu berücksichtigen: Teilnahme von Nichtmitgliedstaaten, zwischenstaatlichen und nichtstaatlichen Organisationen; besonderes Abstimmungsverfahren; Rolle des 6.

Komitees (z.B. gemeinsame Beratungen des 6. Komitees mit anderen Hauptausschüssen, Bearbeitung aller formellen und Rechtsklauseln, Rechtsberatung, Durchsicht des gesamten Textes). Erfolgt die Annahme durch eine Diplomatenkonferenz, dann bedarf e der Formulierung von Standard-Verfahrungsregeln, bezüglich der Entwurfsarbeit, der Sprachen, Berichte, Kommentare, Teilnahme und der Annahme (Annex 2, S. 14).

2.4 Zeit nach der Annahme und dem Inkrafttreten eines multilateralen Vertrages

Schwerpunktmäßig: Nachfolgetätigkeit der Staaten wie periodische Berichte über unternommene Schritte, Empfehlungen für die von den Staaten bezüglich der Annahme eines Vertrages zu unternehmenden Schritte, Beschaffung von Beratungsdienstleistungen (Übersetzung von Texten, Entwurf von Durchführungsgesetzen), Erarbeitung und Veröffentlichung von Berichten und Kommentaren und Überwachung der Vertragserfüllung durch Vertragsorgane oder andere Körperschaften.

3. Begründung der Position des Gutachters

3.0 Von folgenden Prämissen sollte die Position zum Tagesordnungspunkt „Überprüfung der…“ ausgehen:

a) Internationale Verträge besitzen große Bedeutung für den Weltfrieden, die internationale Sicherheit und die friedliche internationale Zusammenarbeit; b) die strikte Einhaltung der Verträge trägt zur Schaffung eines Zustandes der Stabilität in den internationalen Vertragsbeziehungen bei; c) gegenwärtig, d.h. angesichts der direkten Bedrohung des Friedens durch die Hochrüstungspolitik gilt es, weitere Verträge in Richtung Rüstungsstopp, -reduzierung und Abrüstung abzuschließen; d) die Beschäftigung mit Verfahrensfragen darf von den politisch wichtigen Aufgaben der Gegenwart nicht ablenken; e) die sich bereits in der Vergangenheit herausgebildeten Methoden dürfen nicht außer Acht gelassen werden; f) unbedingt zu beachten wären die zwischen den einzelnen Verträgen bestehenden Unterschiede hinsichtlich des Gegenstandes, Inhalts, der Zielstellung, der Partner und der Rechtsysteme.

Der Hauptgedanke der Position ist: die o.g. Unterschiede lassen die Ausbreitung einheitlicher, standardisierter, universeller und allgemeiner Methoden oder die Standardisierung der bereits bestehenden Methoden weder als möglich, noch als nützlich erscheinen; die Ablehnung des Projekts „Überprüfung der…" darf jedoch nicht dazu führen, dass in der Tat notwendig gewordene Verbesserung bei der Vertragserarbeitung ignoriert werden.

3.1 Es leuchtet nicht ein, warum einheitliche Methoden über die Initiierung des Vertragserarbeitungsprozesses unbedingt benötigt werden. Dass der Initiator seinen Vorschlag zu begründen hat, dürfte eigentlich eine Selbstverständlichkeit sein. Die Notwendigkeit, die verschiedenen vorschlagenden Organe und Stellen zu koordinieren, scheint von Nutzen zu sein. Vorstudien könnten auch nützlich sein, vorausgesetzt, dass durch sie tatsächlich Zeit und Kosten gespart werden können.

Es wird nicht als sinnvoll erachtet, von Anfang an Alternativen (Vertrag oder Deklaration) in Erwägung zu ziehen. Die Praxis zeigt, dass die endgültige Form der Verhandlungsergebnisse mitunter ad hoc entschieden wird (z.B. KSZE, Staatennachfolge Anfang 1978).

3.2. Die Idee mit dem Vorbereitungskomitee einer Diplomatenkonferenz scheint gut zu sein. Vielleicht könnte durch eine erfolgreiche Arbeit des Vorbereitungskomitees die Konferenzdauer verkürzt werden. Über die Schlussklauseln kann in der Regel vor Beendigung der Beratungen über den Textteil nicht entschieden werden. Die Schlussklauseln sind mitunter auch von entscheidender Bedeutung.

Das schnelle Reagieren der Staaten auf Anforderungen der UNO, Stellungnahmen zu Vertragsentwürfen abzugeben, könnte den Vertragserarbeitungsprozess erheblich beschleunigen. Die Realität sieht jedoch sehr unbefriedigend aus. Es erweist sich immer mehr als erforderlich, den ILC-Spezialberichterstatter durch Spezial-Expertisen zu unterstützen.

3.3 Die Annahme eines multilateralen Vertrages ist in der Regel abhängig vom Charakter des entsprechenden Vertragsgegenstandes. Politisch besonders wichtige Verträge sollten durch Diplomatenkonferenzen angenommen werden. Die anderen Vertragsmaterien, eigentlich der größte Teil, könnten durch die UNO-Vollversammlung angenommen werden. Über das Annahme-Forum sollte die UNO-Vollversammlung entscheiden.

3.4. Die Zeit nach der Annahme und dem Inkrafttreten eines Vertrages ist insofern von großer Bedeutung, weil die Vertragspartner Farbe bekennen müssen. Während aber eine Berichterstattungspflicht vertraglich vereinbart werden kann, was in der Praxis hin und wieder vorkommt (ILO, Menschenrechtskonventionen von 1966), gehören Fragen der Transformation in das Landesrecht zu dem inneren Zuständigkeitsbereich jedes Staates. Diesbezüglich wird es daher nicht möglich sein, irgendwelche Regeln aufzustellen.

1.4 Akten und Schlussakten

Wesentliche Grundlage dieses Abschnitts ist der folgende Beitrag:
P. Terz, Bedeutung, Arten und Charakter der wichtigsten Akten und Schlussakten in der Geschichte der Internationalen Beziehungen, in. Prezglad Stosunkow Miedzynarodowych, Nr. 5, 1978, S. 41-49 (polnisch).

Die in der Vergangenheit unterzeichneten Akte und Akten waren verbindliche Dokument, die sich allerdings im Hinblick auf den Aufbau sowie die Art und Weise des Inkrafttretens voneinander unterschieden. Während z.B. die Rheinbundsakte vom 12. Juli 1806[78], die Mannheimer revidierte Rheinschifffahrts-Akte vom 17. Oktober 1868 in der revidierten Fassung vom 20. November 1963[79] und der Akt der internationalen Konferenz über Vietnam vom 2. März 1973[80] ihrem Aufbau nach dem traditionellen, d.h. dem formgebundenen Vertrag völlig entsprachen, zeichnete sich der Aufbau anderer Akten durch einige Spezifika aus. Die General-Akte der Berliner Konferenz (Kongo-Akte) vom 26. Februar 1885[81], ein Dokument über Kolonialfragen, bestand aus 38 Artikeln und enthielt weitere, detaillierte Akten wie die Kongoschifffahrtsakte (Kapitel IV) und die Nigerschifffahrtsakte (Kapitel V). Vielfältiger war der Aufbau der Algeciras-Akte vom 7. April 1906[82], deren erklärtes Ziel es war, weitreichende Reformen in Marokko durchzuführen. Das Dokument gliederte sich in sechs Abschnitte und setzte sich zusammen aus drei Erklärungen (I. Erklärung über die Organisation der Polizei, IV. Erklärung über die Verbesserung der Steuererträge und die Schaffung neuer Einnahmen, VI. Erklärung über den öffentlichen Dienst und die öffentlichen Arbeiten), aus einer Konzessionsakte für eine Marokkanische Staatsbank (III.) und aus zwei Reglements (II. Reglement betr. die Überwachung und die Unterdrückung des Waffenschmuggels, VI. Reglement betr. die marokkanischen Zollämter sowie die Unterdrückung des Zollbetrugs und das Schleichhandels). Die Haager Akte vom 29. Juli 1899 war in ihrer Form etwas einheitlicher: Sie bestand aus drei Abkommen, darunter das Abkommen zur friedlichen Beilegung internationaler Streitigkeiten und aus drei Erklärungen, darunter die Erklärung betr. das Verbot der Verwendung von Geschossen, die sich leicht im menschlichen Körper ausdehnen oder abplatten.[83] Die Haager Akte vom 18. Oktober 1907 bestand hingegen aus vierzehn Abkommen und einer Schlussakte.[84]

Was die Art und Weise des Inkrafttretens betrifft, waren die Rheinbundsakte, die Kongo-Akte, die Algeciras-Akte, die Mannheimer revidierte Rheinschifffahrts-Akte und die beiden Haager Akten ratifikationsbedürftig, während der Akt der internationalen Konferenz über Vietnam durch die Unterzeichnung in Kraft trat. So hieß es im Art. 9 dieses Aktes: „Dieser Akt tritt mit der Unterzeichnung durch die bevollmächtigten Vertreter jeder der zwölf Seiten in Kraft…[85]

Im Unterschied zu den Akten ist die rechtliche Einordnung und Qualifizierung der Schlussakten mit erheblichen Schwierigkeiten verbunden. Es ist daher nicht verwunderlich, dass über den Charakter der Schlussakten von westlichen Experten – Untersuchungen östlicher Spezialisten liegen dazu wahrscheinlich nicht vor[86] – unterschiedliche Auffassungen vertreten werden. Einige wollen den Schlussakten jeden rechtlichen Charakter absprechen. Zu ihnen zählen Meyer-Lindenberg, der Leiter der Delegation der Bundesrepublik Deutschland auf der KSZE Klaus Blech und das Mitglied dieser Delegation, Götz von Groll. Meyer-Lindenberg sieht die Schlussakten in Verbindung mit dem Abschluss mehrseitiger Verträge, die auf internationalen Konferenzen ausgearbeitet und danach unterzeichnet werden. Über das Konferenzergebnis werde vielfach eine Niederschrift angefertigt, die Schlussakte, der keine selbständige völkerrechtliche Bedeutung zukomme. Sie enthalte meist die Auffassung der Konferenzteilnehmer über die Tragweite gewisser Bestimmungen der unterzeichneten Verträge und werde deshalb von manchen Vertragsstaaten mit dem Vertrag zur Ratifizierung vorgelegt und später in den amtlichen Publikationsorganen veröffentlicht.[87]

Während es sich bei Meyer-Lindenberg um eine theoretische Aussage handelt, beziehen Klaus Bleck und Götz von Groll ihre auf eine ziemlich selbstsichere und kategorische Weise geäußerte Meinung auf die Schlussakte der KSZE, indem sie behaupten, dass schon die Bezeichnung „Schlussakte" auf ihren politischen Charakter hindeute[88] bzw. ihren nichtjuristischen Charakter beschreibe.[89] Demgegenüber meint D. P. Myers, eine Schlussakte sei oft ein Vertrag[90], vorausgesetzt, dass aus ihr selbst oder aus einem Teil von ihr deutlich wird, dass sie als Vertrag <u>beabsichtigt</u> war.[91] Myers unternimmt den Versuch, die Schlussakte zu skizzieren, wobei er äußerst interessante Gedanken entwickelt, wollte man sie auf ein mögliches künftiges Schicksal der Helsinki- Schlussakte anwenden. Er schreibt: „Die Schlussakte ist ein komplexes Mitteilungsmittel, das in sich kein Vertrag ist, doch es kann Verträge enthalten und einige seiner Bestandteile können zu Verträgen gemacht werden".[92] Auf alle Fälle werden den Schlussakten Vertragswirkungen zugeschrieben, obwohl sie nicht alle Merkmale eines Vertrages aufweisen.[93] Eine ähnliche Auffassung vertritt auch D. P. O'Connell, wobei er auf die Interpretation des betreffenden Dokuments hinweist: „Ob eine Schlussakte ein Vertrag ist oder von den Partnern nur als ein vereinbartes Instrumentarium (machinery arrangements) zu betrachten ist, hängt von ihrer Interpretation ab".[94] Sicherlich ist die Meinung einzelner Experten von Bedeutung. Will man jedoch zu einer wissenschaftlich stichhaltigen und fundierten Qualifizierung der Schlussakten gelangen, so muss man wenigstens die wichtigsten der bisher bekannten Schlussakten genau untersuchen und sie miteinander vergleichen.

Im Hinblick auf ihren Aufbau und ihre Struktur lassen sich folgende Arten von Schlussakten feststellen: a) Schlussakten, die wie der traditionelle, der formgebundene Vertrag aufgebaut sind, wie die aus 65 Artikeln bestehende Wiener Schlussakte vom 15. Mai 1820.[95] Als Vertrag wurde auch die Schlussakte der 1933 in London stattgefundenen Konferenz der Weizenexportierenden und -importierenden Länder[96] bezeichnet. b) Aus einer Reihe von recht unterschiedlichen Dokumenten bestehende Schlussakten. Als ein typisches Beispiel dafür könnte die Schlussakte der Konferenz der Vereinten Nationen über die Zollformalitäten bei der vorübergehenden Einfuhr privater Straßenfahrzeuge und im Touristenverkehr vom 4. Juni 1954 erwähnt werden. Dieses Dokument besteht aus zwei Abkommen, einem Zusatzprotokoll und aus mehreren Beschlüssen, Empfehlungen und Erklärungen.[97] Ein weiteres Beispiel ist die Schlussakte der Londoner Neunmächtekonferenz vom 3. Oktober 1954[98], die den Boden für die Einbeziehung der Bundesrepublik Deutschland in die NATO vorbereiten sollte. Sie – dazu werden auch die Anlagen gezählt – bestand aus einem Vertrag (II. der ergänzte Brüsseler Vertrag), einer Vereinbarung (IV. es wurde die Empfehlung vereinbart, die Bundesrepublik Deutschland unverzüglich aufzufordern, Mitglied der NATO zu werden), aus Abmachungen (Anlage V. sie sollten auf die Streitkräfte von SACEUR Anwendung finden), einem Dokument (Anlage V. Konferenzdokument über den deutschen Verteidigungsbeitrag), dem Entwurf eines Protokolls zum Brüsseler Vertrag (Anlage I), aus Zusicherungen der USA, Großbritannien und Kanadas sowie aus sechs Erklärungen. Darunter gab es zwei gemeinsame Erklärungen. Von besonderem Interesse ist die gemeinsame Erklärung der Regierungen Frankreichs, Großbritanniens und der USA, da sie eine eigene Präambel hätten. In den Schlussbestimmungen wurden diese recht unterschiedlichen Dokumente als „vereinbarte Grundsätze" bezeichnet. Zu erwähnen wäre ferner die auf der Friedenskonferenz in Den Haag am 29. Juli 1899 angenommene Schlussakte, die eine Reihe relativ selbststündige Dokumente umfasste (drei Konventionen, drei Deklarationen, ferner Resolutionen und Empfehlungen). Dabei wurden diese Dokumente getrennt unterzeichnet. c) Bei einer weiteren Kategorie von Schlussakten wurden die spezifischen Abkommen der Schlussakte beigefügt. So war es bei der Schlussakte der diplomatischen Konferenz von Genf 1949.[99] In der Schlussakte werden die von der Konferenz angenommenen vier Abkommen aufgezählt (I. Genfer Abkommen zur Verbesserung des Loses der Verwundeten und Kranken der bewaffneten Kräfte im Felde; II. Genfer Abkommen zur Verbesserung des Loses der Verwundeten, Kranken und Schiffsbrüchigen der bewaffneten Kräfte zur See; III. Genfer Abkommen über die Behandlung der Kriegsgefangenen; IV. Genfer Abkommen über den Schutz der Zivilpersonen in Kriegszeiten). Die Konferenz nahm außerdem elf Empfehlungen an, die genauso wie die erwähnten Abkommen der Schlussakte beigefügt wurden, die in dieser Form unterzeichnet wurde. In den Anlagen wurden die Abkommenstexte abgedruckt. Eine ähnliche Funktion war ebenfalls der Schlussakte der Konferenz der Vertragsregierungen des Internationalen Übereinkommens von 1954 zur Verhütung der Verschmutzung der See durch Öl vom 11. April 1962[100] zugedacht. Dieses Dokument, das unterzeichnet und dessen Verbindlichkeit betont wurde, hatte als Anlagen den geänderten Text des genannten Übereinkommens. Zu dieser Kategorie gehört grundsätzlich auch die Schlussakte der Internationalen Gesundheitskonferent[101], die ein Übereinkommen über die Bildung Interimskommission enthielt. Die Kommission sollte die gesamte Aktivität fördern, um die Satzung der Internationalen Gesundheitsorganisation vom 22. Juli 1946 in Kraft zu setzen, die ebenfalls in der Schlussakte enthalten war. Zu dieser Kategorie von Schlussakte gehört ebenfalls die Schlussakte der Konferenz der Vereinten Nationen über die Todeserklärung Verschollener vom 6. April 1950. Der Schlussakte wurde eine von der Konferenz ausgearbeitete Konvention über dieselbe Materie beigefügt.[102] d) Auch direkt im Rahmen der UNO wurden Schlussakten angenommen, wie die Schlussakte der I. UN-Konferenz für Handel und Entwicklung (UNCTAD), die am 15. Juni 1964 in Genf angenommen wurde.[103] Es wurden vierzehn „Allgemeine Prinzipien des internationalen Handels“ und dreizehn „Spezialprinzipien des internationalen Handels“ angenommen. Obwohl über jedes Prinzip gesondert abgestimmt wurde, können sie nicht als verbindlich betrachtet werden, sie stellen in ihrer Mehrzahl Empfehlungen dar. Eine Ausnahme bilden nur die Prinzipien der souveränen Gleichheit der Staaten, des Selbstbestimmungsrechts der Völker und des Verbots der Einmischung in die inneren Angelegenheiten anderer Staaten, also Prinzipien, die als Grundprinzipien des Völkerrechts ohnehin verbindlich sind und in diesem Dokument bekräftigt werden.

Für eine richtige Qualifizierung ist möglicherweise auch die Tatsache entscheidend, dass bei ihrer Unterzeichnung von den betreffenden Staaten Vorbehalte geltend gemacht wurden. Das gilt z.B. für die Schlussakte der Haager Akte vom 18. Oktober 1907[104], die Schlussakte der Konferenz der Vereinten Nationen über die Zollformalitäten bei der vorübergehenden Einfuhr privater Straßenfahrzeuge und im Touristenverkehr vom 14. Juni 1954[105] und die Schlussakte der Konferenz der Vereinten Nationen über die Todeserklärung Verschollener vom 6. April 1950.[106]

Besondere Aufmerksamkeit genießt die Schlussakte der Konferenz über Sicherheit und Zusammenarbeit in Europa vom 1. August 1975, die hinsichtlich der Bedeutung ein Novum in den internationalen Beziehungen darstellt. Diese Schlussakte ist kein völkerrechtlicher Vertrag. Dies geht aus der zum Ausdruck gebrachten Absicht der Teilnehmerstaaten unmissverständlich hervor. Sie schafft daher kein neues, sondern bekräftigt bereits bestehendes Recht, wie z.B. I. Souveräne Gleichheit, Achtung der Souveränität innenwohnenden Recht, II. Enthaltung von der Androhung oder Anwendung von Gewalt, III. Unverletzlichkeit der Grenzen, IV. Territoriale Integrität der Staaten, V. Friedliche Regelung von Streitfällen, VI. Nichteinmischung in innere Angelegenheiten und VII. Gleichberechtigung und Selbstbestimmungsrecht der Völker besitzen einen jus cogens Charakter, während dies beim VIII. Prinzip Achtung der Menschenrechte und Grundfreiheiten, einschließlich der Gedanken-, Gewissens-, Religions- oder Überzeugungsfreiheit nicht der Fall ist.

Im Unterschied davon, enthält der Abschnitt VIII (genannt auch „Korb 3“)[107] eine Reihe von Absichtserklärungen. Bei den Teilnehmenden Staaten gab es unterschiedliche Ziele und Gewichtungen: Den ehemaligen sozialistischen Staaten ging es in erster Linie um die Prinzipien I.-VI. und den westlichen Staaten um die Prinzipien VII. und vor allem VIII. Die im Prinzip VIII erhaltenen Absichtserklärungen sind nicht rechtsverbindlich, weil die Schlussakte nicht die Qualität eines völkerrechtlichen

Vertrages ausweist. Da sie jedoch im Konsensus-Verfahren angenommen wurden, sind die Absichtserklärungen politisch verbindlich. So impliziert die Schlussakte zum Teil rechtliche und zum Teil politische Aspekte, was von der jeweiligen Materie abhängt.

Bezüglich des Verbindlichkeitscharakters könnte dieses Dokument folgendermaßen formuliert werden: Die Schlussakte der KSZE ist ein bedeutsames internationales Dokument, dessen Bestandteile und Inhalte einen unterschiedlichen Verbindlichkeitscharakter aufweisen. Die mit den grundlegenden Völkerrechtsprinzipien deckungsgleichen Grundsätze besitzen eine rechtliche Verbindlichkeit, die Absichtserklärungen sind jedoch nur politisch verbindlich. In politischer Hinsicht hat dieses gewichtige europäische Dokument im Sinne der westlichen Doktrin der „Wandlung durch Annäherung" zur allmählichen Erosion des Sozialismus geführt. So kann die Schlussakte als Sieg des Westens betrachtet werden. Zugleich wurde der Nachweis erbracht, dass ein politisches Dokument unter bestimmten historischen Bedingungen wichtiger sein kann als internationale Verträge.

1.5 Pactum de consultando, Pactum de negotiando, Pactum de contrahendo

1.5.1 Pactum de consultando

An anderer Stelle (1.1) sind bereits mehrere Verträge sowie ausführlich die Quellen erwähnt worden, in denen die Konsultationspflicht enthalten ist. Einige Verträge weisen auf die Konsultationspflicht hin.

Es seien diese Beispiele erneut genannt: Artikel 4 des Nato - Vertrages: Im Artikel 4 heißt es: „Die Parteien werden einander konsultieren, wenn nach Auffassung einer von ihnen die Unversehrtheit des Gebiets, die politische Unabhängigkeit oder die Sicherheit einer der Parteien bedroht ist." Im „Abkommen zwischen der UdSSR und den USA über die Verhinderung eines Nuklearkrieges" vom 22.6.73 sind die Vertragspartner deutlicher: Bei gefährlichen Situationen „dass das Risiko eines nuklearen Konfliktes heraufbeschworen werden könnte, werden die ehemalige UdSSR und die USA „unverzüglich dringende Konsultationen miteinander aufnehmen und alle Anstrengungen zur Abwendung des Risikos unternehmen." Viel weiter geht der Artikel XVII des „Vertrages zwischen der UdSSR und den Vereinigten Staaten von Amerika über die Begrenzung der strategischen Offensivwaffen" (SALT II: Strategic Arms Limitation Talks) vom 18.Juni 1979, indem er die Funktionen eines Konsultationsorgans aufzählt. Artikel XI des Antarktis-Vertrages vom 1. 12. 1959: „Bei

Streitigkeiten zwischen zwei oder mehr Vertragsparteien über die Auslegung oder Anwendung dieses Vertrages werden sich die Vertragsparteien konsultieren. um Streitigkeiten durch Verhandlungen..., beizulegen." Im Artikel VII des Übereinkommens über die Privilegien und Immunitäten der Spezialorganisationen der UNO von 1946 wird ebenso auf die Notwendigkeit von Konsultationen hingewiesen: „Wenn ein Vertragspartner dieses Übereinkommens der Ansicht ist, dass ein Missbrauch eines Privilegs oder einer Immunität, die durch das vorliegende Übereinkommen gewährt werden, vorgekommen ist, werden zwischen jenem Staat und der betreffenden Spezialorganisation Beratungen stattfinden, um festzustellen, ob ein solcher Missbrauch vorgefallen ist und bejahen jedenfalls zu versuchen, die Wiederholung eines solchen Falles zu verhindern."

Es sei darauf verwiesen, dass in der vorliegenden Arbeit zum ersten Mal der neue terminus scientificus Pactum de consultando geprägt worden ist.

1.5.2 Pactum de negotiando

Zunächst ist zu sagen, dass der altertümlich klingende Begriff „Pactum" eine Vereinbarung, ein Übereinkommen oder Vertrag bedeutet.[108] Bereits Thomas von Aquin operierte in seiner „Summa Theologia" (11.11.78.2c) mit diesem Terminus, wobei er zwischen dem „Pactum expressum" und dem „Pactum tacitum", also zwischen dem ausgedrückten und dem stillschweigenden Übereinkommen oder Bündnis unterschied.[109] Die Erkenntnis, dass Pactum eine Vereinbarung bedeutet, ist festzuhalten, da sie für die Bestimmung des Wesens und Charakters des Pactum de negotiando (Pdn.) von ausschlaggebender Bedeutung ist.

Das eigentliche Wesen des Pdn besteht in der Verpflichtung der Partner, fair, ernsthaft und bona fides Verhandlung zu führen.[110] Ob jedoch die Verhandlung zu einer Einigung führen oder vielleicht nicht, ist eine andere Frage. Deshalb kann jener Auffassung nicht gefolgt werden, nach der die Verpflichtung zum Verhandeln auch das Erzielen einer Einigung zwischen den Partnern impliziert.[111] Eine Verpflichtung, Verhandlungen aufzunehmen und eine Einigung zu erreichen, würde nach m. E. eher dem Wesen des Pdc entsprechen.

Das Pdn ist als ein Pactum im oben verstandenen Sinne ein völkerrechtlicher Vertrag[112], aus dem sich Verpflichtungen völkerrechtlicher Art ergeben. Die zeitlich erste Pflicht der Partner ist nach treu und Glaube zu verhandeln.[113] Eine weitere Verpflichtung bezieht sich darauf, dass die Partner das „Gebot eines verhandlungsfreundlichen Mindestverhaltens durch positives Handeln"[114] zu beachten haben. Das bedeutet konkret, dass sie während der Verhandlungen alles zu unterlassen haben, was diese erschweren könnte[115] und sich außerdem gegenseitig entsprechend informieren. Dabei setzt die Erfüllung dieser Pflichten die Bereitschaft voraus, früher eingenommene Standpunkte aufzugeben und der anderen Seite ein Stück entgegenzukommen, um schließlich „eine beiderseits befriedigende Kompromisslösung" zu finden, wie es im Punkt 62 des Urteils des Schiedsgerichtshofes vom 26. Januar 1972 zu dem im Geiste der Identitätsthese der Bundesrepublik Deutschland geschlossenen Abkommen über deutsche Auslandsschulden vom 27. Februar 1953 „betreffend griechische Entschädigungsforderungen gegen die Bundesrepublik Deutschland wegen Neutralitätsverletzung im ersten Weltkrieg"[116] heißt. Kommt es trotz gewissenhafter Verhandlungen zu keinem Ergebnis, so kann dennoch angenommen werden, dass die Verhandlungspflicht erfüllt worden ist.[117] So betrachtet, stellt das Pdn weder einen Vorvertrag[118] noch einen Rahmenvertrag dar, denn der Vorvertrag hat einen vorläufigen Charakter und wird durch weitergebende Präzisierungen seiner Bestimmungen konkreter und endgültig, was natürlich Revisionen nicht ausschließt. Der Rahmenvertrag erlangt erst mit dem Abschluss ihn ausfüllender Abmachungen praktische Wirksamkeit.

Aus den Dokumenten, in denen das Pdn seinen Niederschlag gefunden hat, lassen sich unter Zugrundelegung von formalen Kriterien einige Arten dieses Instruments voneinander unterscheiden. Wird als Unterscheidung die Art und Weise der Pflichtrealisierung in Betracht gezogen, so geht es erstens hauptsächlich um Pdn, in denen die Partner sich verpflichten, überhaupt Verhandlungen aufzunehmen und durchzuführen. So heißt es im Art. VI des „Vertrages über die Nichtweitergabe von Kernwaffen" vom 1. Juli 1968: „Jeder Vertragspartner verpflichtet sich, im Geiste des guten Willens Verhandlungen über wirksame Maßnahmen zur Einstellung des nuklearen Wettrüstens in nächster Zukunft, zur nuklearen Abrüstung sowie über einen Vertrag zur allgemeinen und vollständigen Abrüstung unter strenger und wirksamer internationaler Kontrolle zu führen.[119] Zweitens beinhaltet das Pdn die Pflicht, auf bestimmten Gebieten aufgenommene Verhandlungen meistens im Sinne der dynamischen Stabilität auf einer qualitativ höheren Ebene fortzusetzen. Eine derartige Pflicht wurde vor allem in multilateralen und bilateralen Verträgen zu Fragen der internationalen Sicherheit und der Rüstungsbegrenzung festgelegt. Gemäß Art. V des „Vertrages über das Verbot der Stationierung von Kernwaffen und anderen

Massenvernichtungswaffen auf dem Meeresgrund und Ozeanboden und in deren Untergrund" vom 11. Februar 1971 verpflichten sich z. B. die Vertragsteilnehmer, „im Geiste des guten Willens die Verhandlungen über weitere Maßnahmen auf dem Gebiet der Abrüstung zur Verhinderung eines Wettrüstens auf dem Meeresgrund, dem Ozeanboden und in deren Untergrund fortzusetzen.[120] Die Verpflichtung, die Verhandlungen fortzusetzen, verleiht dem Verhandlungsprozess das Element der Kontinuität, wodurch dieser sich durch eine Dynamik auszeichnet.

Eine weitere Art des Pdn, möglicherweise verglichen mit den Verhandlungen der oben behandelten Art eine spezifische Form desselben, ist die in Verträgen vereinbarte Konsultationspflicht. So verpflichten sich z. B. gemäß Art. V der „Konvention über das Verbot der Entwicklung, Herstellung und Lagerung von bakteriologischen (biologischen) und Toxin-Waffen und über ihre Vernichtung" vom 10. April 1972 die Teilnehmerstaaten, „bei der Lösung jener Probleme, die in Bezug auf das Ziel oder bei der Anwendung der Bestimmungen der vorliegenden Konvention auftreten können, einander zu konsultieren und zusammenzuarbeiten.[121] In der diplomatischen Praxis kommt der umgekehrte Fall ebenfalls vor. So wurde im „Abschlusskommuniqué über die Konsultationen zur Vorbereitung der Verhandlungen über die gegenseitige Verminderung der Streitkräfte und Rüstungen und damit zusammenhängende Maßnahmen in Mitteleuropa" am 28. Juni 1963 in Wien folgendes vereinbart (Punkt 2): „Im Verlauf dieser Konsultation wurde beschlossen, Verhandlungen über die gegenseitige Verminderung von Streitkräften und Rüstungen und damit zusammenhängende Maßnahmen in Mitteleuropa zu führen."[122]

Aus der Staatenpraxis wird ersichtlich, dass im Verlaufe der 70er Jahren das Pdn zu Fragen des Rüstungsstopps und der Abrüstung überwiegt. Dies gilt für multilaterale sowie für bilaterale Verträge. Fast jede Abmachung von Bedeutung auf diesem Gebiet enthält ein Pdn. Wenn diesbezüglich Beispiele genannt werden, so darf dies keinesfalls zu einer Überbewertung des Pdn führen, weil es sich bei der Abrüstungsproblematik um eine überaus wichtige Materie handelt, die mit den Grundprinzipien des Völkerrechts und mit wichtigen internationalen Konventionen und bilateralen Verträgen in Verbindung steht. Genannt seien beispielsweise Art. XI des „Vertrages zwischen der damaligen UdSSR und den USA über die Einschränkung der Raketenabwehrsysteme" vom 26. Mai 1972[123] und der bereits behandelte Art. VI des „Vertrages über die Nichtweitergabe von Kernwaffen" vom 1. Juli 1968. Aus diesen Dokumenten kann man die Schlussfolgerungen ableiten, dass durch die Vereinbarung des Pdn die betreffenden

Staaten, sicher ausgehend von ihren sicherheitspolitischen Interessen, an Verhandlungen beziehungsweise an weiteren Verhandlungen ernsthaft interessiert sind. Und gerade dies wird öffentlich bekannt gemacht. Daher kann M. Virally nicht zugestimmt werden, wenn er das Vereinbaren eines Pdn damit begründet, dass bei politischen wichtigen Verträgen die Partner eine Unterrichtung der Öffentlichkeit vermeiden wollen.[124] Auch bei der friedlichen Streitbeilegung, wo selbstverständlich das entsprechende Grundprinzip die ausschlaggebende Bedeutung besitzt, nimmt das Pdn an Bedeutung zu. Davon zeugt die Tatsache, dass dieses in mehreren Verträgen vereinbart wurde. Als Beispiel sei die Vereinbarung über die „Grundlagen der Beziehungen zwischen der damaligen UdSSR und den USA" vom 29. Mai 1972 erwähnt, in der es heißt: „Sie werden in ihren Beziehungen zueinander stets Zurückhaltung über und bereit sein, zu verhandeln und Meinungsverschiedenheiten mit friedlichen Mitteln zu regeln."[125] Hierbei taucht jedoch das Problem auf, ob es sich tatsächlich um ein Pdn handelt, da die Formulierung „sie werden..." ziemlich allgemein gehalten ist. Es steht einerseits außer Zweifel, dass dies kein Pdn der Art wie in den oben genannten Beispielen zu Fragen des Rüstungsstopps ist.[126] Andererseits besteht jedoch keine Veranlassung, derartigen Fällen jegliche rechtliche Relevanz abzusprechen und sie etwas in ihrer Bedeutung herunterzuspielen. Man könnte unter Umständen derartige Fälle als ein „schwaches" Pdn nennen, das sich auf alle Fälle von bloßen Absichtserklärungen[127], Programmsätzen und Wünschen unterscheidet, weil bei den letzteren in der Regel bei den Partnern die Bereitschaft fehlt, sich rechtlich zu binden. Daher liegt kein Pdn vor, wenn im gemeinsamen sowjetisch-amerikanischen Kommuniqué von 1972 beide Staaten ihre Absicht äußern, „die aktiven Verhandlungen über die Begrenzung der strategischen Offensivwaffen fortzusetzen und sie im Geiste des guten Willens...zu führen".[128]

Die erzielten Untersuchungsergebnisse lassen folgende allgemeine Definitionen des Pdn als begründet erscheinen: Pdn ist die vertraglich vereinbarte Rechtpflicht der Staaten, über die sie interessierenden Fragen Verhandlungen bzw. Konsultationen aufzunehmen und zu führen oder bereits aufgenommene Verhandlungen bzw. Konsultationen fortzusetzen. Hiermit erstreckt sich das Pdn nicht auf die Pflicht, eine Vereinbarung zu treffen. Dies ist eher Aufgabe des Pactum de contrahendo (Pdc).

1.5.3 Pactum de contrahendo

Das Wesen des Pdc besteht in der rechtlichen Verpflichtung der Partner, über einen Gegenstand einen Vertrag abzuschließen. Diese Auffassung wurde bereits Ende des 19.

Jh. Von A. Rivier vertreten: „...ein pactum de contrahendo bedeutet eine Verpflichtung, wonach die Parteien oder eine von ihnen sich verpflichten, einen Vertrag abzuschließen.[129] Diese Auffassung scheint auch in der Gegenwart vorherrschend zu sein. So wird das Pdc in dem „Dictionnaire de la Terminologie du Droit International" wie folgt definiert: „Übereinkunft, die die Verpflichtung enthält, einen Vertrag über einen gegebenen Gegenstand abzuschließen, eventuell unter bestimmten Modalitäteten."[130] Dabei ist es eine Selbstverständlichkeit, dass dem Vertragsabschluss die Verhandlungsführung vorausgeht. Das entscheidende Element ist jedoch der Vertragsabschluss. Deshalb ist es überflüssig, auf die Aufnahme von Verhandlungen extra aufmerksam zu machen.

Eine konkrete Verpflichtung, Verträge abzuschließen, kann allgemein aus dem Völkerrecht, zum Beispiel aus dem Prinzip der friedlichen internationalen Zusammenarbeit (Art. 1, Ziff. 3, Art. 55 und 56 der UN-Charta und entsprechende Bestimmungen der UN-Prinzipiendeklaration von 1970) nicht abgeleitet werden.

Erwähnenswert ist insbesondere Art. 1, Ziff. 3 der UN-Charta, in dem die friedliche internationale Zusammenarbeit sich im Wesentlichen auf die Lösung internationaler Probleme wirtschaftlicher, sozialer, kultureller oder humanitärer Art bezieht. Es ist im Prinzip nicht daran zu zweifeln, dass die Zusammenarbeit zwischen souveränen Staaten hauptsächlich auf vertraglicher Grundlage erfolgt.

Hieran ist eine hochinteressante Spezifik dieses Prinzips hervorzuheben: Die Staaten sind völkerrechtlich verpflichtet, friedlich zusammen zu arbeiten, aber um dieser Verpflichtung nachzukommen, müssen sie sich des völkerrechtlichen Vertrages bedienen. Das soll allerdings nicht heißen, dass sie durch das genannte Prinzip rechtlich verpflichtet wären, über jede Materie, so wichtig sie auch sein mag, und mit jedem Staat Verträge abzuschließen. Das Prinzip der friedlichen internationalen Zusammenarbeit sagt also nicht aus, wann, mit wem und worüber ein Staat Verträge abzuschließen hat. Infolgedessen ist die konkrete Verwirklichung dieses Prinzips jedem souveränen Staat überlassen. Ein Staat kann sich, wenn er es will, direkt durch Vereinbarungen oder indirekt verpflichten, über bestimmte Materien mit anderen Staaten zu kontrahieren. Gerade das ist für das Vorliegen eines Pdc entscheidend. Ein Pdc ergibt sich also nur aus konkreten Verträgen.[131]

Eine Vergleichsanalyse infrage kommender internationaler Dokumente führt zur Schlussfolgerung, dass es im Allgemeinen folgende Hauptarten des Pdc gibt: Erstens als eine in einem formgebundenen oder weniger formgebundenen völkerrechtlichen

Vertrag fixierte Pflicht, über welche die Staaten interessierende Fragen Verträge abzuschließen. So sind in der gemeinsamen amerikanisch-panamesischen Erklärung über die Grundsätze eines von beiden Staaten abzuschließenden neuen Panamakanal-Vertrages vom 7. Februar 1974 Bestimmungen erhalten, aus denen eindeutig hervorgeht, dass es sich um ein Pdc handelt und zwar von besonderer Art: Die gesamte Erklärung stellt eigentlich ein Pdc dar, denn es wurde vereinbart – das war der Sinn der gemeinsamen Erklärung - , den seit 1903 zwischen ihnen bestehenden Vertrag über die Panama-Kanalzone durch einen neuen Vertrag zu ersetzen: „Auf folgende Prinzipien haben wir uns im Namen unserer jeweiligen Regierungen geeinigt: 1. Der Vertrag aus dem Jahre 1903 und seine Zusatzartikel werden durch den Abschluss eines vollkommen neuen Vertrages über den Kanal zwischen den beiden Meeren ersetz.[132] Zum Teil ähnlich gelagert ist jener Fall der gemeinsamen Deklaration vom 6. Juni 1950 zwischen der Delegation der Provisorischen Regierung der DDR und der Regierung der Republik Polen. In diesem Dokument wurde vereinbart, die Friedens- und Freundschaftsgrenze an der Oder und der Lausitzer Neiße zu markieren. In Durchführung dieser Vereinbarung wurde beschlossen, innerhalb einer Monatsfrist die Markierung der festgelegten und bestehenden Grenze sowie andere Grenzfragen durch ein Abkommen zu regeln.[133]

In einer zweiten Art des Pdc liegt weder einen eindeutige Verpflichtung noch eine Vereinbarung vor. Die Partner beschränken sich darauf zu sagen, dass sie Verträge abschließen „werden". In der Staatspraxis sind relativ viele Beispiele dieser Art zu registrieren. Im „Freundschafts-, Handels- und Schifffahrtsvertrag zwischen der Bundesrepublik Deutschland und der Italienischen Republik vom 21. November 1957 z.B." verpflichten sich beide Seiten, Maßnahmen einzuleiten, um die geografischen Ursprungsbeziehungen gegen den unlauteren Wettbewerb im Handelsverkehr wirksam zu schützen. Es wird ferner in derselben Bestimmung (Art. 19, Punkt 4) festgelegt: „Die Vertragsstaaten werden außerdem über diese Angelegenheiten ein Abkommen schließen."[134] Aus dem Kontext ist ersichtlich, dass die Partner sich rechtlich verpflichtet fühlen, ein neues Abkommen abzuschließen. Davon sind die Fälle zu unterscheiden, bei denen es – das ergibt sich ebenfalls aus dem Kontext – um allgemeine Zielstellungen geht, denen der juristische Charakter fehlt. Eine derartige Zielstellung ist in der „Gemeinsamen Erklärung über die vereinbarten Prinzipien für Abrüstungsverhandlungen" als Anhang zum „Gemeinsamen Bericht der UdSSR und der USA an die UN-Vollversammlung über die Ergebnisse ihrer bilateralen

Abrüstungsgespräche (Sorin-McCloy-Abkommen) vom 20. September 1961 enthalten: „8. Die Staaten, die an den Verhandlungen teilnehmen, müssen so schnell wie möglich zur Erzielung und Durchführung einer umfassenderen Übereinstimmung gelangen".[135] Solche gemeinsamen Erklärungen und Zielstellungen können unseres Erachtens als „Punktationen" qualifiziert werden. Dabei ist aber zugleich zu beachten, dass es über sie unterschiedliche Aussagen gemacht werden. Während zum Beispiel bei L. Oppenheim unter „punctationes" bloße Verhandlungen über die Gegenstände eines künftigen Vertrages („negotiations on the items of a future treaty") verstanden werden[136], begnügen sich andere damit, dass es lediglich um Erklärungen über den Inhalt eines in Aussicht genommenen Vertrages geht.[137] Zwischen den beiden Ansichten besteht dennoch eine Gemeinsamkeit: Die „punctationes" besitzen für die betreffenden Staaten keine rechtliche Verbindlichkeit.

Ausschlaggebend dürfte dabei nicht so sehr die Formulierung („sie verpflichten sich abzuschließen", „sie werden abschließen", „will" oder „shall conclude"), sondern die Feststellung des tatsächlichen Willens der Staaten sein, ob sie sich rechtlich binden wollen oder vielleicht nicht.

Was den Bezugsgegenstand eines Pdc anbelangt, kann festgestellt werden, dass die meisten sich auf Verwaltungsabkommen beziehen. Aber seit dem Beginn der 70er Jahre zeichnet sich allmählich eine andere Tendenz ab und zwar eine Orientierung auf Wirtschafts- und Wissenschaftsabkommen sowie teilweise auf Abkommen über die Rüstungsstopp bzw. Abrüstung. Die Entwicklung in den zwischenstaatlichen Beziehungen hat inzwischen als ein objektiv bedingter Prozess dazu geführt, dass mitunter, man könnte sagen, eine „negative" Art des Pdc entstanden ist. Ihr Wesen ist, sich vertraglich zu verpflichten, auf bestimmten Gebieten keine Verträge abzuschließen.

In der völkerrechtlichen Fachliteratur werden über das Wesen des Pdc andere Meinungen in dem Sinne ebenfalls vertreten, dass dieses auf die Verhandlungspflicht beschränkt wird. Der bekannteste Verfechter dieser Meinung ist m. E. A: Miaja de la Muela, nach dem das Pdc in den internationalen Beziehungen die einfache Rechtswirkung erzeugt, in gutem Glauben zu verhandeln, ohne dabei die Konsequenzen auf die Verpflichtung zum Abschluss eines Vertrages auszudehnen: „...das pactum de contrahendo in den internationalen Beziehungen erzeugt die einfache Rechtswirkung, im guten Glauben zu verhandeln, ohne dass die Konsequenzen auf die Verpflichtungen zum Vertragsabschluss ausgedehnt werden können."[138] Nach ihm würde das Völkerrecht über diese Schlussfolgerung nicht hinausgehen. Im Hinblick auf dieses

Problem empfiehlt es sich, die von Schiedsgerichtshof in seinem bereits erwähnten Urteil vom 26. Januar 1972 zum Abkommen über deutsche Auslandsschulden vom 27. Februar 1953 gegebene Orientierung zu berücksichtigen.

Punkt 62 des Urteils bezieht sich auf Verhandlungen über Forderungen aus Sprüchen des deutsch-griechischen Schiedsgerichts. Darin wird zum Art. 19 des Abkommens klargestellt: „Artikel 19 muss als ein pactum de negotiando verstanden werden. Die Übereinstimmung, zu der die Parteien im vorliegenden Fall gelangt sind, ist kein pactum de contrahendo, wie wir es verstehen. Diese Bezeichnung sollte jenen Fällen vorbehalten bleiben, in denen die Parteien schon eine rechtlich bindende Verpflichtung eingegangen sind, eine Vereinbarung abzuschließen.[139] Das Schiedsgericht ging dabei von der Verpflichtung der Parteien aus, über den Streit erneut zu verhandeln. Der Standpunkt des Schiedsgerichts ähnelt in vielem jenem von McNair, der es ablehnt, das Pdc als Terminus auf den Fall von Verhandlungen anzuwenden. Er betont mit Nachdruck: „Die Anwendung der Bezeichnung pactum de contrahendo dafür kann irreführend sein und sollte vermieden werden.[140]

Wenn nur das Pdc die Staaten rechtlich zu verpflichten vermag, dann kann man annehmen, dass es sich bei ihm um einen völkerrechtlichen Vertrag[141], wenn auch von besonderer Art[142], handelt. Daher kann die von D. F. Myers geäußerte Ansicht nicht akzeptiert werden, das Pdc stelle lediglich ein politisches Versprechen ohne Vertragsqualität[143] dar. P. Sereni kann ebenfalls nicht gefolgt werden, wenn er die Wirksamkeit eines Pdc ganz pauschal in Zweifel stellt: „Die Wirksamkeit eines Vertrages, durch den sich die Partner verpflichten, in der Zukunft übereinzukommen (agreement to agree), ist zweifelhaft.“[144]

Das Pdc ist als ein völkerrechtlicher Vertrag anzusehen, der jedoch von den üblichen Verträgen insofern abweicht, da er im Grunde den Partnern nur bestimmte Verhaltenspflichten auferlegt, um das Zustandekommen des eigentlichen Vertrages nicht zu verhindern. So betrachtet, ist letzterer ein Endvertrag, der Rechte und Pflichten eindeutig materieller Art enthält. Dennoch kann Art. 18 der WVK1 von 1969 mit gewissen Einschränkungen auf das Pdc angewandt werden.

Das Pdc steht als Vertrag zum eigentlichen, zum „Endvertrag“ in einem zwiespältigen Verhältnis. Einerseits ist er, wenn auch nicht im materiellen Sinne, ein selbständiger Vertrag, der gemäß Pacta sunt servanda einzuhalten ist. Andererseits bereitet er aber den Boden für den Abschluss des eigentlichen Vertrages vor, wobei zwischen den Inhalten beider Verträge Sachzusammenhänge bestehen. Nur in diesem

Sinne kann das Pdc als eine Art Vorvertrag betrachtet werden. Löst man ihn aber von diesem Zusammenhang heraus, dann ist er ein durchaus selbstständiger Vertrag. In der völkerrechtlichen Fachliteratur wird das Pdc undifferenziert vorwiegend als Vorvertrag[145] oder fast als solcher[146] angesehen. Es steht auf alle Fälle fest, dass das Pdc fürwahr eine „Mittelfigur zwischen den unverbindlichen Verhandlungen einerseits und dem Hauptvertrag andererseits“[147] ist. Das Pdc ist des weiteren von völkerrechtlichen Rahmenverträgen abzugrenzen, die allgemein oder auch konkret einen Teil des Vertragsinhaltes bereits vorwegnehmen.[148] Zusammenfassend kann das Pdc definiert werden als die vertraglich vereinbarte rechtliche Pflicht der Staaten, über die sie interessierenden Fragen einen völkerrechtlichen Vertrag abzuschließen.

Das Pdn und das Pdc vermögen, dem internationalen Vertragsprozess Dynamik und Stabilität auf höherer Ebene zu verleihen. Beziehen sie sich auf die Materie des Weltfriedens, der internationalen Sicherheit, des Rüstungsstopps und der Abrüstung, dann steht ihr Beitrag zur Schaffung stabiler friedlicher Beziehungen außer Zweifel.

Eine ähnliche Funktion, wenn auch qualitativ auf niedrigerer Ebene, erfüllen auch die eigentlichen erst in den 70er Jahren üblich gewordenen Absichtserklärungen. Aus der Fülle der Beispiele seien nur einige genannt. So bekunden die damalige UdSSR und die USA in der Präambel des Vertrages über eine Begrenzung der Raketenabwehrsysteme vom 26. Mai 1972 ihre Absicht, „baldmöglichst eine Beendigung des nuklearen Wettrüstens zu erreichen und effektive Maßnahmen zur Reduzierung der strategischen Rüstung, zur nuklearen sowie zur allgemeinen und vollständigen Abrüstung einzuleiten.“[149] Diese Absicht wurde glücklicherweise für den Weltfrieden realisiert. Es ist in der Geschichte der internationalen Vertragsbeziehungen beispielgebend, dass in dem SALT-II-Vertrag vom 18. Juni 1979 ebenfalls in der Präambel eine etwas konkretere Absichtserklärung derart verankert ist, dass der Faden der Kontinuität in den gemeinsamen Bemühungen der UdSSR und der USA, den Abrüstungsprozess zu forcieren, nicht abreißt. Die Absichtserklärung lautet: „...ihre Absicht bekundend, in nächster Zeit Verhandlungen über die weitere Begrenzung und Reduzierung der strategischen Offensivwaffen aufzunehmen...“

Diese gewichtige Absicht konnte erst acht Jahre später durch den Vertrag über die Liquidierung der Raketen mittlerer und kürzerer Reichweite vom 8. Dezember 1987 realisiert werden. Somit ist in der Praxis der Beweis für die zunehmende Bedeutung von politischen Absichtserklärungen sogar eine wesentliche Qualitätssteigerung des dritten Textteils der KSZE-Schlussakte von 1975, welchen im Abschließenden Dokument des

Wiener Treffens, des dritten KSZE-Folgetreffens, vom Januar 1989 hohe politische Verbindlichkeit verliehen worden ist. So sind die Absichtserklärungen in die Lage versetzt worden, dem Entspannungsprozess ein hohes Maß an dynamischer Stabilität und Mobilität zu verleihen.

Anmerkungen

1. Vgl. M. Sradj, Das Instrument der Konsultation in der internationalen Politik nach 1945, Mainz 1974, S.107.
2. Vgl. ähnlich auch W. Möstl, Die Konsultationsverpflichtung im Völkerrecht, Dissertation, Universität Würzburg 1967, S.16ff.
3. Vgl. id.S.67. Vgl. ferner F. Berber, Völkerrecht, Band III, München, Berlin 1964, S.32 und G. Dahm, Völkerrecht, Band II, Stuttgart 1961, S.446.
4. Abgedruckt in: Völkerrecht, Dokumente, Teil 1, Berlin 1980. S. 229)
5. Vgl. A. Verdross, S. Verosta, K. Zemanek, Völkerrecht, Berlin, Heidelberg 1964, S.414).
6. Abgedruckt, In Völkerrecht, Dokumente, ibid., Teil 3, S.878.
7. Abgedruckt in: Völkerrecht, Dokumente, id., S.1076.
8. Abgedruckt in: Völkerrecht, Dokumente, ibid., Teil 2, S. 469.
9. Abgedruckt in: Völkerrecht, Dokumente, ibid., Teil 1, S.191.
10. Übersetzung aus: A/CONF.117/10. sowie Add.1-3).
11. Vorwiegend Völkerrechtler der ehemaligen UdSSR (Je. Jewgenjewa/ Je. Ussenko, Das Intitut der Konsultation…, op. cit., S. 110; L.N., Anisimow, Völkerrechtliche Mittel zur Beilegung internationale Streitigkeiten, Leningrad 1975, S.54 (russisch)
12. So z.B. Kurs des Völkerrechts, Moskau 1972, S. 316 (russisch). Vgl. ähnlich auch E.A., Puschmin, Friedliche Beilegung von Streitigkeiten, Moskau 1975, S.55 (russisch); D.B., Lewin, Das Prinzip der friedlichen Streitbeilegung von internationalen Streitigkeiten, Moskau 1974 (russisch).
13. Der Autor hat jahrelang Studierende aus siebzig Ländern und aus allen Kulturkreisen auf die diplomatische Laufbahn systematisch durch Spezialausbildung vorbereitet und so hatte die einmalige Gelegenheit, derartige und andere Unterschiede festzustellen.
14. H. Kraus, *Interesse und zwischenstaatliche Ordnung,.* in: *Niemeyers Zeitschrift für Internationales Recht*, Band. 49, 1934, S.56.
15. Vgl. Le Droit International dans un Monde Pluriculturel, in: Revue de droit international et compare ,Vol. 38, No.2, 1986, p.598.
16. Vgl. W. Grewe, Spiel der Kräfte in der Weltpolitik, Theorie und Praxis der internationalen Beziehungen, Düsseldorf, Wien 1970, S. 538. Vgl. ferner T. Gebrehana, Duty to Negotiate, En Element of International Law, Uppsala1978, pp. 33 ss. sowie M.A., Rogoff, The Obligation to Negotiate in International Law: Rules and Realities,in: Michigan Journal of International Law, 1994, Vol. 16.
17. Vgl. P. Terz, Wesen und Bedeutung des Pactum de negotiando und des Pactum de contrahendo im Völkerrecht, in: Jogtudomanyi Közlöny, Ungarische Akademie der Wissenschaften, 1982, Nr. 4. S. 320-325 (ungarisch). Vgl. ähnlich . Neuhold, Die Pflicht zur Zusammenarbeit der Staaten: Moralisches Postulat oder Völkerrechtsnorm ? in: Festschrift zum 90. Geburtstag von A. Verdross, Berlin 1980, S. 714..
18. Vgl. z.B. P. Terz, Zum Jus cogens im demokratischen Völkerrecht, in: Staat und Recht, Nr. 7, 1978, S. 617-627.

19. So z.B. I. A. Aleksidze, Einige theoretische Fragen des Völkerrechts, Tbilissi 1982, S. 310 (russisch).

20. Vgl. E. Oeser, Der internationale Streit, Berlin 1987, vor allem S.27-88; id. Verhandlungen im Völkerrecht, in: B. Graefrath (Hrsg), Probleme des Völkerrechts, Berlin 1985, S.200.

21. Vgl. hierzu sehr ausführlich P. Terz, Cuestiones teoricas fundamentales del proceso de formación de las normas internacionales, Universidad Santiago de Cali; id. Völkerrechtswissenschaft: Völkerrechtstheorie, Völkerrechtsphilosophie, Völkerrechtssoziologie, Völkerrechtsmethodologie, Riga 2019; id., For a modern theory of the creation of norms in the nuclearcosmic era, in: Miscellanea in honorem Demetrii S. Constantopuli, Aristoteles Universitas Thessalonicensis, Internationale Festschrift (Pax, Ius, Libertas), Vol. B, Thessaloniki 1990, pp. 1163- 1175.

22. H. Triepel, Völkerrecht und Landesrecht, Leipzig 1899, S. 26, 45, 50, 64 ff., 75, 82.

23. Vgl. K. Binding, Die „Vereinbarung". Ihr Begriff - ihre schöpferische Kraft; Zum Werden und Leben der Staaten, München, Leipzig 1920, S. 215, 217: Die Vereinbarung „geht dahin: durch die Verabredung eines gemeinsamen Willens... entsteht eine Willensmacht über die Verabredenden, der alle Teilnehmer an der Verabredung zu entsprechen haben". Binding erkannte aber die Schwächen dieser Konzeption: „sie scheint nicht ganz frei von einem mystischen Element zu sein" (S. 245).

24. Vgl. D. Anzilotti, Lehrbuch des Völkerrechts, Band 1, Berlin, Leipzig 1929, S. 31, 38 ff. Auch er meinte, dass die Vereinbarung Ausdruck des „Gesamtwillens" sei und Normen schaffe. Anzilotti orientierte jedoch auf eine „Grundnorm" (Pacta sunt servanda), die die Staaten zur Einhaltung völkerrechtlicher Verpflichtungen verpflichtet. Durch die Grundnorm würde Völkerrecht entstehen. Diese Sicht scheint einseitig zu sein.

25. Vgl. insbesondere W. Sauer, System des Völkerrechts, Bonn 1952, S. 54.

26. Vgl. F. Somló, Juristische Grundlehre, Aalen 1973 (Neudruck der 2. Auflage, Leipzig1927), S. 233.

27. Vgl. G. Morelli, Nozioni di diritto internazionale, Padova1963, p.12/13.

28. Vgl. T. Gihl, The legal Charakter and Sources of international Law, in: Scandinavian Studies in Law, Vol. I, 1957, p. 59 („the union of the wills of the various states into a collective will in the Vereinbarung is pure mysticism; this unio mystica has the obvious intent of making the rules of international law emanate from a will").

29. G. Tunkin, Das Völkerrecht der Gegenwart, Berlin 1963, S.131-135.

30. Vgl. auch H. Klenner, Grundsatzprobleme im Vorfeld einer Rechtsbildungstheorie, in: K. A. Mollnau (Hrsg.), Probleme einer Rechtsbildungstheorie, Berlin 1982, S. 20 ff.

31. Vgl. hierzu sehr ausführlich die Studie von H. Fritsche, Untersuchungen über die Bedeutung von consensus und consentire in den Digesten, Dissertation, Universität Göttingen 1888, S. 5-7, 17, 27-33, 59-69 und 99. Nach Fritsche sei bei den Digesten der Consensus die „psychologische Tatsache der Kongruenz innerer Willen"(S. 69). Nach R. Leonhard meinten die Römer unter „Consensus" den Willen sowie die Erklärung, weil sich beide im Normalfall bei den Vertragsabschlüssen deckten. Vgl. Consensus, in: Real-Encyclopädie der Classischen Altertumswissenschaft, Siebender Halbband, Hrsg. G. Wissowa, Stuttgart1900, S. 902, 907. Nach S. Brie lag „der gewohnheitsrechtlichen Übung nach römischer Anschauung ein inneres Moment zugrunde", das zuerst Varro, dann Gellius, Gaius und Ulpianus sowie die Institutionen Justinians „Consensus" nannten. Vgl. Die Lehre vom Gewohnheitsrecht, Eine historisch-dogmatische Untersuchung, Erster Theil, Geschichtliche Grundlegung, Breslau 1899, Universitätsnachdruck, Frankfurt1968, S. 16.Vgl. ferner P. Terz, Die zunehmende Bedeutung des Consensus als Übereinstimmung

und als Verfahrensprinzip, in: Acta Universitatis Wratislaviensis, Ser. Prawo CXI, No. 643 (Sammelband): Gegenwärtige Probleme der Völkerrechtslehre), Wroclaw 1984, S.31-44.

32. M. Kaser, Handbuch der Altertumswissenschaft, Das Römische Privatrecht, Erster Abschnitt, München1971, S. 237.

33. Vgl. hierzu auch I. I. Lukaschuk, Mechanismus der völkerrechtlichen Regulierung, Kiew 1980, S. 29 (russisch)

34. Vgl. G. I. Tunkin, op. cit., S. 135-137.

35. Vgl. G. I. Tunkin, Soviet theory of sources of international law, in: Völkerrecht und Rechtsphilosophie, Internationale Festschrift für St. Verosta zum70. Geburtstag, Hrsg. P. Fischer-H. F. Köck-A. Verdross, Berlin 1981, S. 68 ff.; G. I. Tunkin (Hrsg.), Meschdunarodnoje prawo, Moskwa 1982, S. 45-48; Slowar meschdunarodnowo prawa, Hrsg. B. M. Klimenko-B. F. Petrowskij-J. M. Rybakow, Moskwa 1982, S. 91; D. B. Lewin, Meschdunarodnoje prawo, wneschnaja politica i diplomatija, Moskwa 1981, S. 122; D. I. Feldman-G. L. Kurdjukow- W. N. Lichatschow, O sistemnom podchode w nauke meschdunarodnogo prawa. in: Prawowedenije, Nr. 6, 1980, S. 43; G. W. Ignatenko-D. B. Ostapenko (Hrsg.), Meschdunarodnoje prawo, Moskwa 1978, S. 7 und 30; S. W. Tschernitschenko, Normy meschdunarodnowo prawa, ich sosdanije i osobennosti ich struktury, in: SJMP 1979, Moskwa 1980, S. 48/49; J. G. Barsegow, Meschdunarodno-prawowyje aspekty gbobalnych problem sowremennosti, in: SGiP 1983, Nr. 6, S. 85 (er spricht vorwiegend vor der Interessenkoordinierung). Vgl. ähnlich (Völkerrecht als das Ergebnis abgestimmter Willen souveräner und völlig gleicher Staaten), P. I. Rusu, The fundamental change of circumstances in the modern law of treaties, in Revue Roumaine d' Études Internationales, , Bucuresti No. 3, 1982, p. 177.

36. Vgl. hierzu ausführlich I. I. Lukaschuk, Mechanismus..., op. cit., S. 29, der als einer der wenigen ehemaligen sowjetischen Völkerrechtler der Vereinbarungstheorie Tunkinscher Prägung nicht vorbehaltlos folgte.

37. Vgl. G. I. Tunkin, Soviet theory of sources of..., op. cit., p. 77.

38. Vgl. beispielsweise: D. W. O. Coplin, The Functions of International law: An Introduction to the Role of International Law in the Contemporary World, Chicago 1966, p. 185; D. I. L. Brown, Public International Law, London 1970, p. 270; W. C. Jenks, Recht und sozialer Umbruch, in: Recht und sozialer Umbruch, Ein ökumenisches Symposium, Hrsg. Chr. Walther, Frankfurt/M. 1971, S. 77 (in seiner bekanntesten Schrift „The Common Law of Mankind", London1958, p. 3, warf Jenks hingegen die Frage auf, ob in der Welt ein ausreichender Consensus über allgemeine Rechtsgrundsätze erreicht werden könne).

39. So z. B. A. Dean, The Importance of International Law in the Maintenance of Peace, in: International Law in a changing World, New York 1963, p. 71. I. M. Sinclair hingegen, The Vienna Convention on the Law of Treaties, Manchester1973, vermag einen Consensus über die internationale Rechtsordnung nirgends zu erkennen (p. 131).

40. Stellvertretend für andere seien hier paradigmatisch genannt: H. Huber, Weltweite Interdependenz, Gedanken über die grenzüberschreitenden gesellschaftlichen Verhältnisse und die Rückständigkeit des Völkerrechts, Bern 1968, S. 29 (das Völkerrecht beruht auf dem Konsens der Staaten); A. Verdross-B. Simma, Universelles Völkerrecht, Theorie und Praxis, Berlin1976, S.30 (alle Normen des Völkerrechts beruhen auf einem zwischenstaatlichen Konsens); H. Mosler, The international society as a legal community, in: Recueil de Cours, Académie de droit international, IV, 140,1980, p. 90 („The principal source of law is therefore the consensus of states"); H. Weber-V. Wedel, Grundkurs Völkerrecht, Das Internationale Recht des Friedens und der Friedenssicherung, Frankfurt am Main 1977, S. 33/34 (das Völkerrecht kann nur „auf einen konsensualen Satzungsakt

zurückgeführt werden"); besonders prononciert A. Bleckmann, Die Funktionen der Lehre im Völkerrecht, Materialien zu einer Allgemeinen Methoden- und Völkerrechtslehre, Köln et. alt., 1981, S. 313 (der Konsens als Ausgangspunkt der Rechtsquellenlehre; der Konsens kann zu einer „Grundnorm des Völkerrechts" werden).

41. Als Beispiel seien genannt: L. Henkin, How Nations Behave, Law and Foreign Policy, London1968, p. 25 („General law depends on onsensus"; M. Akehurst, A modern introduction to international law, London 1970, p. 9; W. D. Coplin, The Functions of International Law..., op. cit., p. 170, 185, („international law and its related institutions provide a medium through which a consensus can be reached on the nature of the state system").

42. Dieser prägnante Satz wurde von L. Oppenheim, International Law, Vol. I, London 1955, p. 5, 11 geprägt.

43. Vgl. L. Oppenheim, International Law a Treaties, New York 1920, p. 14 ss. Dennoch wird das Völkerrecht in der „Encyclopedia Americana", International, Vol. 7, 1966, uneingeschränkt wie folgt definiert: „International law, a term usually defined as that body of rules, principles, and standards to which independent states are bound by common consent" (p. 254).

44. Vgl. vor allem A. D'Amato, On Consensus, in: The Canadian Yearbook of International Law, Vol. VIII, 1970, der im Grunde die Begriffe „Consensus" und „Völkerrecht" als Synonyme verwendet (der Consensus sei „merely a definition of what we mean by the expression international law"), p. 122. Vgl. ferner: O. Y. Asamoah, The Legal Significance of the Declarations of the General Assembly of the United Nations, The Hauge 1966 (der Consensus als die Grundlage für die Entwicklung des allgemeinen Völkerrechts) p. 57.

45. So J. P. A. Tammes, Soft Law, in: Essays on international and comparative law in honour of judge Erades, The Hague 1983, p. 188. Er zieht aus der Verbindung von Consensus und internationalen Gemeinschaft" und im „Konsens der Staatengemeinschaft" zu erblicken.

46. Einerseits wird über die formaljuristische Betrachtungsweise anderer Völkerrechtler hinausgegangen, andererseits werden allerdings die dem Consensus zugrundeliegenden sozialen, politischen und anderen Faktoren nicht genannt. Vgl. R. Bernhardt, Ungeschriebenes Völkerrecht, in: ZaöRV, Band 36, Nr. 1-3, 1976, S. 54.

47. Vgl. vor allem Th. Niemeyer, Völkerrecht, Berlin und Leipzig, 1923, der eine abgerundete Konzeption über die Willensübereinstimmung erarbeitete, wobei er sie mit Staatenkonsens gleichsetzte: „Das Völkerrecht besteht aus den durch übereinstimmenden Willen der Staaten für deren gegenseitige Beziehungen aufgestellten Rechtsnormen." Ausgehend von der staatlichen Souveränität, betont er ferner, dass der Staatenkonsens die „einzige Quelle alles geltenden Völkerrechts ist" ,S. 7, 11-15, 18/19. Vgl. ferner: A. Hold v. Ferneck, Lehrbuch des Völkerrechts, 2 Bände, Band I, Leipzig1930-32, (gegen den „Geheimwillen"; der übereinstimmende Wille der Staaten ist die Grundlage des Völkerrechts), S. 110, 188; K. Strupp, Règles générales du droit de la paix; in: Recueil de Cours, Académie de droit internationale, Band 47, 1934, Den Haag (aus der Souveränität und der Gleichheit der Staaten ergibt sich, dass ohne Willensübereinstimmung kein Völkerrecht möglich ist), S. 301.

48. Vgl. in erster Linie T. Perassi, Teoría dominicata delle di norme giuridiche in diritto internazionale, in: Rivista di diritto internazionale, Milano 1917 („das wesentliche Moment der Vereinbarung ist die Willensübereinstimmung von zwei oder mehr Staaten"), p. 290 und M. Giuliano, La communita internazionale e il diritto, Padova1950, p. 81.

49. Paradigmatisch ist hierfür Ch. Chaumont zu nennen, nach deren Meinung die übereinstimmenden Willen ihre Ziele weiterhin nicht aufgeben. Sie empfiehlt, Authentizität

und Dauer der Willensübereinstimmung von konkreten, analysierbaren Faktoren abhängig zu machen und versucht dabei, eine dialektische Betrachtungsweise zu entwickeln („L'application de la méthode dialectique à l'analyse du droit et en particulier du droit international"). Vgl. Methode d' analyse du droit international, in: Revue belge de droit international, Tome XI, No.1, 1975, p p. 32-33.

50. So z. B. O. Kimminich, der zu den wenigen deutschen Völkerrechtlern gehört, welche die neuesten Entwicklungen in den internationalen Beziehungen und im Völkerrecht einfangen und sich dazu äußern, wie u. a. in seinem Beitrag „Das Völkerrecht und die neue Weltwirtschaftsordnung", in: Archiv des Völkerrechts, Band 20, Nr. 1, S. 2-39, 1982, Hierin schreibt er: „.denn die Ordnung des Völkerrechts gründet sich auf die Willensübereinstimmung und nicht auf den Willen einer globalen Diktatur" ,S. 26.

51. Vgl. L. Gros, in: Encyclopedia Americana, Vol.27, 1966, p.51.

52. Vgl. Ch. Rousseau, Traites, Droit International Public, Tome I, 1971, p. 52.

53. Vgl. I. Münch, Völkerrecht in programmierter Form, Berlin, New York 1971, S.159.

54. Vgl. H. Hecker /E. Thomson, Völkerrecht und Prisenrecht; Frankfurt a.M. 1965, S. 624.

55. Abgedruckt in: Völkerrecht, Band 1, Berlin 1980, S.133.

56. Vgl. Woolsey, L. H., The forced transfer of property in enemy occupied territories, i: AJIL, Vol. 37, 1943, p. 282.

57. Vgl. ähnlich auch A.Verdross/B.Simma, Universelles Völkerrecht, Theorie und Praxis, Berlin 1984, S.271 sowie C. Greifelds, Rechtswörterbuch, München 1968, S.1186.

58. A. Ulloa, Derecho internacional publico, Tomo I, Madrid 1957, p.186).

59. Vgl. R. Monaco in: Novissimo Digesto Italiano, Tomo IV, Roma1959, p.622.

60. Stellvertretend für mehrere seien genannt: J.G., Castel, (Vgl. International Law, Toronto 1965, p. 814: „Treaties are conventions or contracts between the sovereign powers of two or more States concerning various matters of interest"); E.Jowitt , The Dictionary of English Law, Vol II, London 1959, p. 1718: „In public and international law, a treaty is an agreement between the governments of two States"; ähnlich auch P.Vellas, Droit International Public, Institutions Internationales, Paris 1967, p.97 („Somme tou le traite, a l origine act de nature contractuelle garantissant les souverainetes des Etats participant..."

61. United Nations, Conference on the Law of Treaties, 1968/1969, Official Records, p.7-11.

62. Ibid., p.7.

63. Ibid., p.9.

64. In: ILC-Yearbook, 1968. p.34.

65. In: ILC-Yearbook, Vol. II, 1965, pp. 9-11.

66. Vgl. P. Reuter, Introduction au droit de traites, Paris 1985, p. 28.

67. Vgl. M. Mendelson, The Legal Charakter of General Assemply Resolutions, in: H. Kamal (Ed.), Legal aspekts of the New International Economic Order, London, New York 1980, p.

68. Vgl. hierzu ausführlich, P. Terz, Cuestiones teoricas.fundamentales del proceso de formation de las normas internacionales, Universidad Santiago de Cali 1999, p. 74.

69. Vgl. z.B. S. Dreyfus, Droit de relations internationales, Paris 1978, p. 83.

70. Vgl. M. Rotter, Die allgemeinen Rechtsgrundsätze, in: Neuhold et alt. (Hrsg.), Österreichisches Handbuch des Völkerrechts, Wien 1983, S.422.

71. Ch. Rousseau, Droit International Public, Tome I , Paris 1970, p.62.

72. Vgl.Ch. Rousseau, ibid., p.68 und M. Udina , Der Beitrag der italienischen Doktrin zur gegenwärtigen Theorie des Völkerrechts, in: ZaöRV, Band 29, Nr. 2., 1969, S. 341.

73. Vgl zutreffend A.Verdross/ B. Simma, Universelles Völkerrecht, op. cit., S. 271.

74. Vgl. N.N. Uljanowa, Der Begriff des allgemeinen multilateralen Vertrages, in: SJMP, 1974, Moskau 1976, S.190-104; id. Allgemeine multilaterale Verträge in den gegenwärtigen

internationalen Beziehungen, Kiew 1981(beides russisch). Vgl ferner auch M. Lenk, Der multilaterale Vertrag universellen Charakters im allgemeindemokratischen Völkerrecht, Dissertation (Tutor: Panos Terz), Universität Leipzig 1987.

75. Vgl. G. Schirmer, Universalität völkerrechtlicher Verträge, Berlin 1966.

76. Vgl. N. N. Uljanowa, ibid., S.190 ff.

77. Vgl. ähnlich auch B. Graefrath, Zur Bedeutung der grundlegenden Prinzipien für die Struktur des allgemeinen Völkerrechts, 1985, in: K.A. Mollnau, Probleme einer Strukturtheorie des Rechts, Berlin, S. 187.

78. Vgl. in: Vertrags-Ploetz, Konferenzen und Verträge, Teil II: 1493-1952, Bielefeld 1953, S. 101. Durch die von Talleyrand entworfene Akte (40 Artikel) sagten sich sechzehn deutsche Fürsten von Kaiser Reich los. Sie schlossen sich im Reichbund zusammen, dessen Protektor Napoleon war. Napoleon bezweckte damit die Errichtung einer Offensiv- und Defensivallianz zwischen dem Bund und Frankreich. Nach Art. 35 sollte jeder Krieg auf dem europäischen Festland „beiden Teilen gemeinsam sein". Im Grunde waren die sechszehn deutschen Fürsten bereit, Napoleon bei seinen Eroberungskriegen zu unterstützen.

79. Vgl. in: Dokumentensammlung von F. Berber, Bd. I, München 1967, S. 1503.

80. Vgl. Text in: Neues Deutschland vom 3. März 1973. Dieses Schlussdokument der internationalen Vietnamkonferenz in Paris wurde von den Außenministern der 12 beteiligten Staaten in Anwesenheit des Generalsekretärs der UNO unterzeichnet. Das Dokument bestand insgesamt aus neuen Artikeln, der Präambel und den Schlussbestimmungen.

81. Vgl. in: Vertrags-Ploetz, op. cit., S. 198. Das offiziell erklärte Ziel der Konferenzteilnehmer war, im gegenseitigen Einvernehmen die günstigsten Bedingungen für die Entwicklung des Handels und der „Zivilisation" (!) in bestimmten Gebieten Afrikas zu schaffen.

82. Vgl. ibid., S. 228.

83. Vgl. in: Jahrbuch des Völkerrechts, I. Band, III. Teil (Dokumente), hrsg. von Th. Niemeyer und K. Strupp, München und Leipzig 1913, S. 1324.

84. Vgl. in: ibid., S. 1326.

85. Text in: Neues Deutschland vom 3. März 1973.

86. In den sowjetischen Lehrbüchern für Völkerrecht wurde selten und äußerst kurz auf die Probleme von Schlussakten eingegangen. In dem 1974 in Moskau herausgegebenen Völkerrechtslehrbuch (Völkerrecht, Lehrbuch für Studenten), S. 391, wurde der Versuch unternommen, die Schlussakte zu umschreiben: „Eine internationale Konferenz wird mit der Verabschiedung einer Schlussakte beendet, in der die Hauptfaktoren dargelegt sind, welche sie charakterisieren: Zusammensetzung der Delegationen, Anzahl der Bezeichnungen der Ausschüsse der Konferenz, Zahl der Durchgeführten Sitzungen, verabschiedete Konventionen und Beschlüsse usw.". Diese Umschreibung der Schlussakte ist sehr unzureichend, denn sie erfasst nur eine Art von Schlussakten.

87. Vgl. H. Meyer-Lindenberg, Völkerrecht, 2. Auflage, Stuttgart 1969, S. 41.

88. Vgl. Klaus Blech, Die KSZE als Schritt im Entspannungsprozess. Bemerkungen zu allgemeinen Aspekten der Konferenz, in: Europa-Archiv Nr. 22, 1975, S. 687.

89. Götz von Groll, Die Schlussakte der KSZE, in: Außenpolitik 3/1975, S. 243. Diese pauschale und einseitige Einschätzung von Schlussakten kann an Hand von eindeutig rechtsverbindlichen Schlussakten relativ leicht widergelegt werden.

90. Vgl. D. P. Myers. The names and scope of treaties, in: AJIL, Vol. 51, No. 3, 1957, p. 583.

91. Vgl. Id., p. 586.

92. Id., p. 585.

93. Id., p. 583.

94. DP. O'Connell, International Law, Vol. One, London 1965, S. 214.

95. Am 8. Juni 1820 wurde die Wiener Schlussakte zum Grundgesetz des Bundes erhoben. Art. 1 definierte den deutschen Bund als einen völkerrechtlichen „Verein der deutschen souveränen Fürsten und freien Städte…" Äußerst reaktionär und antirevolutionär waren die Art. 25-28, die Bestimmungen über „die Einhaltung der inneren Ruhe" und die Unterdrückung revolutionär-demokratischer Bestrebungen und Bewegungen enthielten. Vgl. in: Vertrags-Ploetz, id., pp. 34 ss.

96. Vgl. J. G. Starke, An Introduction to International Law, London 1954, S. 298.

97. Vgl. in: Bundesgesetzblatt, 1956, Teil II, S. 2045.

98. Vgl. in: Dokumentensammlung von F. Berber, Bd. I, München 1967, S. 765.

99. Vgl. in: Dokumente, Hrsg. von der Forschungsstelle für Völkerrecht und ausländisches öffentliches Recht der Universität Hamburg, Heft XIII, Frankfurt am Main, 1954, S. 29 und 30.

100. Vgl. in: Dokumentensammlung von F. Berber, Bd. I, München 1967, S. 1414 und 1415.

101. Vgl. bei: D. P. Myers, ibid., p. 586. Originalquelle: U.N. Treaty Series 5: Treaties and Other International Acts Series, No. 1561.

102. Vgl. in: Bundesgesetzblatt 1955, Teil II, S. 703.

103. Vgl. in: Völkerrecht, Dokumente, Teil 2, Berlin 1973, S. 986.

104. Vgl. in: Jahrbuch des Völkerrechts, I. Band, III. Teil (Dokumente), hrsg. von Th. Niemeyer und K. Strupp, München und Leipzig 1973, S. 1331.

105. Vgl. in: Bundesgesetzblatt, 1956, Teil II, S. 2059.

106. Vgl. in: Bundesgesetzblatt, 1955, Teil II, S. 702.

107. Abgedruckt in: Völkerrecht, Dokumente, Band 3, Berlin 1980, S. 948-990.

108. Vgl. H. Klotz, Handwörterbuch der lateinischen Sprache, Zweiter Band, Braunschweig 1857, S. 647. Vgl. nach: Thomas-Lexikon, Sammlung, Übersetzung und Erklärung der in sämtlichen Werken des Thomas von Aquin vorkommenden Kunstausdrücke und wissenschaftlichen Aussprüche, herausgegeben von L. Schütz, Zweite Auflage, Paderborn 1859, S. 559.

109. Vgl. ausführlicher P. Terz, Wesen und Bedeutung des Pactum de negotiando und des Pactum de contrahendo im Völkerrecht, in: Jogtudomanyi Közlöny, Ungarische Akademie der Wissenschaften, 1982, Nr. 4. S. 320-325 (ungarisch). G., Castro, Das Pactum de Contrahendo, - Der Vorvertrag – Möglichkeiten einer europäischen Rechtsvereinheitlichung auf der Basis eines Rechtvergleichs der deutschen und französischen Rechtsordnung, Constanz 2013.

110. Mit dieser Auffassung befindet sich der Autor mit vielen Völkerrechtlern in Übereinstimmung: Bennouna, Defi du développement et voluntarisme normatif, in: M. Flory/A. Mahiou/ J. – R. Henry (Ed.), La formation des normes en droit international du développement, Paris et Alger 1984, p. 117; R. M. Besteliu, Prinzip der internationalen Zusammenarbeit, in: D. Popescu/A. Nastase (Ed.), System der Prinzipien des Völkerrechts, Bucuresti 1976, p. 81 (rumänisch). G. Dahm, Völkerrecht, Band II, Stuttgart 1961, 67; I. Seidl-Hohenveldern, Völkerrecht, Köln et alt. 1974, S. 62; I. Münch, Völkerrecht in programmierter Form, Berlin und New York 1971, S. 232; E. Menzel/K. Ipsen, Völkerrecht, München 1979, S. 76.

111. Diese Meinung wird vertreten vor allem von A. Verdrose und B. Simma, Universelles Völkerrecht, Theorie und Praxis, Berlin 1976, S. 275 und H. J. Hahn, Das pactum de negotiando und völkerrechtliche Entscheidungsnorm, in: Außenwirtschaftsdienst des Betriebsberaters, Nr. 10, 1972, S. 491/492.

[112] Vgl. hierzu auch I. Lukaschuk, über Verpflichtungen aus einem Abkommen über Verhandlungen, in: SEMP 1962, Moskau 1964, S. 118 (russisch) sowie H. J. Hahn, Das pactum de negotiando als...op. cit., S. 493, 494 und E. Menzel/K. Ipsen, op. cit., S. 76.

[113] Vgl. ähnlich auch M. Loic, La notion de „pactum de contrahendo" dans la jurisprudence internationale, in: RGDIP, No. 2, 1976, p. 351.

[114] Vgl. H. J. Hahn, Das pactum de negotiando als..., op. cit., S. 493.

[115] Vgl. auch Lukaschuk, über Verpflichtungen aus einem Abkommen über..., op. cit., S. 116.

[116] Das relativ umfangreiche Urteil ist im „Archiv des Völkerrechts", 1974/1975, S. 339, abgedruckt.

[117] Diesbezüglich vermag der Autor jener Auffassung nicht zu folgen, wonach die Verhandlungspflicht nur durch Erfüllung, dass heißt durch das Erzielen einer Abmachung, erlöschen würde. Diese Auffassung wird von U. Beyerlin vertreten: Pactum de contrahendo und pactum de negotiando im Völkerrecht, in: ZaöRV, Nr. 1-3, 1976, S. 437.

[118] E. Kron kann zugestimmt werden, wenn er die Verwendung des Begriffs „Vorvertrag" für das Pdn als zu Verwirrung führend einschätzt: Pactum de contrahendo im Völkerrecht, Dissertation, Universität Köln, Köln 1971, S. 1.

[119] Abgedruckt in: Dokumente zur Abrüstung 1917-1976, Berlin 1978, S. 322.

[120] Abgedruckt in: Völkerrecht, Dokumente, Teil 3, Berlin 1973, S. 1199. Eine ähnliche Fortsetzungsverpflichtung enthält auch der Vertrag zwischen der damaligen UdSSR und den USA über eine Begrenzung der Raketenabwehrsysteme vom 26. Mai 1972. In: Ibid., S. 1357.

[121] Abgedruckt in: Dokumente zur Abrüstung 1917-1976, op. cit., 357.

[122] In: op. cit., S. 385.

[123] In dieser Bestimmung verpflichten sich die Partner, „die aktiven Verhandlungen über die Einschränkungen der strategischen Offensivwaffen fortzusetzen." In: op. cit., S. 364.

[124] Vgl. M. Virally, Le Principe de réciprocité dans droit international contemporain, in: Rdc, 122, III, 1967, p. 35.

[125] Abgedruckt in: Völkerrecht, Dokumente, Teil 3, Berlin 1973, S. 1365.

[126] Nach U. Beyerlin handelt es sich auch in solchen Fällen um Pdn. Vgl. Pactum de contrahendo und pactum de negotiando...op. cit., S. 47.

[127] Vgl. hierzu ausführlicher P. Terz, Zu einigen Aspekten von Erklärungen, vor allem Absichtserklärungen und Empfehlungen in den internationalen Beziehungen, in: Przeglad Stosunków Miedzynarodowych, Nr. 3. 1979, S. 35 (polnisch).

[128] Abgedruckt in: Dokumente zur Abrüstung 1917-1976, op. cit., S. 373.

[129] Vgl. A. River, Principes du droit des gens, Paris 1895, Tome 2, p. 70.

[130] Dictionaire de la Terminologie du Droit International, Paris 1960, p. 435. Weitere Völkerrechtler sind ebenfalls dieser Meinung. Als Beispiele seien genannt: G. Dahm, Völkerrecht, Band III, Stuttgart 1961, S. 66/67; E.Menzel/K. Ipsen, Völkerrecht, op. cit., S. 76; I. V. Münch, Völkerrecht in programmierter Form, op. cit., S. 233; A. Verdross, Die Quellen des universellen Völkerrechts, Eine Einführung, Freiburg 1973, p. 43 sowie A. Verdross und B. Simma, Universelles Völkerrecht, Band I, op. cit., S. 275.

[131] Vgl. ähnlich E. Oeser, Verhandlungen im Völkerrecht, in: B. Graefrath (Ed.), Probleme des Völkerrechts, Berlin 1985, S. 189-218 (hier S. 205/206).

[132] Zitiert in: Archiv der Gegenwart, Bonn et alt., vom 28. Februar 1974, S. 18537.

[133] In: Dokumente zur Außenpolitik der DDR, Band I, Berlin 1974, S. 332.

[134] Abgedruckt in: Bundesgesetzblatt der Bundesrepublik Deutschland, Teil II, Bonn 1959, Nr. 38, S. 958. Ähnlich geartet ist eine Verpflichtung im „Vertrag zwischen der Bundesrepublik

Deutschland, Frankreich und Luxemburg über die Schiffbarmachung der Mosel" vom 27. Oktober 1956. Im Art. 56 heißt es: „Die Regierung der Vertragsstaaten werden durch zwei- oder mehrseitige Übereinkommen die Fragen regeln, die sich aus den durch die bestehenden internationalen Verträge gegebenen besonderen Rechtverhältnissen des Mosellaufs an der Grenze zwischen...ergeben." Abgedr. in: Völkerrecht, Dokumentensammlung, hrsg. von F. Berber, Band I, München 1967, S. 1584.

135. Abgedruckt in: Dokumente zur Abrüstung 1917-1976, op. cit., S. 245.

136. Vgl. L. Oppenheim, International Law of Treaties, Vol. I, London et. Alt. 1955, p. 890.

137. Vgl. F. A. v. der Heydte, Völkerrecht, op. cit., S. 72/73 und R. Kron, Pactum de contrahendo im Völkerrecht op. cit., S. 149.

138. A. Miaja de la Muela, Pacta de contrahendo en derecho Internacional, in: Revista Española del Derecho internacional, No. 2, 1968, p. 414. Bereits im 19. Jahrhundert sagte übrigens der deutsche Staatsmann Otto von Bismarck über die möglichen Verhandlungen in Österreich wegen der Zollunion, „dass wir auf Verhandlungen in bestimmter Frist eingehen wollten. Ich hatte gegen ein solches pactum de contrahendo keine Bedenken...". Otto von Bismarck, Gedanken und Erinnerungen, Vollständige Ausgabe der drei Bände, München 1952, S. 275.

139. Abgedruckt in: Archiv des Völkerrechts, op. cit., S. 344.

140. McNair, The Law of Treaties, Oxford 1961, p. 29.

141. Diese Einschätzung scheint vorherrschend zu sein. Vgl. beispielsweise in: Dictionnaire de la Terminologie du Droit International, op. cit., p. 437; L. Oppenheim, International Law of Treaties, pp. 890/891. E. Menzel, Völkerrecht. Ein Studienbuch, München, Berlin 1962, S. 254; A. Verdross, Die Quellen des universellen Völkerrechts, op. cit., p. 43.

142. Vgl. F. A. v. der Heydte, Völkerrecht, op. cit., S. 73. B. Wabnitz, Der Vorvertrag in rechtsgeschichtlicher und rechtsvergleichender Betrachtung, Dissertation, Münster 1962, S. 1.

143. Vgl. D. P. Myers, The names and scopes of treaties, in: AJIL, Vol. 51, Iss. 3, 1957, p. 605.

144. P. Sereni, Diritto Internazionale, III, Relazioni Internazionali, Milano 1962, p. 1391.

145. Vgl. beispielsweise G. Dahm, Völkerrecht, Band III, op. cit., S. 66 („Ein Völkerrechtssubjekt kann sich aber auch durch Vertrag zum Abschluss weiterer Verträge verpflichten. Ein Vorvertrag dieses Inhalts wird pactum de contrahendo genannt"); A. Verdross und B. Simma, Universelles Völkerrecht, op. cit., S. 275 („Das Pactum de contrahendo stellt eine Unterart des Vorvertrages dar."); E Menzel, Völkerrecht, op. cit., S. 266; B. Wabnitz, Der Vorvertrag in rechtsgeschichtlicher und rechtsvergleichender Betrachtungsweise, op. cit. Gegen die Auffassung ist F. A. v. der Heydte. Völkerrecht, op. cit., 73.

146. Vgl. z. B., L. Oppenheim, International Law of Treaties, pp. 890/891, A. P. Sereni, Diritto Internazionale, op. cit., pp. 1390: E. Kron, Pactum de contrahendo im Völkerrecht, op. cit., 13.

147. E. Kron, ibid., S. 2.

148. Vgl. hierzu ausführlicher E.-G. Leube, Rahmenverträge mit privatrechtlichen Ausfüllungsgeschäften, Göttingen 1967, S. 7, 8 und 91.

149. In: Völkerrecht, Dokumente, Teil 3, Berlin 1973, S. 1353. Zu den Absichtserklärungen Vgl. ausführlicher P. Terz. Zu einigen Aspekten von Erklärungen (vor allem Absichtserklärungen und Empfehlungen in den internationalen Beziehungen, in: Przeglad Stosunkow Miedzynarodowych, Nr. 3, 1972, S. 35 (polnisch).

2. Kodifikation und progressive Entwicklung des Völkerrechts und UNO-Projekt treaty - making process

2.1 Kodifikation und progressive Entwicklung des Völkerrechts

Die Kodifikation ist eigentlich in der Geschichte bekannt spätestens sei dem ältesten Gesetzesbuch, dem Codex Eschnuna im Land der Sumerer vor mehr als vier tausend Jahren. Seine Aufgabe bestand darin, die geltenden Rechtsvorschriften zu sammeln und zu systematisieren. Dem gleichen Zweck diente auch der bekanntere Codex Hammurapi (1700 v. Chr.).[1] Interessanter scheint der viel spätere Codex justiniani (6.Jh.) zu sein. Er diente dazu, die bisherigen Rechtsbestimmungen zu sammeln, b) sie zu systematisieren, und c) bereits entstandene schwerwiegende Widersprüche zwischen dem antiken ius romanum und der Rechtspraxis im Imperium Romanum Orientalis des 5. und 6. Jh. zu beseitigen, notwendig gewordene neue Rechtsvorschriften zu schaffen, um in erster Linie die Verwaltung des Riesenreiches zu erleichtern.[2] Wir halten fest, dass Justinian sowohl altes Recht systematisierte, als auch neues Recht schuf. Gerade dazu würde die Standardformulierung im UNO–Sprachgebrauch „Kodifikation und progressive Entwicklung" passen.

Normbildungstheoretisch betrachtet, bilden die jeweiligen Erfordernisse in den internationalen Beziehungen die Prämisse für die richtige Betrachtung dieser Problematik. Die einen objektiven Charakter besitzenden Erfordernisse bilden die Grundlage der Staatsinteressen und diese wiederum bedingen den Willen der Staaten als Völkerrechtssubjekte, Lösungsmöglichkeiten vermittels geeigneter Vereinbarungen herbei zu führen, um entweder die bereits vorhandenen aber veralteten Rechtsnormen an die neuen Gegebenheiten anzupassen und sie so weiter zu entwickeln, oder bereits geltendes Gewohnheitsrecht in Vertragsform umzuwandeln oder existierende Rechtsnormen zu systematisieren oder entsprechende neue Rechtsnormen zu schaffen. Maßstab für diese Möglichkeiten sind die grundlegenden Völkerrechtsprinzipien, die zugleich weiter konkretisiert werden.[3] Die Auffassungen der Wissenschaftler gehen eigentlich den Kodifikationen voraus. Dies gilt z.B. für die International Law Association und zeitlich danach insbesondere für die International Law Commission.

Den gesamten Prozess könnte man bezeichnen als Konkretisierung[4], als Präzisierung[5], als Systematisierung[6], als Vervollkommnung des geltenden Völkerrechts[7], als Beseitigung von eventuellen Widersprüchen im System der Völkerrechtsnormen[8], und als Beseitigung der Rechtsunsicherheit im

Gewohnheitsrecht.[9] Hinsichtlich des Verhältnisses zwischen der Kodifikation und der progressiven Entwicklung des Völkerrechts gibt es keinen consensus generalis professorum et doctorum.

a) Einige Völkerrechtler erkennen keinen Unterschied zwischen den beiden: Eine „idealtypische Unterscheidung" sei nicht nachvollziehbar. Jede Kodifikation enthalte „rechtsbildende Elemente, weil durch die Systematisierung bisher offen gebliebene Regelungen geschlossen werden". Also jede Kodifikation enthielte Elemente auch der progressiven Entwicklung.[10]

b) Eine andere Expertengruppe glaubt, Unterschiede zwischen den beiden Begriffen zu erkennen. So meint Ch. Visscher, dass es bei dem „developpement progressif du droit international" darum geht, bei noch nicht geregelten Bereichen der internationalen Beziehungen neue Regeln zu schaffen. Es handelt sich dem Wesen nach um ein „oeuvre de complement et d amendement du droit international". Im Unterschied dazu, sei die Zielstellung der Kodifikation ein „oeuvre de systematisation et de consolisation de ce droit".[11]

c) Einer dritten Gruppe gelang es, eine dialektische Sicht zu entwickeln.[12] S. Dreyfus spricht ebenso von einer Einheit beider Begriffe, und dass Kodifizierung des Völkerrechts in erster Linie die Systematisierung und das Niederschreiben von Völkerrechtsnormen bedeutet.[13] Die ILC würde sich an die Grundsätze der lex lata und des jus cogens halten. Daraus schließen sie, dass Kodifizierung und fortschreitende Entwicklung des Völkerrechts eine dialektische Einheit bilden.

Wie dem auch sei: Bei aller Bedeutung der Lehrmeinung sollte der ILC-Position der Vorzug gegeben werden. Es ist doch kein Zufall, dass die ILC im Auftrage der UNO bereits im Artikel 15 ihres Statutes auf die Unterschiede zwischen den beiden Begriffen mit deutlich macht, sie getrennt regelt und unterschiedliche Verfahren festlegt: Die Artikel 16 und 17 beziehen sich auf die „progressive Development" auf, und die Artikel 18-24 auf die Kodifikation des Völkerrechts: Arikel 15 „In the following articles the expression progressive development of international law" is used for convenience as meaning the preparation of draft conventions on subjects which have not yet been regulated by international law or in regard to which the law has not yet been sufficiently developed in the practice of States. Similarly, the expression „codification of international law" is used for convenience as meaning the more precise formulation and systematization of rules of international law in fields where there already has been extensive State practice, precedent and doctrine". In den folgenden Artikeln 16 und 17 werden eher Verfahrensfragen behandelt: „When the General Assembly refers to the Commission a proposal for the progressive development of international law, the Commission shall follow in general a procedure on the following lines: (a) It shall appoint one of its members to be Rapporteur; (b) It shall formulate a plan of work; (c) It shall circulate a questionnaire to the Governments, and shall invite them to supply, within a fixed period of time, data and information relevant to items included in the plan of work...".

Der Kodifikation sind die Artikel 18-24 gewidmet. Der Artikel 18 enthält die entscheidende Erläuterung: „The Commission shall survey the whole field of international law with a view to selecting topics for codification, having in mind existing drafts, whether governmental or not. When the Commission considers that the codification of a particular topic is necessary and desirable, it shall submit its recommendations to the General Assembly. The Commission shall give priority". Danach folgen besondere Verfahrensbetimmungen (Statute of the International Law Commission 1947, Adopted by the General Assembly in resolution 174 (II) of 21 November 1947, as amended by resolutions 485 (V) of 12 December 1950, 984 /985 (X) of 3 December 1955). In der Praxis ist es allerdings nicht ausgeschlossen, dass es in cocreto, d.h. in Verbindung mit einem Dokument Elemente sowohl der fortschreitenden Entwicklung als auch der Kodifikation vorhanden sind.

2.2 UNO-Projekt „Review of the multilateral treaty - making process"*

*Der Autor hat dieses interessante UNO-Projekt in seiner Eigenschaft als Regierungsgutachter begleitet. Daher hat dieser Gliederungspunkt hauptsächlich seine entsprechenden Expertisen als Grundlage. Es erfolgt jedoch eine Einschränkung auf den Bericht des UNO-Generalsekretärs vom 27.08.1980 sowie auf die Behandlung des Projekts im 6. Komitee der 37. UNO-Generalversammlung, wo die Problemstellung evidenter wird.

2.2.1 Bericht des UNO-Generalsekretärs vom 27.8.1980

1. Wesentliche Punkte des Berichts des UNO-Generalsekretärs (Abschnitt IV)

Der Bericht des UNO-Generalsekretärs ist das Ergebnis mehrerer Resolutionen und Beratungen. Ausgangspunkt hierfür war der von mehreren Staaten (Australien, Ägypten, Indonesien, Kenya, Mexiko, Niederlande, Sri Lanka) unterbreitete Vorschlag zur Behandlung dieser Materie (A/32/143 and Corr. 1). Nach Diskussion berichtete der 6. Ausschuss darüber (A/32/363). Daraufhin nahm die UNO-Generalversammlung am 8.12.1977 die Res. 32/48 an, durch die der Generalsekretär zur Erarbeitung seines Berichts und die ILC sowie die Regierungen aufgefordert wurden, bis zum 31.7.1979 ihre Bemerkungen zu diesem Gegenstand zu machen. Am 21.9.1979 wurde die Aufnahme der Materie in die provisorische Tagesordnung der Vollversammlung beschlossen (decision 34/402). Die endgültige Aufnahme in die Tagesordnung sowie die Übergabe des Themas an den 6. Ausschuss wurde am 19.9.1980 beschlossen. Auf die obigen Aufforderungen gingen Stellungannahmen von neun Regierungen, eine Stellungnahme der ILC sowie Berichte von 13 UNO-Büros und 25 Spezialorganisationen ein. Die Diskussion wurde auf die 35. Tagung aufgeschoben, um mehr Material abzuwarten und besser analysieren zu können. Nach der Diskussion der Problematik auf mehreren Sitzungen schlug der 6. Ausschuss der Vollversammlung einen Resolutionsentwurf vor (in: A/35/730, S. 2/3), durch den Regierungen und zwischenstaatlichen Organisationen aufgefordert werden, bis zum 31. Juli 1981 ihre Stellungnahmen zum Bericht des Generalsekretärs insbesondere unter Beachtung der speziellen Fragen im Abschnitt IV. abzugeben. Nach diesem Resolutionsentwurf soll der Generalsekretär das zur Thematik eingehende Material im Hinblick auf die Veröffentlichung sichten. Er soll ferner die Herausgabe des Handbuchs der Schlussklausel und der Berichte über die Tätigkeit des Generalsekretärs als Depositar von multilateralen Verträgen vorbereiten. Der Resolutionsentwurf enthält weiter den Beschluss zur Aufnahme des Themas in die Tagesordnung der 36. Tagung der UNO-Vollversammlung.

Der im Abschnitt IV. des Berichts des UNO-Generalsekretärs enthaltene Fragespiegel hebt im Wesentlichen folgende Probleme hervor (hierbei wird unter Berücksichtigung der in den Stellungnahmen der Staaten aufgeworfenen Fragen eine Auswahl getroffen):

A. Zusätzliche Studien: Vorbereitung der wichtigsten Techniken zur Erarbeitung multilateraler Verträge durch das Sekretariat (S. 29, Punkt 3); Unterstützung durch das Sekretariat bei der Formulierung der formellen Klauseln multilateraler Verträge durch die Aktualisierung des Handbuchs, der Schlussklauseln („Handbook of Final Clauses") und durch die Formulierung von bestimmten Gruppen von Modellklauseln (S. 29, Punkt 4).

B. Gesamtbelastung aus den Methoden zur Erarbeitung multilateraler Verträge: Ausgehend von einer aus den gegenwärtigen Methoden zur Erarbeitung multilateraler Verträge für das Personal der Staaten sowie das Personal und das Budget der internationalzwischenstaatlichen Organisationen erwachsenden großen Belastung könnte die Anzahl der Verträge herabgesetzt werden. Es wäre auch möglich, bei bestimmtem Verträgen Prioritäten zu setzen (S. 29, Punkt 1 und 2).

C. Gesamtkoordinierung der Methoden zur Erarbeitung multilateraler Verträge: Die UN-Vollversammlung könnte bei der Erarbeitung multilateraler Verträge entweder durch das Sammeln und Verbreiten diesbezüglicher Daten oder durch die Beeinflussung des Erarbeitungsprozesses eine koordinierende Rolle spielen. (S. 30, Punkt 1 und 2). Eine solche Funktion könnte durch den 6. Ausschuss wahrgenommen werden (S. 30, Punkt 3).

D. Allgemeine Verbesserungen der Methoden zur Erarbeitung multilateraler Verträge durch due UNO-Vollversammlung: Vor der Erarbeitung eines Vertrages juristische und faktische Daten über ihn sammeln, sich des möglichen Interesses der Staaten an ihm versichern und die Nützlichkeit eines anderen Dokuments (z. B. einer Deklaration) in Erwähnung ziehen (S. 30, Punkt 1). Ferner könnte bei einigen oder bei allen vertragsschließenden Organisationen besser strukturierter Ablauf innerhalb festgelegter Zeiträume mit dem Ziel des Vertragsabschlusses erreicht werden (S. 31, Punkt 4).

E. Arbeit der ILC: Eventuell Umwandlung der ILC in ein ständig arbeitenden Organ, Veränderungen in der Tagesordnung und Abschließen der Vorhaben innerhalb von fünf Jahren (S. 31, Punkte 1 und 2). Es wäre weiter möglich, den Spezialberichterstatter gelegentlich außerhalb der ILC zu suchen und überhaupt ihn bei der Bewältigung seiner Aufgaben durch weitere Experten unterstützen zu lassen (S. 31, Punkt 1).

F. Schlussverhandlungen und Annahme multilateraler Verträge: Diesbezüglich sollte einem Hauptausschuss der UNO-Vollversammlung oder einer Ad-hoc-Bevollmächtigten-Konferenz (Staatenkonferenz) Vorrang gegeben werden. Die Rolle des 6. Ausschusses innerhalb der UNO-Vollversammlung genauer bestimmen. Dabei kämen gemeinsame Sitzungen des 6. Ausschusses mit anderen Hauptausschüssen in Frage (S. 32, Punkt 1 und 2). Für ad-hoc-Bevollmächtigten-Konferenzen wäre es vollzieht möglich, einheitliche oder modellhafte Verfahrensregeln aufzustellen (S. 32, 33, Punkt 3).

G. Entwurf und Sprachen: Die Bildung eines internationalen legislativen Entwurfsbüros („international legislative drafting bureau") erwägen (S. 33, Punkt 1).
H. Protokolle, Berichte und Kommentare: Es wird die Frage aufgeworfen, wer bei der Erarbeitung multilateraler Verträge Protokolle und Berichte anfertigen soll. (Experten- oder Vertragsgruppen?), (S. 33, Punkt 1 und 2). Sollten die „travaux préparatoires" systematisch vorbereitet und veröffentlicht werden? (S. 34, Punkt 4).
I. Verfahren nach der Annahme: Möglicherweise Unterstützung und Kontrolle der Staaten durch die UNO bei der Ratifizierung und Erfüllung ihrer unter der UNO-Schirmherrschaft abgeschlossenen Verträge (S. 34, Punkt 1-4).

Die Staaten und die internationalen zwischenstaatlichen Organisationen wurden gebeten, bis zum 31.7. 1981 zu dem Fragespiegel Stellung zu nehmen. (Aus dem zur Verfügung stehenden Material geht hervor, dass bis November 1980 nur neuen Staaten dazu Stellungnahmen abgegeben haben).

2. Hauptprobleme

2.1 Die multilateralen Verträge universellen Charakters sind von großer Bedeutung für die internationalen Beziehungen, denn sie beziehen sich auf regelungsbedürftige Sachbereiche von großer Wichtigkeit (internationale Sicherheit, Rüstungsbegrenzung, Umweltschutz und die vernünftige Nutzung des Weltraumes, Stepanov ebda.). Besonders zu unterstreichen sind jene multilateralen Verträge universellen Charakters, durch die die das Völkerrecht kodifiziert und weiterentwickelt wird (UdSSR, A/35/312/Add. 1, S. 28). Aus der Bedeutung der multilateralen Verträge universellen Charakters ergibt sich die Notwendigkeit, dass nach Möglichkeit viele Staaten ihnen beitreten (Beloruss, SSR, ebda., S. 13, Buben, Beloruss. SSR, A/C. 6/35/ISR. 63, S. 8). Die Wirksamkeit der Verträge kann vor allem durch ihre Einhaltung erhöht werden (Beloruss. SSR, A/35/312, Add. 1, S. 12; Bulanenkov, UdSSR, A/C.6/35/SR. 61, S. 11; Buben, Beloruss. SSR, A/C.6/35/SR.63, S. 7). Die Vertragstreue wurde von sowjetischen Vertretern immer wieder betont.

2.2 Eine Hauptfrage besteht darin, ob die Techniken und Verfahren bei der Bearbeitung multilateraler Verträge überhaupt von Bedeutung sind. Dies wurde in den Stellungnahmen der UdSSR und Bulgariens prinzipiell bejaht. So könne die Auswahl von Techniken und Verfahren von Nutzen sein, wenn sie die Erarbeitung multilateraler

Verträge erleichtert und die Festigung des internationalen Friedens, die friedliche internationale Zusammenarbeit und die Kodifikation und Weiterentwicklung des Völkerrechts fördert (UdSSR, A/35/312/Add. 1, S. 27). Die Überprüfung der Verfahren in Bezug auf die Methoden zur Erarbeitung multilateraler Verträge könne zur Erhöhung der Effektivität der Verträge führen. Die Verwendung rationeller Methoden würde darüber hinaus den internationalen Rechtsschöpfungsprozess („international law-making process") erleichtern. Davon würden insbesondere die Entwicklungsländer profitieren. Konkrete Fragen der Problemstellung sollten jedoch aufgeschoben werden, bis der Bericht des Generalsekretärs umfassend untersucht worden ist (Bulgarien, ebda., S. 10/11). Auch im Ausschuss wurde die Meinung vertreten, dass eine Untersuchung der gebräuchlichen Techniken und Verfahren zur Erarbeitung multilateraler Verträge Möglichkeiten zu ihrer Verbesserung aufdecken könnte (z. B. Stepanov, Ukraine, A/C.6/35/SR.62, S. 7).

2.3 In einigen Stellungnahmen wurde auf das bisher Bewährte mit Nachdruck hingewiesen. In der Stellungnahme der UdSSR wurden z. B. Verträge zu Abrüstungsfragen erwähnt (A/35/312/Add. 1, S. 28). Verschiedene Techniken und Verfahren hätten sich in der Vergangenheit herausgebildet. So bestünde für jeden Staat die Möglichkeit, ein bestimmtes Verfahren auszusuchen und es vorzuschlagen (ebda.). In der Stellungnahme Belorusslands wurde die Komplexität des Rechtsschöpfungsprozesses und in Verbindung damit die hohe Flexibilität bei der Anwendung vielfältiger Verfahren unterstrichen, Dadurch käme es nicht zu Stereotypen. Daher sei es nicht nötig, ein einheitliches Verfahren aufzustellen (ebda. S. 13). Ein Vertreter im 6. Ausschuss plädierte für die Beibehaltung der Methode ILC-Spezialberichterstatter – 6. Ausschuss – UNO- Vollversammlung-Diplomatenkonferenz, wobei es durchaus möglich sei, kompetente Experten einzubeziehen (Fernandez, Chile, A/C.6/35/SR. 61, S. 4).

2.4 Gegen die Unifizierung der Techniken und Verfahren zur Erarbeitung multilateraler Verträge haben sich mehrere Staaten in ihren Stellungnahmen bzw. ihre Vertreter im 6. Ausschuss gewandt. Insgesamt wurden von ihnen folgende Argumente entwickelt: a) Da sich die Verträge voneinander erheblich unterscheiden, sei es weder möglich noch nützlich, noch wünschenswert, universelle und allgemeingültige Verfahren oder Modelle auszuarbeiten (UdSSR, A/35/312/Add. 1, S. 28; Bulgarien, ebda., S. 11;

Kanada, ebda., S. 14, Bulanenkov, UdSSR, A/C.6/35/SR.61, S. 12; Stepanov, Ukrain. SSR, A/C.6/35/SR. 62, S. 7; Buben, Belorus. SSR, A/C.6/35/SR. 63, S. 8; Kirsch, Kanada, ebda., S. 6). Auch auf das unterschiedliche Interesse der Staaten an den Verträgen (Ferrari-Bravo, Italien, A/C.6/35/SR. 61, S. 5; Krispis, Griechenland, A/C.6/35/SR. 63, S. 3/4), die Unterschiede in Bezug auf die Verfahren von Konferenz zu Konferenz, Organ zu Organ sowie innerhalb eines Organs (Krispis, ebda., S. 3) und nicht zuletzt auf die unterschiedlichen Rechtssysteme in der Welt (Beloruss. SSR, A/35/312/Add. 1, S. 13) wurde hingewiesen; b) Die Inangriffnahme eines derartigen umfangreichen Unterfangens (Kanada, ebda., S. 19) dürfe weder zu erhöhten Ausgaben innerhalb des regulären Budgets der UNO und zu größeren personellen Beanspruchungen noch zur Schaffung irgendeiner zusätzlichen Maschinerie führen (UdSSR, ebda., S. 28; Beloruss. SSR, ebda., S. 12, Bulanenkov, UdSSR, A/C.6/35/SR. 61, S. 12); c) Es wurde gegen die im Bericht festzustellende Tendenz der Überschätzung der Rolle der internationalen zwischenstaatlichen Organisationen bei der Erarbeitung von Verträgen polemisiert. Organisationen hätten die Aufgabe, ihren Mitgliedern (Staaten) beim Entwurf und Abschluss von Verträgen zu unterstützen, d. h. die souveränen Rechte der Staaten zu verwirklichen helfen (Bulanenkov, ebda., S. 12). Deswegen sollten Staaten und internationale Organisationen nicht auf eine Stufe gestellt werden (Buben, Beloruss. SSR, A/C.6/35/SR. 63, S. 7/8).

Für ein standardisiertes (unifiziertes) Verfahren treten Japan (A/35/312, Add. 1, S. 20), Großbritannien (ebda., S. 29) und der Vertreter der USA im 6. Ausschuss, Rosenstock (A/C.6/35/SR. 62, S. 3) ein. Letzterer vertrat die Auffassung, dass ein solches Verfahren Schwierigkeiten aber auch Einsparung bringen würde.

Es wurden von fast allen Staaten, die zu der anstehenden Problematik Stellung genommen haben, konkrete Vorstellungen entwickelt und Vorschlage unterbreitet, wie bei der Erarbeitung multilateraler Verträge Verbesserungen erzielt werden könnten.

2.5 Kanada war für die Zusammenstellung eines Handbuches über den Entwurf von Verträgen („handbook on the drafting of treaties"), das als Muster Einleitungs- und Schlussklauseln enthalten sollte, um den Prozess der Erarbeitung von Verträgen zu vereinfachen. Dies läge im Interesse vor allem der kleinen Staaten, die nicht immer ausreichend materielle und personelle Möglichkeiten besitzen, um den Forderungen zu begegnen (A/35/312/Add. 1, S. 16 und 19). Der kanadische Vertreter im 6. Ausschuss schlug eine Art Handbuch der Vertragssprache, ein erweitertes und aktualisiertes

Handbuch der Schlussklauseln („Handbook of Final Clauses"), A/C.6/35/SR. 63, S. 6) vor. Den geleichen Vorschlag unterbreiteten auch Hendry (Großbritannien, A/C.6/35/SR. 61, S. 4), Ferrari-Bravo (Italien, ebda.) und Krispis (Griechenland, A/C.6/35/SR. 63, S. 4).

2.6 Große Aufmerksamkeit schenkte Kanada der Vorbereitungsphase der Vertragserarbeitung. Vor der Aufnahme von Verhandlungen sollte z.B. genau in Erfahrung gebracht werden, ob die Zeit für das Erzielen eines allgemeinen Konsensus günstig ist. Ferner sollten die Verfahrensfragen vor den eigentlichen Verhandlungen geklärt werden (A/35/312/Add. 1, S. 16/17).

2.7 Die Arbeitsmethode der ILC wurde als in besonderem Maße verbesserungsbedürftig eingeschätzt. So sei sie als Institutionen nach Auffassung der UdSSR außerordentlich ineffektiv (A/35/323/Add. 1, S. 29). Sie habe keine zufriedenstellende Leistungen erbracht (Beloruss. SSR, A/35/312/Add. 1, S. 13). Deswegen sei es an der Zeit, ihre Effektivität zu erhöhen (Bulanenkov, UdSSR, A/C.6/35/SR. 61, S. 12). Es wurden die unterschiedlichsten Vorstellungen entwickelt, um die Arbeit der ILC zu verbessern: Konzentration auf spezifische Probleme (Großbritannien, A/35/312/Add. 1, S. 29; Henry, Großbritannien, A/C.6/35/SR. 61, S. 4); Schaffung einer Übersicht durch die ILC über die Aktivitäten aller Organe, die sich mit der Erarbeitung multilateraler Verträge befassen (Kanada, A/35/312/Add. 1, S. 19); Reduzierung der überladenen Tagesordnung der ILC (Ferrari-Bravo, Italien A/C.6/35/SR. 61, S. 6; Quentin-Baxter, Neuseeland, ebda., S. 7); Ausarbeitung von Entwurfstexten für andere Dokumente als Verträge (Munsoor, Sri Lanka, ebda., S. 8); Aufwerten der Rolle des Spezialberichterstatters (Verway, Niederlande, A/C.6/35/SR. 62, S. 4) und Unterstützung seiner Tätigkeit durch qualifizierte Experte, die der Generalsekretär außerhalb der ILC benennen könnten (Großbritannien, A/35/312/Add. 1, S. 29).

2.8 In einigen Stellungnahmen wurde direkt oder indirekt auf die Rolle des 6. Ausschusses bei der Erarbeitung multilateraler Verträge eingegangen. So wurde in der Stellungnahme der UdSSR die weitere Förderung der Rechtsschöpfungsrolle („legislative role") des 6. Ausschusses in Übereinstimmung mit Artikel 13 der UNO-Charta befürwortet, um die von der ULC vorbereiteten Entwürfe in diesem Ausschuss annahmen zu lassen. Dadurch könnte die Einberufung von kostspieligen

Staatenkonferenzen zur Annahme von Verträgen stark reduziert werden (ebda., S. 29). Ähnliche Überlegungen wurden auch in der bulgarischen Stellungnahme angestellt. Es wurde die Auffassung vertreten, dass eine Stärkung der Rolle des 6. Ausschusses durch enge Zusammenarbeit mit der ILC und die Kommission der UNO über das Internationale Handelsrecht (Commission on International Trade Law) sowie durch eine Überprüfung der endgültigen Entwürfe multilateraler Verträge durch diesen Ausschuss erzielt werden könnte (ebda., S. 12). Dies sollte jedoch auf hochpolitische Fragen sowie auf die Abrüstung nicht ausgedehnt werden (Bulanenkov, UdSSR, A/C.6/35/SR. 61, S. 12). Auch indirekt wurden unter Berücksichtigung seiner Rechtserfahrungen die Stärkung der Rolle des 6. Ausschusses befürwortet (Kanada, A/35/312/Add. 1, S. 18; Ferrari-Bravo, Italien, A/C.6/35/SR. 61, S. 6). Zugleich wurde aber von einer Überforderung des 6. Ausschusses und von der Übernahme eine Koordinierungsfunktion bei der Erarbeitung multilateraler Verträge gewarnt. Der 6. Ausschuss sollte vielmehr bei der Feststellung mitwirken, ob ein Gegenstand tatsächlich ratifikationsbedürftig ist, den Dokumenten den letzten Schliff geben oder bestimmte Etappen des Erarbeitungsprozesses übernehmen oder dem damit befassten Gremium Hilfestellung leisten (Kirsch, Kanada, A/C.6/35/SR. 63, S. 7).

2.9 Die mögliche Bildung eines internationalen legislativen Entwurfsbüros („international legislative drafting bureau") wurde im einer Stellungnahme als Lösung einiger Probleme bejaht (Kanada, A/35/312/Add. 1, S. 16; und Kirsch, Kanada, im 6. Ausschuss, A/C.6/35/SR. 63, S. 5). Krispis (Griechenland, ebda., S. 4) hingegen lehnte die Schaffung einer solchen Institution ab.

2.10 Die im Bericht des UNO-Generalsekretärs aufgeworfene Frage nach der Sammlung und Veröffentlichung der „travaux préparatoires" (A/35/312, S. 22) vor allem in Form von Summary records wurde begrüßt, wenn auch mit unterschiedlicher Begründung. Während z.B. in der kanadischen Stellungnahme als Zielstellung die gleichbleibende Dokumentenqualität angegeben wurde (A/35/312/Add. 1, S. 19), begründete Krispis dies mit der Nützlichkeit für due Vertragsauslegung und Vertragserfüllung (Griechenland, A/C.6/35/SR. 63, S. 4). Für die „travaux préparatoires" traten Verway (Niederlande, A/C.6/35/SR. 62, S. 6), Ferrari-Bravo (Italien, A/C.6/35/SR. 61, S. 61) und Kirsch (Kanada, A/C.6/35/SR. 63, S. 63) ebenfalls ein.

2.11 Gegen den Abschnitt I (Verfahren nach der Annahme eines Vertrages: Ratifizierung, Erfüllung, Berichtserstattung) des Fragenspiegels (A/35/312/S. 34) wurden zum Teil massive Einwände erhoben. Es wurde mit Nachdruck darauf hingewiesen, dass Fragen der Ratifizierung und Erfüllung von Verträgen eine innere bzw. ausschließliche Angelegenheit der betreffenden Staaten ist (Bulgarien, A/35/312/Add. 1, S. 11; australisches Statement im 6. Ausschuss am 24.11. 1980; Quentin-Baxter, Neuseeland, A/C.6/35/SR. 61, S. und indirekt auch Verway, Niederlande, A/C.6/35/SR. 62, S. 6). Im 6. Ausschuss wurde ferner die Unvereinbarkeit der Zielstellung im Abschnitt I mit der staatlichen Souveränität (Bulanenkov, UdSSR, A/C.6/35/SR. 61, S. 12; Buben, Beloruss. SSR, A/C.6/35/SR. 63, S. 8) und mit den Grundprinzipien der Wiener Vertragsrechtskonvention (Ferrari-Bravo, Italien, A/C.6/35/SR. 61, S. 6) aufmerksam gemacht.

2.12 Speziell und expressis verbis zum Fragespiegel des Abschnittes IV haben sich die Vertreter im 6. Ausschuss und zwar, abgesehen von einer Ausnahme, größtenteils ablehnend geäußert. Die Ablehnung wurde mit dem Hinweis darauf begründet, dass Staaten multilaterale Verträge ausarbeiten (Bulanenkov, UdSSR, ebda., S. 12 und Ferrari-Bravo, Italien, ebda., S. 5). Letzterer war mit dem Abschnitt D) einverstanden, nach dem vor der Ausarbeitung eines Vertrages ausrechende Daten und Fakten zu sammeln sind (ebda., S. 5). In einem anderen Fall wurde zum Abschnitt B), 2a (möglicherweise Herabsetzung der Vertragsabschlüsse) des Fragespiegels (S. 29) klargestellt, dass den Verträgen zur Abrüstung und Festigung des Weltfriedens und der internationalen Sicherheit Vorrang gegeben werden sollte (Buben, Beloruss. SSR, A/C.6/35/SR. 63, S. 8). Nur Rosenstock (USA, A/C.6/35/SR, S. 3) war mit dem Vorhaben einverstanden und bedauerte es, dass bis zu diesem Zeitpunkt nur neun Staaten sich zum Bericht des Generalsekretärs geäußert haben. Er ging teilweise über den Bericht hinaus und schlug vor, den Fragespiegel außer an Regierungen und internationalen Organisationen auch an alle ehemaligen Vorsitzenden der ILC, der Entwurfskomitees und an die Spezialberichterstattern zu verschicken. Der Gegenstand sollte dabei nicht durch die ILC oder Expertengruppen zwischen den Sitzungen, sondern durch eine Gruppe innerhalb der nächsten Tagung der Vollversammlung bearbeitet werden. Man sollte außerdem weitere Möglichkeiten prüfen (A/C.6/35/SR. 62, S. 3/4).

3. Begründung der Position des Gutachters

3.1 Die multilateralen Verträge universellen Charakters sind von großer Bedeutung für die Gewährleistung des Weltfriedens und der internationalen Sicherheit sowie für die Vertiefung der friedlichen internationalen Zusammenarbeit, denn sie berühren Interessen der gesamt Menschheit und daher für alle Staaten zur Teilnahme offen stehen. In besonderem Maße zu unterstreichen sind daher jene Verträge, die das Völkerrecht kodifizieren und weiter entwickeln. Ihre Wirksamkeit als wichtige Instrumente für die Regelung der internationalen Beziehungen kann durch die Mitgliedschaft nach Möglichkeit einer großen Anzahl von Staaten weiter erhöht werden. Entscheidend ist dabei, dass die Verträge gemäß dem völkerrechtlichen Grundprinzip der Vertragstreue strikt einzuhalten sind, um in erster Linie einen Zustand der Stabilität in den internationalen Vertragsbeziehungen zu erreichen, die wiederum eine unabdingbare Voraussetzung für die Sicherung des Weltfriedens ist.

In den gegenwärtigen internationalen Beziehungen gilt es vor allem weitere Verträge mit dem Ziel abzuschließen, das zügellose Weltrüsten einzustellen und allmählich Maßnahmen auf dem Gebiet der Rüstungsreduzierung und schließlich der allgemeinen Abrüstung einzuleiten. Von diesen Fragen ausgehend, die gegenwärtige Priorität genießen, wäre es unter Umständen möglich, in Übereinstimmung mit dem Artikel 13 der UN-Charta sich mit der Verbesserung der Techniken und Verfahren zur Erarbeitung multilateraler Verträge zu befassen.

3.2 Die Beschäftigung mit den Techniken und Verfahren zur Erarbeitung multilateraler Verträge darf jedoch erstens keinesfalls von der Lösung viel wichtigerer Probleme ablenken, zweitens sich nicht verselbständigen und einen Stellenwert erlangen, den diese Problematik nicht verdient und drittens nicht das reguläre Budget der UNO und anderer internationaler Organisationen sowie die personelle Kapazität der UNO, anderer internationaler Organisationen und der Staaten stark in Anspruch nehmen. Eine Überprüfung solcher Techniken und Verfahren müsste ferner den Weltfrieden festigen, die friedliche internationale Zusammenarbeit vertiefen, den Prozess der Kodifizierung und Weiterentwicklung des Völkerrechts fördern und die Erarbeitung multilateraler Verträge tatsächlich erleichtern.

3.3 Natürlich dürfen außerdem durch eine mögliche Überprüfung der Techniken und Verfahren zur Erarbeitung multilateraler Verträge in der Vergangenheit herausgebildete Methoden, die sich als nützlich erwiesen haben, nicht außer Acht gelassen werden. Da es keine standardisierten Verfahren gab, hatten die Staaten die Möglichkeit, sich für bestimmte Methoden zu entscheiden. Dadurch bestand bei der Anwendung der Techniken und Verfahren eine hohe Flexibilität. Die für Verträge, deren Gegenstand Abrüstungsfragen sind, bewährten Techniken und Verfahren sollten auf alle Fälle beibehalten werden.

3.4 Die zwischen den einzelnen Verträgen bestehenden Unterschiede in Bezug auf Gegenstand, Inhalt, Zielsetzung und Partner, die unterschiedlichen Interessen der an der Erarbeitung von Verträgen beteiligten Staaten und nicht zuletzt die unterschiedlichen Rechtssysteme lassen die Ausarbeitung von einheitlichen, standardisierten, universellen und allgemeingültigen Techniken und Verfahren weder als möglich, noch als nützlich, noch als wünschenswert erscheinen. Während z. B. Verträge zu Abrüstungsfragen von Staatenvertretern erarbeitet, abgeändert und angenommen werden, unterbreitet die ILC Konventionsentwürfe zu speziellen Fragen des Völkerrechts. Während einige Konventionen von Staatenvertretern auf einer einzigen Konferenz angenommen worden waren (z. B. die Wiener Vertragsrechtskonvention auf der gleichnamigen Konferenz 1969) wurden zum Seevölkerrecht im Rahmen der III. UNO-Seerechtskonferenz mehrere Tagungen durchgeführt. Aber auch innerhalb einer Konferenz wurden bei der Annahme von Artikelentwürfen unterschiedliche Verfahren angewandt. Z.B. auf den Tagungen der III. Seerechtskonferenz je nach Gegenstand des Consensus-Verfahrens oder Abstimmungen mit 2/3 Mehrheit.

Die Erarbeitung standardisierter Methoden wurde die Schaffung zusätzlicher Institutionen voraussetzen und mit großen materiellen und personellen Belastungen verbunden sein, die unter den gegenwärtigen Bedingungen innerhalb aber auch außerhalb der UNO nicht akzeptabel erscheinen. Aus den oben genannten Gründen kann deshalb einer Unifizierung der Methoden zur Erarbeitung multilateraler Verträge nicht zugestimmt werden.

3.5 Für jene Staaten, die über die notwendigen Erfahrungen und Experten nicht in jedem Falle verfügen – vorwiegend kleinere junge unabhängige Staaten – wäre die Zusammenstellung eines natürlichen unverbindlichen Handbuchs über den Entwurf von Verträgen als Muster von Nutzen. Der Zusammenstellung eines solchen Handbuchs, das nicht identisch mit einem standardisierten Handbuch der Schlussklauseln („Handbook of Final Clauses") sein wird, könnten die bisherigen Erfahrungen aus der Vertragspraxis der Staaten zugrunde gelegt werden. Es ist anzunehmen, dass die jungen unabhängigen Staaten dafür starkes Interesse zeigen werden. Keinesfalls sollte jedoch der Versuch unternommen werden, darüber hinaus zu gehen und etwas standardisierte Methoden mit verbindlichem Charakter zu erarbeiten. Diesbezüglich empfiehlt es sich, sich im 6. Ausschuss noch nicht zu äußern. Vielmehr erscheint es ratsam, zuerst Meinungsäußerungen seitens der jungen unabhängigen Staaten abzuwarten.

3.6 Die Vorbereitungsphase kann für den Verhandlungsprozess von entscheidender Bedeutung sein. Gute Vorbereitungen können aber nicht in jedem Falle störungsfreie und erfolgreiche Verhandlungen garantieren, da während der Verhandlungszeit neue Faktoren auftauchen könnten, die sich auf den Verhandlungsablauf negativ auszuwirken vermögen. Es erweist sich dabei auch als nicht zweckmäßig, die Verfahrensfragen von den Verhandlungen definitiv in dem Sinne zu klären, dass die operative Wahl anderer Verfahrungsregeln ausgeschlossen ist.

3.7 Die ILC hat große Leistungen aufzuweisen. Ihre Effektivität könnte natürlich auch die Verbesserung ihrer Arbeitsmethoden weiter erhöhet werden. Diese wäre durch die Reduzierung der Tagesordnungspunkte und durch die gezielte Konzentration auf ausgewählten Vorhaben möglich, die dann innerhalb eines angemessenen Zeitraums zu Ende geführt werden müssten.

3.8 Der 6. Ausschuss könnte bei der Erarbeitung multilateraler Verträge eine viel größere Rolle spielen, weil er zum einen über umfangreiche Erfahrungen auf dem Gebiet der Rechtsschöpfung verfügt und zum anderen aus Staatenvertretern besteht. Hierdurch wäre es durchaus möglich, die Annahme von Verträgen im 6. Ausschuss erfolgen zu lassen. Die Folge dessen könnte eine starke Reduzierung von mit hohen finanziellen Aufwendungen verbundenen zeitraubenden Staatenkonferenzen sein.

3.9 Der Vorschlag über ein internationales legislatives Entwurfsbüro („international legislative drafting bureau") erinnert stark an illusorischen Vorstellungen von einer Weltregierung oder zumindest von „supranationalen" Organisationen. Abgesehen von der Frage, wer nun Mitglied eines solchen Büros sein wird, ist dieser Vorschlag für viele Staaten völlig inakzeptabel.

3.10 Die weitere Zusammenstellung von Summary records, die in erster Linie als „travaux préparatoires" dienen können, um die Auslegung der betreffenden Verträgen zu erleichtern, sollte befürwortet werden. Es wäre aber zumindest überlegenswert, über die Anzahl und den Umfang derartiger Berichte von Fall zu Fall zu entscheiden, um Arbeit und vor allem material zu sparen.

3.11 Über die Art und Weise der Umwandlung völkerrechtlicher Verpflichtungen der Staaten in landesrechtliche entscheidet jeder Staat souverän und auf der Grundlage seiner eigenen Gesetzgebung. Somit gehört das Verfahren nach der Annahme eines Vertrages (vor allem Ratifizierung und Erfüllung) zu den inneren Angelegenheiten jedes Staates.

Natürlich hat dabei jeder Staat als Vertragspartner das völkerrechtliche Grundprinzip der Vertragstreue zu achten. Es ist auch nicht möglich, Staaten zu verpflichten, über die Erfüllung vertraglich übernommener Verpflichtungen gegenüber irgendeinem internationalen Organ zu berichten, es sei denn, sie haben sich bereits dazu ausdrücklich verpflichtet.

3.12 Es ist weder zweckmäßig noch wünschenswert, dass die UNO-Mitglieder zum Fragespiegel des Abschnittes IV Stellung nehmen, weil multilaterale Verträge von souveränen Staaten ausgearbeitet werden. Sie gehen bei der Auswahl der Techniken und Verfahren von ihren Interessen sowie von taktischen Zweckmäßigkeitserwägungen aus. Es erscheint überflüssig, in der im 6. Ausschuss zu haltenden Rede die ablehnende Haltung zum Fragespiegel expressis verbis zu betonen. Sie geht ohnehin aus der gesamten Rede hervor.

2.2.2 Behandlung im 6. Komitee der 37. UNO-Generalversammlung

1. Bisherige Entwicklung der Problemstellung im Rahmen der UNO

Die Behandlung dieser Materie wurde von sieben Staaten (Australien, Ägypten, Indonesien, Kenya, Mexiko, Niederlande und Sri Lanka) vorgeschlagen (A/32/143 and Corr. 1). Nach erfolgter Diskussion im 6. Komitee wurde darüber berichtet (A/32/363).

Daraufhin nahm die UN-Vollversammlung am 8.12.77 die Resolution 32/48 an, durch die der UN-Generalsekretär mit der Anfertigung eines Berichts über technische und prozessuale Fragen bei der Erarbeitung multilateraler Verträge beauftragt wurde. Auf der 34. UN- Generalversammlung sollte er darüber berichten. Die ILC du die Regierung wurden aufgefordert, bis zum 31.7.1979 zu diesem Gegenstand Bemerkungen zu machen. Am 21.9.1979 wurde die Aufnahme dieser Materie in die provisorische Tagesordnung der Vollversammlung beschlossen (34/402). Die endgültige Aufnahme in die Tagesordnung sowie die Übergabe des Themas an das 6. Komitee wurde am 19.9.1980 beschlossen. Auf die obige Aufforderung reagierten neuen Regierungen und die ILC mit Stellungnahmen sowie 13 UN-Büros und über 25 Spezialorganisationen mit Berichten. Auf der 35. UN-Generalversammlung erstattete der Generalsekretär einen Bericht (A/35/312 and Corr. 1, Add. 1 und 2, and Add. 2/Corr. 1). In dem Bericht ging es um die allgemeinen Aspekte des Prozesses der Erarbeitung multilateraler Verträge. Der Teil IV des Berichts enthielt eine Reihe von Fragen über diesen Prozess. Der Bericht des Generalsekretärs wurde im 6. Komitee diskutiert, der der Vollversammlung einen Resolutionsentwurf (A/35/730, P.2/3) vorlegte. Durch ihn sollten die Regierungen und die internationalen (zwischenstaatlichen) Organisationen aufgefordert werden, bis zum 31. Juli 1981 ihre Stellungnahme zum Bericht des Generalsekretärs insbesondere zu den Fragen des Teils IV abzugeben. Ferner sollte der Generalsekretär das zur Thematik eingehende Material bezüglich einer möglichen Veröffentlichung sichten. Er sollte außerdem die Herausgabe des „Handbuchs der Schlussklauseln" und der Berichte über die Tätigkeit des Generalsekretärs als Depositar von multilateralen Verträgen vorbereiten. Im Resolutionsentwurf wurde schließlich die Aufnahme dieses Themas in die Tagesordnung der 36. Tagung der UN-Vollversammlung vorgeschlagen. Die Generalversammlung akzeptierte größtenteils den Resolutionsentwurf und nahm ihrerseits die Res. 35/162 an. In Realisierung dieser Resolution forderte der Generalsekretär die Regierungen und die internationale Organisationen auf, zu dem im Teil IV. seines Berichts enthaltenen Fragespiegel Stellung zu nehmen.

Der uns bekannte neueste Stand besteht darin, dass weitere Staaten zum Bericht des Generalsekretärs ihre Bemerkungen machten, und dass dieses Thema auf der 36. Tagung der UN-Generalversammlung (6. Komitee) erneut behandelt wurde. Einige Staaten (15: Argentinien, Australien, Bahrein, Bangladesch, Kanada, Ägypten, Indonesien, Kenya, Mexiko, Niederlande, Nigeria, Philippinen, Senegal, Sri Lanka und Uruguay) schlugen am 24.11.81 im 6. Komitee der UN-Vollversammlung einen

Resolutionsentwurf (A/C.6/36/L.13/Res. 1) vor. Darin wurde die Bedeutung des Prozesses der Erarbeitung multilateraler Verträge für die fortschreitende Entwicklung und Kodifizierung des Völkerrechts hervorgehoben. Es wurde ferner vorgeschlagen, auf der 37. Tagung der UN-Generalversammlung eine Arbeitsgruppe des 6. Komitees zu bilden. Ihre Aufgaben wären: a) Bearbeitung der Fragen im Anhang I des Berichts des Generalsekretärs von 1981 und weiteren von den Regierungen und den Organisationen vorgelegten Materials; b) Untersuchung der bei der UNO in Konferenzen unter ihrer Schirmherrschaft angewandten Methoden des Vertragsschließens um zu ermitteln, ob die üblichen Methoden für die Bedürfnisse der UN-Mitglieder wirksam genug sind; c) Auf der Grundlage der durchgeführten Untersuchung Empfehlungen machen. Des Weiteren sollten die Staaten und die Organisationen erneut aufgefordert werden, zu diesem Thema Stellung zu nehmen, und der Generalsekretär sollte der UN-Generalversammlung zu ihrer 37. Tagung einen Bericht darüber vorlegen. Der Resolutionsentwurf enthält weitere Vorschläge wie: Vorbereitung seitens des Generalsekretärs einer Dokumentation und Analyse des eingesehenen Materials für die zu bildende Arbeitsgruppe sowie Neuauflagen des „Handbuchs der Schlussklauseln" und des Berichtes des Generalsekretärs über seine Tätigkeit als Depositar multilateraler Verträge; Aufnahme des Themas „Überprüfung der Methoden zur Erarbeitung multilateraler Verträge" in die provisorische Tagesordnung der 37. UN-Vollversammlung.

Es sei darauf hingewiesen, dass sich die Gliederung des vorliegenden Positionspapiers (2.1 – 2.9) thematisch nach dem oben mehrmals erwähnten Fragespiegel des Generalsekretärs (Bericht Teil IV) richtet. (Siehe dazu ausführlich S. 5-7 des Positionspapiers vom 9.6.1981).

2. Hauptprobleme der Fragestellung

2.1 Aus den weiteren Stellungnahmen, die hauptsächlich im Spätherbst 1981 eingegangen sind, geht hervor, dass Argentinien eindeutig für die Überprüfung der Methoden zur Erarbeitung multilateraler Verträge (folgend: TMP) ist. Sie betonte die Nützlichkeit von Leitlinien für die Zukunft und damit der Rationalisierung und Systematisierung der Methoden (A/36/533, P. 7, para. 1). Italien hielt den TMP ebenfalls für nützlich und wünschenswert, betonte aber zugleich, dass das Vertragsrecht auf der Freiheit der Verschließenden basiert, was sich aus dem jus cogens ergibt. Davon ausgehend, könnte man nach effektiveren Methoden suchen (ebda., P. 26, para. 1-3). Gegen den TMP äußerten sich die Ukrainische SSR (ebda., P. 38, para. 1-4) und die Bjelorussische SSR (A/36/553/Add. 1, P.3, para. 9) in fast gleichlautenden Stellungnahmen. Sie hielten es angesichts der Verschiedenheit der vorhandenen Methoden, Vertragsentwürfe anzufertigen, nicht für ratsam, einheitliche Methoden und Verfahren zur Vertragserarbeitung anzufertigen. Unter Berücksichtigung aber der großen Zahl multilateraler Verträge sollte der Prozess der Vertragserarbeitung effektiver gestaltet werden.

In anderen Regierungsstellungnahmen wurden ganz allgemeine Überlegungen über die Problemstellung des TMP angestellt. In der niederländischen Stellungnahme wurde die Anfertigung von einheitlichen Strukturmodellen als eine schwer zu beantwortende Frage betrachtet (ebda., P. 6, para. 10). Mexiko verspricht sich in den Diskussionen über den TMP in der UN-Generalversammlung Einfluss auf die Rationalisierung dieses Prozesses (ebda., P. 33, para. 5). In der relativ ausführlichen spanischen Regierungsstellungnahme wurde die starke „Politisierung des internationalen Verhandlungsprozesses“ bemängelt. Damit ist vor allem die Erarbeitung wichtiger Konventionen auf Staatenkonferenzen und nicht durch Juristengremien gemeint. Auch die breite Anwendung des Consensus-Verfahrens sei ein Zeichen für eine solche „Politisierung“ (A/36/553/Add. 1, P. 12, 13, para. 6-11).

Die Diskussion zum TMP im 6. Komitee sah folgendermaßen aus: a) Ganz allgemein gehalten Begrüßung des TMP durch Mazilu (Rumänien) und Piris (Frankreich). Mazilu brachte die Fragestellung mit der gleichberechtigten Teilnahme aller Staaten am TMP und den Schutz der legitimen Interessen aller Staaten in Verbindung. Er deutete weiter die Möglichkeit von kombinierten Verfahren an (A/C.6/36/SR. 54, p. 14-16, para. 56-64). Piris schätzte das Thema des TMP als Ermutigung für eine fortschreitende Entwicklung des Völkerrechts ein, ohne sich jedoch für einen einzigen TMP zu entscheiden (ebda., P. 18, para. 72-74; b). Im Prinzip Einverständnis mit dem TMP, jedoch den Staaten die Wahl der jeweils effektivsten Methoden überlassen (Olivero, Argentinien, ebda., P. 17, para, 66; c) massive Ablehnung des TMP durch Karev (UdSSR). Er wandte sich gegen eine Standardisierung der bestehenden Verfahren und die künstliche Begrenzung der vorhandenen Instrumente und plädierte für eine Vielfalt der Verfahren, die es ermögliche, das jeweils geeignete Verfahren zu wählen. Er machte darauf aufmerksam, dass neue Probleme neue Regelungen und die Aufstellung allgemein anerkannter

Völkerrechtsnormen verlangen. Das schließt nicht aus, dass die vorhandenen Ressourcen besser genutzt werden könnten. Eine Koordinierung falls möglich. Über solche Fragen entscheiden doch die Staatenvertreter (ebda., P. 19/20, para. 80-84); d) Ein Vertreter im 6. Komitee (De Stoop (Australien) hat sich damit begnügt, allgemeine Probleme der Erarbeitung multinationaler Verträge aufzuzeigen, wie zu langsames Tempo und überladene Tagesordnung. Er wies auch auf die finanziellen, technischen und personellen Probleme der Entwicklungsländer hin (ebda., P. 8-10, para. 28-30, 34).

2.2 Mehrere Länder unterstrichen die Bedeutung und Nützlichkeit des „Handbuchs der Schlussklauseln" („Handbook of Final Clauses") wie z. B. Argentinien, Spanien (Add. 1) und Mali (A/36/553, P. 5, para. 4, 14, 30). Andere schlugen vor, das „Handbuch für Schlussklauseln" durch zusätzliche Kategorien von formalen Kriterien zu ergänzen (Brasilien, ebda., P. 13, para. 6), dieses hin und wieder zu revidieren, um die neuesten Entwicklungen des Vertragsabschließungsprozesses einzufangen (Italien ebda., P. 27, para. 5, Mexiko, P. 33, para. 6) und von UN-Generalsekretär vorbereiten und veröffentlichen zu lassen (BRD, ebda., P. 22, para. 3 und 4). Für eine Neuauflage des Handbuchs trat auch der argentinische Vertreter im 6. Komitee Oliveros ein (A/C.6/36/SR. 54, P. 17).

Für die Erarbeitung eines Handbuches, das alle bisher vertretenen Techniken hinsichtlich des multilateraler Vertragsabschließungsprozesses („Handbook of the Drafting of treaties") enthalten sollte, plädierten Italien (Stellungnahme) und der argentinische Vertreter im 6. Komitee Oliveros (A/C.6/36/SR. 54, P. 17).

2.3 In mehreren Stellungnahmen wurde auf die hohen Kosten des internationalen Vertragsabschlussprozesses vor allem für die Entwicklungsländer hingewiesen. Speziell Mexiko machte sich diesbezüglich zum Führsprecher der Entwicklungsländer: Seit den 60er Jahren sei die Teilnahme der Entwicklungsländer an diesem Prozess sehr geringfügig; aus diesem Grunde würden die meisten Verträge zugunsten anderer Staaten und nicht zugunsten der Entwicklungsländer abgeschlossen; die fortschreitende Entwicklung und Kodifizierung des Völkerrechts sollte jedoch so erfolgen, dass nach Möglichkeit alle Staaten sich daran beteiligen können (Mexiko, ebda., P. 33, para. 7-9). Spanien beanstandete allgemein die hohen Kosten (Personal, Finanzen) des Vertragsabschließungsprozesses (A/36/553/Add. 1, P. 14, para. 1). In einigen Regierungserklärungen wurden Lösungen des Kostenproblems aufgezeigt, wie

Reduzierung der Anzahl der Verträge (Spanien, A/36/553/Add. 1, P. 14, para. 2) und Mali, A/36/553/P. 30, para. 3 und 4). Von anderen Staaten wurde dies in Zweifel gezogen (Brasilien, A/36/553/Add. 1, P. 13, para. 7 und Kuba, ebda., P. 16, para. 2). In weiteren Regierungsstellungnahmen wurden andere Überlegungen angestellt: Reduzierung der Kosten des V Vertragsabschließungsprozesses für alle Staaten und Organisationen durch vorherige genaue Prüfung der Notwendigkeit eines Vertrage (Niederlande, A/36/553/Add. 1, P. 5, para. 3; Brasilien, A/36/553, P. 13, para. 7 und 8; Kuba, ebda., P. 16, para. 1 und 2). In der italienischen Stellungnahme wurde angezweifelt, dass der Vertragsabschließungsprozess für alle Staaten eine Last darstellt. Man sollte vielmehr zwischen den Staaten unterscheiden (ebda., P. 27, para. 6-7).

2.4 In relativ vielen Regierungsstellungnahmen wurde die Konzentration (Gesamtkoordinierung) des Vertragsabschließungsprozesses bei der UN-Generalversammlung befürwortet (Niederlande, A/36/553/Add. 1, P. 5, 6, para. 4-6; Argentinien, A/36/553, P. 6, para. 1 und 2; Spanien, A/36/553/Add. 1, P. 12, para. 4, P. 14; para. 1; Kuba, A/36/553, P. 27, para. 8-9; Mali, ebda., P. 30, para. 5; Mexiko, ebda., P. 33, para. 10 und 11, P. 24, para. 16; Ukrainische SSR, ebda., P. 39, para. 1).

Speziell für die Stärkung der Rolle des 6. Komitees der UN-Vollversammlung traten mehrere Staaten ein. In der bjelorussischen Stellungnahme wurde z. B. vorgeschlagen, dass das 6. Komitee Normen schaffen sollte, ohne etwa internationale ad hoc-Konferenz zu diesem Zwecke einzuberufen (A/36/553/Add., 1, P. 3, para. 9, 11). In der niederländischen Stellungnahme wurde betont, dass dem 6. Komitee die koordinierende Funktion des internationalen Vertragsabschließungsprozesses übertragen werden könnte (A/36/553/Add. 1, P. 6, para. 7). Das 6. Komitee könnte sich nach niederländischer Auffassung an Verträgen von UN-Organen derart beteiligen, dass es eine Durchsicht der Texte vornimmt. Erforderlichenfalls mussten seien Verfahrensregeln geändert werden (ebda., P. 9, para. 25, 26). Argentinien beschränkte die Mitwirkung des 6. Komitees auf Verträge, die von der UN-Generalversammlung verhandelt wurden. Das würde so aussehen, dass jeder Konventionsentwurf von dem 6. Komitee angefertigt werden könnte (A/36/533, P. 9, para. 2).

In anderen Stellungnahmen wurde die Rolle des 6. Komitees etwas abgeschwächt: Die Nachprüfung des genannten Textes der Verträge könnte im 6. Komitee erfolgen (Brasilien, ebda., P. 15, para. 12; Kuba, P. 19, para. 2); Das 6. Komitee könnte bei der Unterbreitung von Vertragsvorschlägen helfen, ohne jedoch von ihm zu verlangen, sämtliche Vertragsentwürfe zu studieren (Mexiko, ebda., P. 33, para. 11, P. 35, para. 20); Stärkung der Rolle des 6. Komitees bei der Verhandlung und Annahme von multilateralen Verträgen (Ukrain. SSR, ebnd., P. 40, para. 11). In einer einzigen Stellungnahme wurde die Fragen aufgeworfen, ob das 6. Komitee die Verantwortung für die Gesamtkoordinierung des Vertragsabschließungsprozesses übernehmen kann (also keine eindeutige Entscheidung dafür, Brasilien, ebda., P. 14, para. 9).

Ähnlich Auffassungen wurden auch in Beratungen des 6. Komitees geäußert: Überprüfung des 6. Komitees sei notwendig, um die fortschreitenden Entwicklung und Kodifikation des Völkerrechts zu fördern (Rosenne, Israel, A/C.6/36/SR.36, P. 9, para. 27); Vor der Vertragsausarbeitung das 6. Komitee entsprechend zu informieren, obwohl es nicht die einzige Körperschaft ist, die Verträge auszuarbeiten vermag (Oliveros, Argentinien, A/C.6/SR. 54, P. 17, para. 67-90); Dem 6. Komitee sollte eine größere koordinierende Rolle übertragen werden (Piris, Frankreich, ebda., P. 18, para. 76); Die Erweiterung der Rolle des 6. Komitees im internationalen Vertragsabschließungsprozesses sei denkbar, ebenso die Ausarbeitung und Annahme von Verträgen ohne Einberufung einer Diplomatenkonferenz jedoch nicht für alle Materien (z. B. nicht politische wichtige, wie etwa die Abrüstung (Karev, UdSSR, ebda., P. 20, para. 86).

Mehrere Regierungsstellungnahmen enthielten konkrete Vorstellungen über allgemeine Verbesserungen der Methoden zur Erarbeitung multilateraler Verträge durch die UN-Generalversammlung. Die wichtigsten Vorstellungen waren folgende: Vor der Formulierung eines Vertrages sei es erforderlich, zunächst a) entsprechendes juristisches und faktisches Material über den vorgesehenen Vertrag zu sammeln, b) das mögliche Interesse an dem Vertrag erkunden und c) sich auch über ein „weniger verbindliches Instrument“ (z. B. Deklaration) Gedanken machen (Niederlande, A/36/553/Add. 1, P. 6, para. 8); Aufstellung von einheitlichen oder Modellverfahrensregeln für Bevollmächtigten-Konferenzen, weil dadurch Zeit gespart werde. Das die Konferenz einberufende Organ sollte gleichzeitig über ihre Verfahrensregeln entscheiden (ebda., P. 9, para. 27); Zwar vor der Erarbeitung eines Vertrages juristisches oder Faktenmaterial sammeln, aber die Formulierung von Texten sollte von Experten vorgenommen werden (Mali, P. 30, para. 8-10); Zuerst Diskussionen über den Zweck des Vertrages auf politischer Ebene und Annahme grundlegender Leitlinien, dann Ausarbeitung eines vorläufigen Entwurfs durch

Experten und schließlich Annahme des Vertrages durch eine ad hoc-Diplomatenkonferenz (Spanien, A/36/553/Add. 1, P. 13, para. 12); Vorbereitung der ersten Vertragsentwürfe durch Experten (BRD, A/36/553, P. 22, para. 1-3); Untersuchung des Gegenstandes bzw. des Themas vor der Vertragsausarbeitung durch die Regierungen; Ein derartiges Vertrag würde den Bedürfnissen der internationalen Gemeinschaft am besten entsprechen (Mexiko, ebda., P. 34, para. 12); Das UN-Sekretariat soll vor der Formulierung des Vertrages mit dem Sammeln des notwendigen Materials beginnen; Sich auch zuerst überlegen, welches Organ die Vertragsausarbeitung übernehmen soll (Ukrain. SSR, ebda., P. 39, para. 8).

Im 6. Komitee wurden konkretere und ausführlichere Vorschläge unterbreitet bzw. Vorstellungen entwickelt. Diesbezüglich waren besonders die Vertreter Australiens (De Stoop), Hollands (Van Dijk), Schwedens (Danelius) und Rumäniens (Mazilu). Im Einzelnen ging es um Folgendes: Untersuchung des eingehenden Materials zum TMP nicht im 6. Komitee, sondern in einer kleine Arbeitsgruppe, die auch bestimmte Aspekte von Kodifikationskonferenzen untersuchen und entsprechende Empfehlungen machen kann. Es sei nicht Aufgabe des TMP, die zuständigen UN-Organe zu reformieren, feststehende Verfahrungsregeln zu schaffen oder die Rechte souveräner Staaten auf diesem Gebiet zu bestätigen. Ziel der Übung soll vielmehr sein, die Bestellung der Staaten an dem Prozess zu sichern und ihnen zu helfen, das so ökonomisch und effektiv wie möglich zu tun. Es wurde die Gründung einer Arbeitsgruppe empfohlen (De Stoop, A/C.6/36/SR. 54, P. 10, para. 36-38); Es bedarf einer Gesamteinschätzung und eines Vergleichs der wichtigsten Kodifikationskonferenzen. Diese Gesamteinschätzung müsste natürlich über den Erfahrungsbereich der UNO hinausgehen. Es sollten weitere Informationen der Staaten und der internationalen Organisationen eingeholt werden. Es sollte ferner die Arbeitsgruppe, bestehend aus Regierungsvertretern und Völkerrechtsexperten aus allen Rechtskreisen der Erde, gebildet werden. Auch die internationalen Organisationen, die ILC und die zuständigen UN-Organe sollten daran beteiligt sein (Van Dijk, ebda., P. 11, para. 40); Die Vorarbeiten zum TMP sollten von einer kleinen Gruppe konzentriert geleistet werden (Danelius, ebda., P. 14, para. 48-50); Von dem zu regelnden Gegenstand sollte abhängen, ob der Vertragsabschließungsprozesses in der ILC oder in einer Diplomatenkonferenz mit breiter internationaler Beteiligung abläuft. Bei der Staatennachfolge in andere Materien hat z.B. die ILC-Arbeit einen solchen Stand erreicht, dass eine Diplomatenkonferenz zur Fertigstellung des Textes einberufen werden konnte. Die Arbeit am Seerechtsgegenstad hat von Anfang an im Rahmen einer Bevollmächtigten-Konferenz staatgefunden. Im letzteren Fall wurden sehr allgemeine Debatten geführt, und die Texte wurden nicht von der Konferenz, sondern von den Chairmen ausgearbeitet. Hierdurch wurde der Prozess der Fertigstellung des Entwurfs erheblich erschwert. Man sollte die Frage prüfen, ob nicht die von solchen Konferenzen erarbeiteten Texte einer spezialisierten Körperschaft wie der ILC zur Überarbeitung anvertraut werden sollten (Mazilu, ebda., P. 16, para. 58).

Da der vorgesehenen Arbeitsgruppe für den TMP eine besondere Rolle zugedacht ist, soll auf sie etwas ausführlicher eingegangen werden. Es werden hier die sehr konkreten Vorstellungen des niederländischen Vertreters im 6. Komitee Van Dijk knapp wiedergegeben. Die wichtigsten Aufgaben der Arbeitsgruppe sollen nach Van Dijk sein: 1. Vor der Entscheidung über die Erarbeitung eines Vertrages auf der Basis eines geeigneten Verfahrens die Notwendigkeit, die politische Möglichkeit und den gewünschten Zweck des beabsichtigten Vertrages ermitteln. In Erwägung ziehen, ein Dokument ohne Rechtsverbindlichkeit (z. B. eine Deklaration oder einen Verfahrenskodex) auszuarbeiten. Überprüfen, in welchen Fällen solche Fragen von Regierungsvertretern und in welchen von Expertengruppen erörtert werden können. Ferner die mögliche Rolle des 6. Komitees erwägen. 2. Welches sind die einzelnen Schritte zum Entwurf des Vertrages? In welchem Stadium sollte ein erster Entwurf vorgelegt werden und sollte dieser von Regierungsvertretern, von einem unabhängigen Experten oder einer Expertengruppe formuliert werden? In welchem Stadium sollten die Regierungskommentare eingeholt werden, vor dem Entwurf eines Textes, auf der Grundlage eines einigen Entwurfs oder auf der Grundlage von Alternativen? Vor welchen Autoritäten sollte der Entwurf diskutiert werden und in welchem Stadium? Sollten schließlich zwischenzeitliche Treffen von Gruppen mit begrenzter Mitgliedzahl abgehalten werden? 3. In welchen Fällen sollte der Text zur Annahme der Vollversammlung vorgelegt werden und welchem ist die Einberufung einer Diplomatenkonferenz vorzuziehen? In welcher Weise sollten eine solche letztere organisiert werden, welche Verfahrensregeln angewendet? In welchen Fällen sollte die Annahme durch Konsensus gewählt werden? 4. In welcher Weise könnten Organisation und Funktion der ILC verbessert werden? Hier sollte insbesondere untersucht werden, ob die Spezialberichterstatter in größerem Umfang spezielle Unterstützung erhalten sollten, so dass sie sich auf den Entwurf von Text und Kommentar konzertieren können und die Herstellung der Berichte schneller geht; ob die ILC, anstatt auf jeder Tagung sämtliche Tagungsordnungspunkte zu untersuchen, sich nicht auf ein oder zwei Gegenstände konzentrieren sollte, was eine vollständigere und vertiefte Diskussion ermöglichen würde und schließlich, ob vor Aufnahme eines Gegenstandes in das Arbeitsprogramm der ILC eine Diskussion im 6. Komitee die Reihenfolge des Gegenstandes klären sollte. 5. Sollte die Arbeitsgruppe sich darüber verständigen, ob das Handbook of Final Clauses aktualisiert werden und weitere Modell-Formeln sowie Modell-Verfahrensregeln für Körperschaften, die am TMP beteiligt sind und für Bevollmächtigten-Konferenzen zusammen gestellt werden sollten? Aber nicht nur zusammengestellt, sondern auch bewertet.

Die Arbeitsgruppe soll sich weiter nicht nur auf die Untersuchung der technischen Details des TMP beschränken. Auch Inkrafttreten und Erfüllung von Verträgen sind von größter Bedeutung. Die Freiheit der Wahl der geeigneten Methoden und Verfahren im TMP soll jedoch in keiner weise für die Mitgliedsstaaten eingeschränkt werden. Daher ist es nötig:

a) von Anfang an mögliche Hindernissee für eine rechtzeitige Ratifizierung durch einige Staaten in Rechnung zu stellen, die sich aus ihrem innerstaatlichen Recht oder aus anderen Verträgen ergeben können, bei denen sie Mitglied sind;

b) in einigen dringenden Fällen die Anwendbarkeit des opting-out-Verfahrens zu prüfen, unter Berücksichtigung der Frage, ob das innerstaatliche Recht eines jeden Staates solch ein Verfahren in der Weise ermöglicht, dass eine eicht Beschleunigungswirkung erreicht wird;

c) zu diskutieren, ob es wünschenswert ist, in den Vertrag ausdrückliche Bestimmungen über Vorbehalte aufzunehmen und kollektive Entscheidungsgründung über die Zulässigkeit von Vorbehalten vorzusehen unter angemessener Berücksichtigung der Möglichkeit einer besonderen Rolle der Vollversammlung, (über das Rechtskomitee), die eventuell Gutachter des IGH einholen könnte;

d) zu prüfen, ob die Staaten gewillt sind, den Vertrag in einer bestimmten Zeitgrenze ihren zuständigen Autoritäten vorzulegen, so dass sie die für die Ratifizierung notwendigen Schritte einleiten können und auf internationaler Ebene über die ergriffenen Maßnahmen und den Standpunkt ihres innerstaatlichen Rechts und der Praxis zu dem Gegenstand, auf den sich der Vertrag bezieht berichten können;

e) zu diskutieren, ob es für Staaten möglich wäre, sich zu verpflichten, die Bestimmungen eines Vertrages ganz oder teilweise provisorisch zu erfüllen und sein

Inkrafttreten auszusetzen (Art. 25 der Wiener Vertragsrechtskonvention), (ebda., P. 12 ff., para. 41-46).

Die oben dargestellten Vorstellungen Van Dijks richten sich letzten Endes gegen die souveräne Entscheidungsfreiheit der Staaten, vor allem was die Ratifikation und das Inkrafttreten von Verträgen anbelangt.

2.5 In den Regierungsstellungnahmen wurde die Arbeit der ILC häufig eingeschätzt. Im Großen und Ganzen sind folgende Einschätzungsrichtungen zu erkenne: a) Eignung der ILC, bei der Erarbeitung von Verträgen eine wichtige Rolle zu spielen (Bjeloruss. SSR, A/36/553/Add. 1, P. 3, para. 9; Brasilien, A/36/553, P. 14; Mexiko, ebda., P. 34, para. 16; BRD, ebda., P. 22). In der BRD-Regierungsstellungnahme wurde die hohe Qualität der ILC-Arbeit bei der Erarbeitung von geeigneten Entwurfsartikeln hervorgehoben, die eine solche Basis für mehrere Konventionen bilden. Es wurde ferner die Bedeutung der ILC-Kommentare sowie der Berichte und Studien des jeweiligen Spezialberichterstatters für die internationale Praxis und die rechtswissenschaftliche Forschung unterstrichen; b) Ablehnung irgendwelcher Strukturveränderungen bei der ILC (Ukrain. SSR, A/36/55, P. 40, para. 10; Bjeloruss. SSR, A/36/553/Add. 1, P. 3, para. 10); c) Die Erhöhung der Effektivität der ILC-Arbeit wäre wünschenswert (Ukrain. SSR, a. a. o., P. 39,para. 9). Nach niederländischer Auffassung könnte die Arbeitseffektivität der ILC durch die Konzentration auf bestimmte Themen (1-2) erhöht werden. Deswegen wäre es angebracht und nützlich, dass die Staatenvertreter die ILC-Mitglieder für längere Zeiten wählen. Des Weiteren könnte jeder Spezialberichterstatter die Staaten konsultieren und mit jährlichen Berichten sie über seine Tätigkeit informieren. Außerdem sollte die ILC komplette Texte vorlegen. Die Entwürfe sollten alle vor der Übergabe an die UN-Vollversammlung alle Schlussklauseln enthalten (A/36/553/Add. 1, P. 6-8, para. 11-22). Der israelische Vertreter im 6. Komitee Rosenne entwickelte ähnliche Vorstellungen. Er schlug vor, zwecks Verbesserung der ILC-Arbeit einen Beschluss über das neue Arbeitsprogramm der ILC auszuarbeiten (A/C.6/36/SR. 36, P. 9, para. 27-33); d) Einige Regierungsstellungnahmen wandten sich auch dem Verhältnis zwischen der UN-Vollversammlung und der ILC zu. Es wurde z. B. vorgeschlagen, dass die ILC die Instruktionen der UN-Vollversammlung voll zu erfüllen hat (Bjeloruss. SSR, a. a. D., P. 3, para. 10), dass die Vollversammlung vor der Übergabe bestimmter Themen an die ILC diese intensiv behandeln und eine Auswahl treffen sollte (Niederlande, a. a. o., P. 6, para. 16) und dass sich die Einbeziehung der

ILC als erfolgreich erweisen kann, nachdem die Vertragsentwürfe bei der ILC ein fortgeschrittenes Stadium erreicht haben (BRD, A/36/553, P. 23, para. 2). Von Rosenne wurde die unzureichende Betreuung der ILC bei der Themenwahl durch die Vollversammlung bemängelt (A/C.6/36/SR. 36, P. 9, para. 28); e) In zwei Regierungsstellungnahmen wurde betont, dass die ILC kein ständiges Arbeitsorgan ist (Mexiko, A/36/55/, P. 34, para. 16) auch aus personellen und finanziellen Gründen (Niederlande, A/36/553/Add. 1, P. 6. para. 14).

2.6 Die Schlussverhandlungen und die Annahme multilateraler Verträge (auf Konferenzen) wurden in den Regierungsstellungnahmen ebenfalls angesprochen. Es wurde z. B. vorgeschlagen, ad-hoc Bevollmächtigten-Konferenzen bei umfassenden bzw. komplexen Verträgen (BRD, A/36/553, P. 23, para. 1; Kuba, ebda., P. 19, para. 1) und nachdem die Textvorbereitung einem Vorbereitungskomitee anvertraut worden ist, einzuberufen (Mexiko, ebda., P. 34, para. 14). In der mexikanischen Regierungserklärung hieß es weiter, dass viele Regierungen hohe Delegationen zu ad-hoc Bevollmächtigten-Konferenzen schicken, obwohl die UN-Vollversammlung billiger ist. Hieraus zog sie die Schlussfolgerung, dass es zweckmäßig wäre, wichtige Vertragsentwürfe solchen Konferenzen zu überlassen. Ansonsten sollte von Fall zu Fall entschieden werden (ebda., P. 35, para. 18, 19). Für Entscheidungen von Fall zu Fall trat auch Brasilien ein (ebda., P. 15, para. 12). Es wurde außerdem vorgeschlagen, dass bei derartigen Konferenzen die UN-Vollversammlung die Aufgabe übernehmen sollte, Dauer, Daten und andere Arrangements der jeweiligen Konferenz zu bestimmen (Bjeloruss. SSR, A/36/553/Add. 1, P. 3, para. 12).

Hinsichtlich der Konferenzdauer wurden teilweise ziemlich konkrete Vorstellungen entwickelt wie: Die Zeitbegrenzung der Konferenzdauer von der Einschätzung der Staatenvertreter auf der Konferenzdauer von der Einschätzung der Staatenvertreter auf der Konferenz abhängig machen (Bjeloruss. SSR, a. a. O., P. 3, para. 9); Zwecks Vermeidung finanzieller Kosten sollten die Sitzungen kurz sein (für die Entwicklungsländer besonders nützlich, Kuba, A/36/553, P. 19, para. 3); Die Konferenzdauer von der Bedeutung der bestehenden Materie abhängig machen, jedoch nicht länger als sechs Wochen (BRD, ebda., P. 24, para. 1-3); Bevollmächtigten-Konferenzen nicht ohne Pausen durchführen (Mexiko, a. a. O., P. 35, para. 21); Begrenzung der Konferenzdauer durch Beschluss der UN-Vollversammlung (Ukrain. SSR. ebda., P. 40, para. 12).

Die Konferenzdauer wurde im 6. Komitee sehr knapp behandelt. Piris (Frankreich) meinte, dass Abschlussverhandlungen und Annahme multilateraler Verträge Bevollmächtigten-Konferenzen übertragen werden sollten (A/C.6/36/SR. 54, P. 18, para. 78). Karew (UdSSR) vertrat die Meinung, dass bei Einberufung einer Bevollmächtigten-Konferenz die Vollversammlung Festlegungen über die Konferenzdauer treffen kann. Die Verfahrensregeln jedoch sollten von den Bevollmächtigten selbst bestimmt werden (ebda., P. 20, para. 87). Der rumänische Vertreter im 6. Komitee, Mazilu, unterbreitete den Vorschlag, die Zahl der Anhänge zu den Abschlussdokumenten von Konferenzen zu beschränken (ebda., P. 16, para. 63).

2.7 Gegen die Bildung eines internationalen legislativen Entwurfsbüros wandten sich in ihren Stellungnahmen die Ukrain. SSR. (A/36/553/Add. 1, P. 3, para. 13).

2.8 Die Notwendigkeit, Nützlichkeit und Veröffentlichung der Berichte und Kommentare (Summary records) wurde in mehreren Stellungnahmen hervorgehoben (Argentinien, Brasilien, Mali; alle A/36/553, P. 11, para. 1, P. 15, para 14, P. 31, para. 19. Ferner Niederlande, A/36/553/Add. 1, P. 10, para. 34). Die BRD wies auf die Abhängigkeit der Berichte und Kommentare von der zu behandelnden Materie hin (A/36/553, P. 25). In den Regierungsstellungnahme der Ukrain. SSR (ebda., P. 40, para. 14) und der Bjeloruss. SSR (A/36/553/Add. 1, P. 3, para. 15) wurde die Auffassung vertreten, dass die Regulierung von Summary records durch einheitliche Normen nicht nötig sei. Sie plädierten für Entscheidungen über die Anfertigung von Berichten und Kommentaren von Fall zu Fall.

Bezüglich der „travaux préparatoires“ wurde in der niederländischen Regierungserklärung empfohlen, sie zu publizieren (A/36/553/Add. 1, P. 10, para. 35). Brasilien hingegen wollte die Veröffentlichung auf selektiver Basis erfolgen sehen, also sie nicht auf alle multilateralen Verträge beziehen (A/36/553, P. 15, para. 15). Im 6. Komitee wurde die Bedeutung der „travaux préparatoires“ für die spätere sachgemäße Auslegung der Verträge unterstrichen (Mazilu, A/C.6/SR. 54, P. 16, para. 60; Danelius, ebda., P. 15, para. 54). Letzterer schlug vor, die „travaux préparatoires“ auf jeden Artikel zu beziehen.

2.9 Das Verfahren nach der Konferenzbeendigung und nach der Annahme von Dokumenten ist gleichermaßen politisch wie völkerrechts-theoretisch von Bedeutung.

Deshalb verwundert es, dass die Staaten diesbezüglich sehr zurückhaltend waren. Nur in zwei Regierungsstellungnahmen wurde darauf eingegangen und eigentlich klargestellt, dass jeder souveräne Staat das Recht hat, darüber zu entscheiden, wie das Ratifikationsverfahren für völkerrechtliche Verträge oder die Übernahme von Verpflichtungen zu erfolgen haben. Niemand hat das Recht, sich in diese souveränen Rechte eines Staates einzumischen oder etwa ihn zwingen, multilateralen Verträgen beizutreten (Bjeloruss. SSR, a. a. O., P. 3, para. 16; Ukrain. SSR, P. 40, para. 15). Etwa in diesem Sinne äußerte sich auch Karev (UdSSR) im 6. Komitee. Er wandte sich gegen jedweden Versuch, sich in die inneren Angelegenheiten der Staaten einzumischen. Vorschläge über das automatische Inkrafttreten von Verträgen bezeichnete er als völlig unakzeptabel /A/C.6/36/SR. 54, P. 20, para. 89). Erwarteterweise wandte sich auch Piris (Frankreich) gegen derartige Einmischungsversuche (ebda., P. 19, para. 78).

3.1 Die Festlegung der Position zum Tagesordnungspunkt „Überprüfung der Methoden zur Erarbeitung multilateraler Verträge (folgend: TMP) sollte erstens von der großen Bedeutung derartiger Verträge für die Gewährleistung des Weltfriedens der internationalen Sicherheit sowie für die Vertiefung der friedlichen internationalen Zusammenarbeit ausgehen. Zweitens sollte der strikten Einhaltung der vertraglich übernommenen Verpflichtungen zwecks Erzielung eines Zustandes der Stabilität in den internationalen Vertragsbeziehungen besondere Aufmerksamkeit geschenkt werden. Drittens empfiehlt es sich, auf die Notwendigkeit des Abschlusses weiterer Verträge hinzuweisen, um das Wettrüsten einzustellen und allmählich Maßnahmen auf dem Gebiet der Reduzierung und Begrenzung von Rüstungen einzuleiten. Diese Fragen berücksichtigend, wäre es unter Umständen möglich, in Übereinstimmung mit Artikel 13 der UN-Charta sich mit der Verbesserung der Techniken und Verfahren zur Erarbeitung multilateraler Verträge zu befassen.

Die Beschäftigung mit Verfahrensfragen darf jedoch zum einen keinesfalls von der Lösung politisch viel wichtiger Probleme ablenken und zum anderen sich nicht derart verselbständigen und einen Stellenwert erlangen, der als unangemessen erscheinen könnte. Schließlich sollten die bereits in der Vergangenheit herausgebildeten nützlichen Methoden nicht außer acht gelassen werden.

Des Weiteren sollte hingewiesen werden auf die zwischen den einzelnen Verträgen bestehenden Unterschiede hinsichtlich des Gegenstandes, des Inhalts, der Zielstellung und der Partner, auf die unterschiedlichen Interessen der an der

Vertragsausarbeitung beteiligten Staaten und nicht zuletzt auf die unterschiedlichen Rechtssysteme. Diese Unterschiede lassen die Ausarbeitung einheitlicher, standardisierter, universeller und allgemeingültiger Techniken und Verfahren oder die Standardisierung der bereits bestehenden Methoden weder als möglich, noch als nützlich erscheinen. Es ist in den internationalen Beziehungen vielmehr so, dass neue Probleme neue Regelungen verlangen, die eben der Problemlösung zweckdienlich sind.

Auch sollte beachtet werden, dass die Ausarbeitung neuer Verfahren die Schaffung zusätzlicher Institution voraussetzen und mit relativ großem materiellen und personellen Belastungen verbunden sein würde, die unter den gegenwärtigen Bedingungen nicht gerade als zweckmäßig und akzeptabel erscheinen kann.

Schließlich sollten allerdings die Ablehnungen des TMP unsererseits nicht dazu führen, dass hier und da notwendig gewordene Verbesserungen bei der Erarbeitung multilaterale Verträge völlig ignoriert werden. Hierdurch könnte sich die Gefahr unserer Isolierung im Rahmen der UNO erhöhen, zumal wichtige Entwicklungsländer (z. B. Mexiko) sich mit großem Engagement für den TMP einsetzen. Es empfiehlt sich für uns, in diesem Fall den Weg der „Goldenen Mitte" zu wählen. Das würde dann bedeutet, dass wir zwar einerseits ein großangelegtes Projekt TMP ablehnen, anderseits jedoch die Notwendigkeit bestimmter Verbesserungen einsehen. Hierdurch könnte unsere Position an Flexibilität gewinnen. Zugleich würden wir uns den Weg für vielleicht in der Zukunft nicht zu umgehende leichte Modifizierung unserer Position nicht versperren.

3.2 Die bereits im Positionspapier vom 9.6.81 entwickelte Position zu einem „Handbuch über Vertragsentwürfe" kann im Prinzip beibehalten werden. Der Zusammenstellung eines Solchen Handbuchs, das mit einem standardisierten „Handbuch der Schlussklauseln" nicht identisch sein wird, könnten die bisherigen Erfahrungen aus der Vertragspraxis der Staaten zugrunde gelegt werden. Ein derartiges Handbuch wäre vom großen Nutzen vor allem für die Entwicklungsländer, die größtenteils über die notwendigen Erfahrungen und Experten nicht verfügen. Das „Handbuch über die Vertragsentwürfe" würde nützlich einen unverbindlichen Charakter besitzen. Es sollte aber keinesfalls der Versuch unternommen werden, darüber hinaus zu gehen und etwas standardisierte Methoden mit verbindlichem Charakter auszuarbeiten.

3.3 Die Erarbeitung multilateraler Verträge ist bei den meisten Entwicklungsländern in der Tat mit großen Problemen personeller und finanzieller Art verbunden. Derartige Probleme können mitunter dazu führen, dass sich die Entwicklungsländer nicht umfassend und effektiv an dem internationalen Prozess der Vertragserarbeitung beteiligen.

Diese Probleme und speziell die Kosten könnten teilweise dadurch reduziert werden, dass der Vorbereitungsphase der Vertragserarbeitung größere Aufmerksamkeit geschenkt wird. So wäre es durchaus möglich, vor Inangriffnahme der Vertragserarbeitung die Notwendigkeit des betreffenden Vertrags zunächst genau zu prüfen. Diesbezüglich erscheint es empfehlenswert, sich im 6. Komitee im Interesse der Entwicklungsländer zu äußern.

3.4 Es steht außer Zweifel, dass nur der UN-Generalversammlung die Gesamtkoordinierung des internationalen Vertragsabschließungsprozesses übertragen werden kann. Speziell könnte die Rolle des 6. Komitees bei der Erarbeitung und Annahme multilateraler Verträge weiter gestärkt werden, weil er zum einen über umfangreiche Erfahrungen auf dem Gebiet der Rechtsschöpfung verfügt und zum anderen aus Staatenvertretern besteht. Die Ausarbeitung und Annahme von Verträgen zu politisch besonders wichtigen Fragen wie z. B. zu der Abrüstung sollte aber nicht im 6. Komitee, sondern im Rahmen geeigneter Diplomaten-Konferenzen erfolgen. Das UN-Sekretariat könnte durchaus vor der Vertragsausarbeitung juristisches und Faktenmaterial über die zu regelnde Materie sammeln und das mögliche Interesse der Staaten an der Materie erkunden, um den Vertragsabschließungsprozess zu beschleunigen. Es wäre dabei zweckmäßig, die Ausarbeitung der ersten Vertragsentwürfe geeigneten Experten zu übertragen.

3.5 Die ILC hat bei der Erarbeitung von Artikelentwürfen für künftige Konventionen große Verdienste aufzuweisen. Von besonderem Wert waren dabei die Artikelentwürfe und die Berichte der Spezialberichterstatter. Ohne irgendwelche Strukturveränderungen in der ILC vornehmen zu müssen, wäre die Erhöhung ihrer Arbeitseffektivität durch die weitere Verbesserung ihrer Arbeitsweise wünschenswert und möglich. Dies könnte durch die Reduzierung der Tagesordnungspunkte und durch die gezielte Konzeption auf bestimmte Projekte erreicht werden. Ferner könnte die ILC komplette Berichte vorlegen, um den Staat die dazu erforderlichen Stellungnahmen zu erleichtern. Die ILC sollte außerdem die ihr von der UN-Vollversammlung gegebenen Instruktionen befolgen, zumal letztere die geeignete Themenwahl trifft und danach der ILC die Themen übergibt.

3.6 Bevollmächtigten-Konferenzen sollten zu umfassenden und komplexen Problemen nach entsprechender Vorbereitung durch Experten einberufen werden. Die UN-Vollversammlung sollte die genaue Aufgabe, die Dauer und die Daten der Konferenz festlegen. Die Entscheidung über die geeignete Verfahrensweise würde dann den Staatenvertretern auf der Konferenz obliegen.

Anmerkungen

1. Vgl. H. Freydank et alt., Der Alte Orient in Stichworten, Leipzig 1978, S.132, 171.
2. Vgl. insbesondere H. Leppin, *Die Gesetzgebung Iustinians – der Kaiser und sein Recht,* in: K-J. Hölkeskamp, E. Stein-Hölkeskamp (Hrsg.), *Erinnerungsorte der Antike. Die römische Welt,* München 2006.
3. Zu grundsätzlichen Fragen der Kodifizierung vgl. insbesondere: D Murphy, Codification, Progressive Development, or Scholarly Analysis? The Art of Packaging the ILC's Work Product', in: M. Ragazzi (Ed.), *Responsibility of International Organizations: Essays in Memory of Ian Brownlie* ,Nijhoff 2013; Remacha, J., R., Derecho internacional codificado: Derecho de gentes: recopilación sistemática de textos y tratados, Pamplona, 1984.Vgl. ferner L. R. Helfer and Timothy Meyer, The Evolution of Codification: A Principal-Agent Theory of the International Law Commission's Influence', in: Curtis A. Bradley (Ed.), *Custom's Future: International Law in a Changing World,* Cambridge University 2016. Die Autoren unterstreichen mit Nachdruck den dynamischen Charakter der Kodifikation an sich.
4. Vgl. E. I. Skakunow, Besonderheiten der Kodifikation der Grundprinzipien des Völkerrechts, in: SGiP, 1982, Nr. 6, S. 121ff. (russisch).
5. Vgl. G. Moca, Dreptul International, Bucuresti 1983, p.62.
6. Vgl. F. Vallat, The Work of the International Law Commission-The Law of Treaties, in: Netherlands International Law Review, Vol. XXII, Iss.3, 1975, p.325.
7. Vgl. E. A. Nesterenko, Zur Frage der Kodifizierung und progressiven Entwicklung des Völkerrechts auf dem Gebiet des Umweltschutzes, in: SJMP 1983, Moskau 1984, S. 100ff. (russisch).
8. Vgl. I. Closca, Dictionar de drept international, Bucuresti 1982, pp. 56ss.
9. Vgl. M. Limpert, Verfahren und Völkerrecht-Völkerrechtliche Probleme des Verfahrens von Kodifikationskonferenzen der Vereinten Nationen, Berlin 1985, S. 28 etc. Vgl. ferner W.K. Geck, Völkerrechtliche Verträge und Kodifikation, in: ZaöRv, 1976, S.96 ff.
10. So z.B. M. Limpert, ibid, S.28. Vgl. ferner Vallat, ibid, p.325 . meint, dass eine „scharfe Trennung" in der Staatenpraxis nicht möglich sei. Vgl ähnlich weitere Juristen: R.Y. Jennings, The Progressive Development of Internationl Law and its Codification, in: The British Yearbook of International Law,1947. pp.302/303; H. Lauterpacht, Codification and Development of International Law, in: AJIL, 1955, pp. 29ss.; R. Ago, La codification du

droit international et les problems de sa realisation, in: Recueil d Etudes de droit international, 1968, pp. 94ss.).

11. Vgl. Visscher, Theories et realites en droit international, Paris 1970. p. 175. Vgl ähnlich auch Y. Daudet, Techniques de Codification, in: L elaboration du droit international public, Paris 1975, p.163 („Les effets de la action de codification et de developpement du droit international sont variables").

12. So z. B. H. Thierry / J. Combacau, Droit International Public, Paris 1975, p.155.

13. Vgl. S. Dreyfus, Droit des Relations internationales, Paris 1978, p. 96.

3.Grundzüge des Völkervertragsrechts (Wiener Konvention über das Recht der Verträge von 1969, Überblick)

3.0 Einleitung

Das Völkerrecht hat als Grundlage drei Konventionen: Wiener Konvention über das Recht der Verträge von 23. Mai 1969; Wiener Konvention über das Recht der Verträge zwischen Staaten und internationalen Organisationen oder zwischen internationalen Organisationen vom 21. März 1986 (vgl. Panos, Terz, Vertragsrecht internationaler Organisationen, Entstehung der Konvention von 1986, Riga 2019); Wiener Konvention über die Staatennachfolge im Verträge vom 23. August 1978. Alle drei Vertragswerke stellen multilaterale Verträge universellen Charakters dar, alle drei haben zur Kodifizierung und progressiven Entwicklung des Völkerrechts beitragen.

* Der vorliegende Abschnitt stützt sich im Wesentlichen auf das vom Autor verfasste Kapitel 4 im Grundriss Völkerecht, hrsg. von E. Oeser und W. Poeggel, Berlin 1988).

3.1 Abschluss und Inkrafttreten völkerrechtlicher Verträge

3.1.1 Vollmacht

Aus praktischen Erwägungen werden Verhandlungen über den Abschluss von Verträgen selten von jenen Repräsentanten des Staates geführt, die nach der Verfassung befugt sind, ihn völkerrechtlich zu vertreten. Die Regierungen beauftragen vielmehr Bevollmächtigte mit der Verhandlungsführung, die sich jedoch offiziell ausweisen müssen. Dazu bedarf es der Vollmacht gemäß Artikel 2 Absatz 1 Buchstabe c) der WVK 1.

Die Vollmachten werden auf der Grundlage des innerstaatlichen Rechts von den dafür zuständigen Staatsorganen ausgestellt. Die Ermächtigung kann auch durch die Geschäftsordnung einer internationalen Konferenz, die einen Vertrag aushandelt und annehmen soll, im Voraus bestimmt werden. Gemäß Artikel 7 der WVK 1 werden Staatsoberhäupter, Regierungschefs und Außenminister für alle Handlungen hinsichtlich des Vertragsabschlusses als Repräsentanten des Staates betrachtet. Dasselbe gilt auch für die Leiter diplomatischer Missionen im Zusammenhang mit der Annahme eines Vertragstextes, der zwischen dem akkreditierenden Staat und dem jeweiligen Aufenthaltsstaat vereinbart wird, und schließlich auch für diejenigen Vertreter, die von ihren Regierungen bei einer internationalen Konferenz oder einer ihrer Organe akkreditiert werden, um dort einen bestimmten Vertragstext anzunehmen.

Nach der WVK2 (Art. 7) wird eine Person als Vertreter einer Organisation betrachtet, wenn sie eine gehörige Ermächtigung vorweist oder dies aus der Praxis der zuständigen Organe der Organisation oder aus anderen Umständen hervorgeht. In diesem Fall ist nicht erforderlich, eine besondere Ermächtigung vorzuweisen. In den Vollmachten sind in der Regel aufgeführt: Vor- und Zuname des Bevollmächtigten und meistens auch seine Funktion bzw. sein Rang. Es werden ferner seine Kompetenzen umschrieben, ob die Vollmacht sich z. B. auf die Vertragsunterzeichnung erstreckt. Beim Abschluss bilateraler Verträge tauschen die Partner die Vollmachten aus. Beim Abschluss multilateraler Verträge universellen Charakters werden die Vollmachten vom Sekretariat der Vereinten Nationen oder von einem speziellen Beglaubigungsausschuss einer Staatenkonferenz überprüft. Oftmals wird die Gültigkeit der Vollmachten staatlicher Delegierter beim Abschluss bilateraler Verträge in der Präambel vermerkt.

Nach Artikel 8 der WVK 1 und der WVK 2 besitzen Handlungen hinsichtlich des Abschlusses eines Vertrages, die von Personen ohne Vollmacht vorgenommen werden, keinerlei völkerrechtliche Wirkung. Gleiches gilt für Personen, die nicht als Vertreter eines Staates angesehen werden. Es besteht aber die Möglichkeit, dass der betreffende Staat Handlungen solcher Personen nachträglich bestätigt, wodurch sie völkerrechtliche Wirksamkeit erlangen. Von den Vollmachten sind die Instruktionen oder Direktiven zu unterscheiden. Diese beziehen sich auf die Haltung Delegierter zu Sachfragen. Instruktionen sind interne Dokumente, deren Inhalt dem Verhandlungspartner nicht mitgeteilt wird.

Abb. Zustandekommen und Inkrafttreten eines bilateralen völkerrechtlichen Vertrages (gemäß der WVK 1 von 1969 und der WVK 2 von 1986)

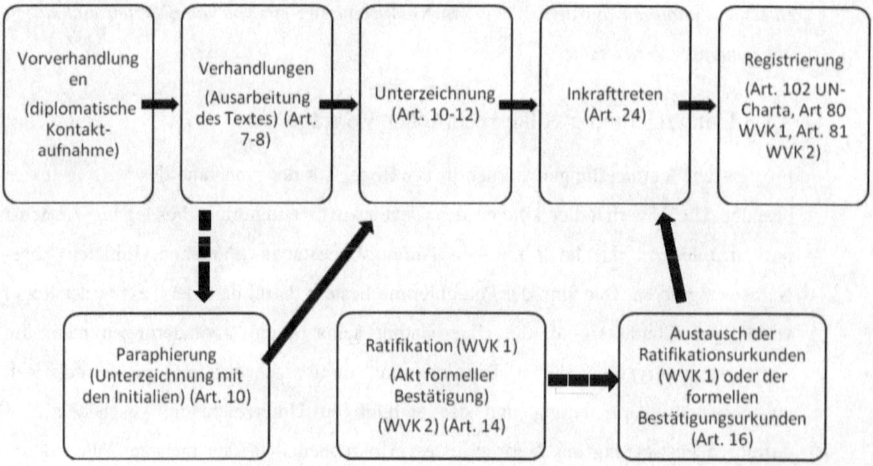

3.1.2 Vertragsverhandlungen

Vertragstexte werden im Allgemeinen in Verhandlungen ausgearbeitet und auf diplomatischem Wege vorbereitet. Eine völkerrechtliche Verhandlungspflicht (*pactum de negotiando*) ergibt sich nur aus speziellen Vereinbarungen der beteiligten Staaten. In Artikel VI des Vertrages über die Nichtweiterverbreitung von Kernwaffen vom 1. Juli 1968 ist eine solche Verhandlungspflicht enthalten. Liegt die Verpflichtung vor, einen Vertrag abzuschließen, so handelt es sich um ein *Pactum de contrahendo*.

Die Verhandlungen werden unter der Leitung oder der Mitwirkung der Ministerien für Auswärtige Angelegenheiten der Staaten geführt. Beim Abschluss wichtiger multilateraler Verträge übernimmt meistens der Initiator oder eine internationale Organisation die Vorbereitung und Organisierung der Vertragskonferenz. Bei den Verhandlungen sind auch Protokollbestimmungen zu berücksichtigen, die manchmal von politischen Faktoren beeinflusst werden. Als z. B. in Korea im Dorf Panmunjon am 27. Juli 1953 der Waffenstillstand vereinbart wurde, fanden die Gespräche in einer Baracke statt, die auf der Demarkationslinie (38. Breitengrad) aufgestellt wurde. Der Verhandlungstisch stand genau in der Mitte. An seiner nördlichen Seite saßen die Vertreter der KDVR und der VR China, an der südlichen Seite die Vertreter Südkoreas und der USA.

In der Beratung werden die Vorschläge und Vertragsentwürfe unter Berücksichtigung der gegenseitigen Interessen in Übereinstimmung gebracht. *So entsteht allmählich auf dem Wege von Kompromissen ein von allen Seiten einheitlich abgestimmter Vertragstext.*

3.1.3 Unterzeichnung völkerrechtlicher Verträge

Erfolgreiche Verhandlungen werden in der Regel mit der Annahme des Vertragstextes beendet. Die Unterhändler können den Text zwecks endgültiger Festlegung zunächst nur *paraphieren*, das heißt mit den Anfangsbuchstaben (Paraphen, Initialen) ihres Namens signieren. Der Sinn der Paraphierung besteht darin, dass der Text in der Regel vorläufigen Charakter hat, die Unterhändler selbst keine Veränderungen mehr am Vertragstext vornehmen dürfen. Dies kann nur von übergeordneten Organen in der Zeit zwischen der Paraphierung und der endgültigen Unterzeichnung geschehen. Die definitive Festsetzung des Vertragstextes erfolgt jedoch in den meisten Fällen durch *Unterzeichnung*. Mit der Unterzeichnung *kann* der Vertrag bereits in Kraft gesetzt werden (Art. 12 beider WVK), oder sie ist bei ratifizierungspflichtigen Verträgen Voraussetzung für die Eröffnung des Ratifikationsverfahrens. In den internationalen Beziehungen werden ratifizierungspflichtige Verträge auch ohne vorgenommene Ratifizierung eingehalten. Dies war z. B. bisher bei dem zwischen der ehemaligen UdSSR und den USA 1979 abgeschlossenen Abkommen über die Begrenzung der strategischen Offensivwaffen (SALT-II-Vertrag) der Fall. Obwohl die USA nicht bereit sind, diesen Vertrag zu ratifizieren, haben beide Seiten ihn faktisch eingehalten. Inzwischen sind zunächst die USA und danach auch Russland als Rechtsnachfolger der UdSSR aus dem Vertrag ausgetreten.

Die Unterzeichnung kann auch bedingt (ad referendum) sein, wenn sie noch von der Regierung bestätigt werden muss. Die Unterzeichnung ad referendum unterscheidet sich insofern von der Paraphierung, als sie bereits eine Zustimmung des Staates zur Bindung an den Vertrag zum Ausdruck bringt und den Staat zur vertragschließenden Seite macht. Bestätigt ein Staat die Unterzeichnung ad referendum, so bedeutet dies, dass die Unterzeichnung endgültig ist. Bei der Unterzeichnung bilateraler Verträge wird das Prinzip des Alternats angewandt, das heißt das Wechseln der Reihenfolge bei der Bezeichnung der Vertragspartner, bei den Unterschriften ihrer Bevollmächtigten, dem Siegel und der Sprache. Jeder Staat unterzeichnet in dem für ihn bestimmten Vertragsdokument an erster Stelle. Dabei wird als erste Stelle der Platz links unter dem

Text - bei Texten in arabischer Sprache ist es umgekehrt - oder bei Unterschriften untereinander die obere Zeile angesehen.

Bis zum Beginn des 19. Jahrhunderts, als noch bedeutend weniger Staaten existierten, wandte man das Alternat auch bei multilateralen Verträgen an. Gegenwärtig werden solche Verträge in der alphabetischen Reihenfolge der Staaten unterzeichnet. Als Grundlage dafür gilt das Alphabet der von den Staaten vereinbarten UN-Sprachen. Wird ein multilateraler Vertrag in mehreren Exemplaren ausgefertigt, so kann ein interessierter Staat entweder nur ein Exemplar oder aber alle existierenden Exemplare beim *Depositar* unterzeichnen.

Die Hauptfunktionen des Depositars bestehen gemäß Artikel 77 der WVK1 und Artikel 78 der WVK2 darin, die Originalschrift des Vertrages aufzubewahren, die notwendige Anzahl beglaubigter Abschriften des Vertrages anzufertigen und an die Vertragspartner zu übermitteln, Unterschriften entgegenzunehmen, Ratifikationsurkunden aufzubewahren, die Vertragspartner über den jeweiligen Stand der Unterzeichnungen, Ratifikationen, Beitritte, das Inkrafttreten des Vertrages usw. zu informieren sowie den Vertrag beim UNO-Sekretariat registrieren zu lassen. Depositar völkerrechtlicher Verträge kann gemäß Artikel 76 der WVK 1 und Artikel 77 der WVK2 eine internationale Organisation, in erster Linie die UNO, der höchste Verwaltungsbeamte einer Organisation oder ein Staat sein (z. B. die Schweiz für die Genfer Abkommen von 1949 und die Niederlande für die HLKO). Mehrere Staaten können diese Funktion ebenfalls ausüben (z.B. Russland, die USA und Großbritannien für den Vertrag über das Verbot der Kernwaffenversuche in der Atmosphäre, im kosmischen Raum und unter Wasser vom 5.8. 1963). Hervorzuheben ist, dass der Depositar Verpflichtet ist, bei der Ausübung seiner Funktionen, die einen internationalen Charakter tragen, *unparteiisch* zu handeln (Art. 76 Abs. 2 WVK 1 u. Art. 77 Abs. 2 WVK 2).

3.1.4 Vorbehalt und einseitige Erklärung

Die Staaten oder die internationalen Organisationen können bei der Unterzeichnung, Ratifikation und Annahme eines *multilateralen Vertrages*, bei der Zustimmung oder beim Beitritt (Art. 19 beider WVK) Vorbehalte erklären. Der Vorbehalt ist fördernd für die friedliche internationale Zusammenarbeit. Ausgehend von ihren eigenen Interessen stehen die Staaten häufig vor dem Problem: entweder gänzliches Fernbleiben oder Teilnahme an einem Vertrag, jedoch mit Vorbehalt hinsichtlich einzelner

Vertragsbestimmungen. Insofern erleichtert der Vorbehalt eine relativ große Beteiligung der Staaten an multilateralen Verträgen.

Bei einem bilateralen Vertrag sind Vorbehalte gegenstandslos, denn hier kämen sie einem neuen Vertragsangebot gleich. Sie sind nur bei multilateralen Verträgen üblich, vorausgesetzt, dass sie durch die Verträge nicht ausdrücklich ausgeschlossen oder nur zu bestimmten Artikeln erlaubt sind. *Sie müssen ferner mit dem Gegenstand und dem Zweck des Vertrages zu vereinbaren sein.* Nach Artikel 2 Absatz 1 Buchstabe d beider WVK bedeutet der Vorbehalt eine einseitige Erklärung, die unabhängig von ihrem Wortlaut oder ihrer Bezeichnung - von einem Staat (oder von einer internationalen Organisation) bei der Unterzeichnung, Ratifizierung, Annahme oder Zustimmung zu einem Vertrag oder bei dem Beitritt zum Vertrag abgegeben wird und durch die die Rechtswirksamkeit gewisser Bestimmungen des Vertrages in ihrer Anwendung auf den betreffenden Staat ausgeschlossen oder verändert werden soll. Die sich aus dem Vorbehalt ergebenden Rechtsfolgen werden ausführlich in Artikel 20 und 21 beider WVK geregelt. Demnach verändert ein Vorbehalt für den ihn erklärenden Staat oder die Organisation in ihren Beziehungen zu den anderen Partnern die Vertragsbestimmungen die von dem Vorbehalt erfasst werden und umgekehrt.

Bei einem Einspruch gegen einen Vorbehalt gilt, dass das Inkrafttreten des Vertrages zwischen Staaten oder Organisationen nur unter der Voraussetzung ausgeschlossen ist, dass der den Einspruch erhebende Staat oder die Organisation eine derartige Absicht unmissverständlich zum Ausdruck bringen (Art. 20 Abs. 4 Buchstabe b beider WVK). Aus der begrenzten Zahl der verhandelnden Staaten oder Organisationen oder aus Gegenstand und Zweck eines Vertrages kann hervorgehen, dass für die Wirksamkeit eines Vorbehalts die Zustimmung aller Vertragspartner erforderlich ist (Art. 20 Abs. 2 beider WVK).

Zu den Vorbehalten zählen nicht solche einseitigen Erklärungen, welche die Staaten anlässlich der Unterzeichnung politisch wichtiger Verträge abgeben. Sie beziehen sich nicht auf konkrete Bestimmungen der Verträge.

3.1.5 Annahme, Zustimmung und Beitritt zu multilateralen Verträgen

Außer der Unterzeichnung und der Ratifikation sind die Annahme, die Zustimmung und der Beitritt zu einem multilateralen Vertrag weitere Formen, in denen die Völkerrechtssubjekte ihren Willen zum Ausdruck bringen, sich an Verträge zu binden (Art. II beider WVK). Die *Annahme* ist eine vereinfachte Form der Bindung von

Völkerrechtssubjekten an Verträge, die durch die Übersendung der Annahmeurkunde erfolgt. Erst mit der Annahme des Vertrages erfolgt die Übernahme von Verpflichtungen.

Die *Zustimmung* ist eine weitere Möglichkeit für die Staaten und Organisationen, die Bindung an einen Vertrag zu erklären. Sie ist vor oder nach der Unterzeichnung eines Vertrages üblich. Im letzten Fall hat sie bei den Staaten die Bedeutung einer Ratifikation. Die Zustimmung ist ebenso wie die Annahme flexibel. Beide Formen gestatten es speziell den Staaten, sich unter Umgehung der mitunter zeitraubenden und komplizierten innerstaatlichen Ratifikations- und Beitrittsverfahren Verträgen anzuschließen. Ein Staat oder eine Organisation können sich schließlich durch *Beitritt* an einen völkerrechtlichen Vertrag binden. Er erfolgt durch Hinterlegung einer Beitrittsurkunde und ist vor und nach dem Inkrafttreten des Vertrages möglich.

Gemäß Artikel 5 der Konvention über die Staatsbürgerschaft der verheirateten Frau vom 20. Februar 1957 steht diese Konvention allen Staaten zum Beitritt offen. Der Beitritt ist üblich, wenn ein Staat nicht an der Aushandlung des Vertrages beteiligt war oder wenn die Beitrittsmöglichkeit erst nachträglich geschaffen wurde. In der Regel sind die allgemeinen multilateralen Verträge für den Beitritt offen. Gemäß Artikel 15 beider WVK wird die Zustimmung eines Staates oder einer Organisation zur Bindung an einen Vertrag durch Beitritt ausgedrückt, wenn dies unter anderem im Vertrag festgelegt oder in anderer Weise vorgesehen wurde. Da der Beitritt den definitiven Anschluss an einen Vertrag bedeutet, ist es ausgeschlossen, ihn unter Vorbehalt der Ratifikation zu erklären.

Gegen die Beitrittsmöglichkeit und damit gegen die gleichberechtigte Teilnahme aller Staaten an allgemeinen multilateralen Verträgen richten sich die in einigen Konventionen fixierten Sperrklauseln (Wiener Formel), die auf entsprechende Bestrebungen bestimmter Staaten zurückzuführen sind. Diese in universellen multilateralen Verträgen fixierten Sperrklauseln legen fest, dass nur diejenigen Staaten Vertragspartner werden können, die entweder Mitglied der UNO oder einer ihrer Spezialorganisationen bzw. Teilnehmer des Statuts des IGH sind, sowie die, die von der UN-Vollversammlung ausdrücklich zur Teilnahme an dem Vertag eingeladen werden. Die diskriminierende Wiener Sperrklausel ist in neueren multilateralen Konventionen universellen Charakters nicht mehr vorhanden. Sie ist durch die dem *Universalitätsprinzip* entsprechende Allstaaten-Klausel ersetzt worden (z. B. Gastlandkonvention von 1975 und Staatennachfolgekonvention von 1978).

3.1.6. Ratifikation völkerrechtlicher Verträge

Unter der *Ratifikation* eines völkerrechtlichen Vertrages versteht man die *feierliche und höchstoffizielle Bestätigung des Vertrages, die zugleich den Willen des betreffenden Staates zum Ausdruck bringt, an den Vertrag gebunden zu sein.* Die Ratifikation ist gemäß Artikel 14 der WVK 1 erforderlich, wenn sie von den Vertragsparteien vereinbart wurde (z. B. nach Art. 82 der WVK 1 u. Art. 83 der WVK 2 oder Art. 14 des Vertrages zwischen der UdSSR und der Bundesrepublik Deutschland vom 12. 8. 1970 - 79. Dok.). Die Ratifikation wird vor allem deshalb vereinbart» weil im Verfassungsrecht der betreffenden Staaten die Ratifikation vorgeschrieben wird, um insbesondere die völkerrechtlichen Verpflichtungen mit dem Landesrecht in Übereinstimmung zu bringen.

Eine Analyse des Vertragsinhalts nach seiner Unterzeichnung kann mitunter dazu führen, dass der Staat den Ratifikationsakt unterlässt. Das stellt zwar keine Völkerrechtsverletzung dar; eine unbegründete Ablehnung oder eine für die anderen Staaten unzumutbare Hinauszögerung: der Ratifikation beeinträchtigt jedoch erheblich die internationale Zusammenarbeit. Wird die Ratifikation seitens eines Staates verweigert, kann dies bei bilateralen Verträgen den Partnerstaat ebenfalls von der Ratifikation entbinden. In diesem Falle bleibt auch eine bereits erfolgte Ratifikation unberücksichtigt.

Ist die Ratifikation nicht vereinbart worden, kann nicht von einem stillschweigenden Ratifikationserfordernis ausgegangen werden, da dieses einige wichtige Rechtsfolgen nach sich zieht. So legt die Ratifikation z. B. fest, dass die Zustimmung eines Staates zur Bindung an den ratifizierten Vertrag auf höchster Ebene erfolgen muss. Auch wenn ein multilateraler Vertrag wegen des Fehlens der-erforderlichen Anzahl von Ratifikationen noch nicht in Kraft getreten ist, darf der Staat dem Gegenstand und dem Zweck des Vertrages nicht zuwiderhandeln.

Der vollzogene Ratifikationsakt wird in einer Ratifikationsurkunde festgelegt. Sie besteht aus drei Teilen. In der Einleitung werden das ratifizierende Organ, der zu ratifizierende Vertrag sowie Ort und Zeitpunkt seiner Unterzeichnung genannt. Das verfassungsmäßig zuständige Organ teilt mit, dass es den Vertrag geprüft hat. Im Hauptteil sind der Vertragstext und mögliche Vorbehalte, Anlagen und Zusatzvereinbarungen enthalten. Im Schlussteil erklärt das verfassungsmäßig zuständige Organ, dass es den Vertrag ratifiziert und ihn einhalten wird. Danach folgen

Unterschriften und Siegel. Nach der Ratifikation, die ein einseitiger Rechtsakt ist, erfolgt bei bilateralen Verträgen der Austausch der Ratifikationsurkunden. Hierdurch setzen sich die Partner gegenseitig von ihrer Bereitschaft und ihrem Willen in Kenntnis, dass sie den Vertrag als völkerrechtlich verbindlich betrachten. Über den Austausch der Ratifikationsurkunden wird ein Protokoll aufgenommen.

Gemäß Artikel 14 Absatz 2 der WVK 2 wird die Zustimmung einer Organisation zur Bindung an einen Vertrag durch einen *Akt formeller Bestätigung* ausgedrückt. Multilaterale Verträge der Staaten treten erst dann in Kraft, wenn die Ratifikationsurkunden beim Depositar hinterlegt wurden und darüber hinaus die in den betreffenden Verträgen festgelegte Anzahl von Ratifikationen erreicht ist. So legt z. B. Artikel X Absatz 3 des Vertrages über das Verbot der Stationierung von Kernwaffen und anderen Massenvernichtungswaffen auf dem Meeresgrund und Ozeanboden und in deren Unterrund vom 11. Februar 1971 fest, dass der Vertrag in Kraft tritt, „nachdem zweiundzwanzig Regierungen, einschließlich der zu Depositarregierungen dieses Vertrages bestimmten Regierunen, die Ratifikationsurkunden hinterlegt haben". Bei einigen Verträgen wird außerdem für das Inkrafttreten ein bestimmter Zeitablauf bekanntgegeben. So trat nach Artikel 84 Absatz 1 der WVK 1 diese erst am 30. Tage nach der Hinterlegung der 35. Ratifikations- oder Beitrittsurkunde um Januar 1980 in Kraft. Von der Ratifikation ist die Konfirmation zu unterschieden. Sie liegt dann vor, wenn ein Vertrag nicht vom Staatsoberhaupt, sondern von der Regierung bestätigt wird. Gemäß Artikel 14 Absatz 3 der WVK 2 bedürfen Verträge der Organisationen mit anderen Völkerrechtssubjekten nur der „formellen Bestätigung".

3.1.7 Inkrafttreten völkerrechtlicher Verträge

Der Zeitpunkt des Inkrafttretens eines völkerrechtlichen Vertrages ist von besonderer rechtlicher Relevanz, weil damit die Wirkung des Grundprinzips der Vertragstreue einsetzt. *Das Inkrafttreten eines Vertrages bedeutet, dass er für die Vertragspartner verbindlich geworden ist und sie berechtigt sind, sich bei Verletzung des Vertrages auf den Grundsatz der völkerrechtlichen Verantwortlichkeit zu berufen.*

Es sei darauf hingewiesen, dass Inkrafttreten und Wirksamwerden nicht identisch sind und nicht in jedem Fall zeitlich zusammenfallen. Ein Vertrag über gegenseitigen Beistand tritt z. B. in Kraft, aber das Wirksamwerden kann für einen später vorgesehenen Fall oder unter Umständen gar nicht erfolgen. Ein völkerrechtlicher Vertrag tritt nach dem von seinen Partnern vereinbarten Modus in Kraft. Vor dem

Inkrafttreten ist eine vorläufige Anwendung von Teilen eines Vertrages durchaus möglich (Art. 25 beider WVK). Völkerrechtliche Verträge können befristet oder unbefristet gelten. Verträge mit einer unbestimmten Geltungsdauer haben bestimmte Erfüllungsziele und enthalten auch keine Hinweise über ihre Beendigung. In Kraft getretene Verträge sollen gemäß Artikel 80 der WVK 1 und Artikel 81 der WVK 2 sowie Artikel 102 der UN-Charta beim Sekretariat der Vereinten Nationen registriert werden. Der Registrierung unterliegen ebenfalls die mit ihnen zusammenhängenden Dokumente, wie Ergänzungen, Abänderungen, Beitritte, Ratifikationen, Vorbehalte, Annullierungen usw. Als Registrierungstag gilt das Datum, an dem beim Sekretariat der Vereinten Nationen eine von einem Vertragspartner beglaubigte Kopie des Vertrages eingetroffen ist. Die Vertragsregistrierung ist in Artikel 102 der Charta der Vereinten Nationen grundsätzlich geregelt. Staaten, die einen Vertrag nicht registriert haben, können sich nicht vor den Organen der Vereinten Nationen auf ihn berufen. Die Registrierung der Verträge richtet sich eindeutig gegen Geheimverträge, die in den Vertragsbeziehungen zwischen einigen Staaten noch hin und wieder existieren. Eine solche anachronistische Vertragspraxis ist z. B. in den Vertragsbeziehungen zwischen Israel und der Republik Südafrika (z. B. Geheimverträge über militärische Zusammenarbeit) festzustellen.

Nach der Registrierung veröffentlicht das Sekretariat der UNO in kürzester Zeit die Verträge im Originaltext sowie in englischer und französischer Übersetzung in den von der UNO herausgegebenen „Treaty Series".

3.2 Transformation völkerrechtlicher Verträge in das Landesrecht

Nach dem Inkrafttreten eines multilateralen Vertrages entsteht das Problem seiner Verbindlichkeit innerhalb eines Partnerstaates und speziell im Rahmen seiner innerstaatlichen Gesetzgebung. Ein Teil der Völkerrechtwissenschaft geht bei der Behandlung dieser Problematik von der grundsätzlichen Einheit von Innen- und Außenpolitik sowie von der Identität des Staates als Subjekt völkerrechtlicher Rechte und Pflichten und Träger der innerstaatlichen Gesetzgebungskompetenz aus. Zwischen den Aktivitäten des Staates im Bereich des völkerrechtlichen Rechtsschöpfungsprozesses und jenen im Rahmen der innerstaatlichen Rechtsetzung besteht ein enger Zusammenhang. Obgleich beide Wirkungssphären der Staatsgewalt voneinander zu unterscheiden sind, stellen sie jedoch Ausübungsformen ein und derselben staatlichen Souveränität dar, zwischen denen kein Subordinationsverhältnis besteht. Daraus folgt, dass die Staaten bei der Übernahme völkerrechtlicher Verpflichtungen und bei deren Realisierung auf Übereinstimmung mit ihrem innerstaatlichen Recht zu achten haben. Völkerrechtliche Normen, die solche Verpflichtungen enthalten, wirken jedoch nicht automatisch im Landesrecht. *Sie müssen erst durch einen entsprechenden Akt in das Landesrecht umgesetzt werden.* Eine Völkerrechtsnorm ist ebenso wie die innerstaatliche Rechtsnorm verbindliches, dem Staat zurechenbares Recht. Völkerrecht und Landesrecht sind gleichwertig, aber nicht gleichartig und nicht durch „horizontale Beziehungslinien" miteinander verbunden

Die Transformation ist eine Methode der Umsetzung des Völkerrechts in das Landesrecht. Ihr liegt die Umformung völkerrechtlicher Rechte und Pflichten vermittels eines innerstaatlichen Rechtsaktes zugrunde. Die durch die Transformation entstandene innerstaatliche Rechtsnorm hat im Vergleich zu der ihrem Inhalt entsprechenden Völkerrechtsnorm einen geänderten, einen neuen Charakter. Ihre Adressaten sind nur die innerstaatlichen Rechtssubjekte. Zugleich erfolgt ein Wechsel des Geltungsgrundes der Rechtsnormen. Ein Staat verletzt seine völkerrechtlichen Verpflichtungen gegenüber seinen Partnern, wenn er es unterlässt, die für die Erfüllung eines Vertrages erforderlichen innerstaatlichen Rechtsnormen zu schaffen. Nach Artikel 27 der WVK 1 ist es auch nicht zulässig, dass sich Staaten auf Bestimmungen ihres innerstaatlichen Rechts berufen, um die Nichterfüllung vertraglich übernommener Verpflichtungen gegenüber anderen Staaten zu rechtfertigen. Die Partnerorganisation eines Vertrages darf sich gemäß Artikel 27 der WVK 2 ebenfalls nicht als Rechtfertigung für die Nichteinhaltung des Vertrages auf ihre Regeln berufen.

Entsteht ein Widerspruch zwischen völkerrechtlichen und innerstaatlichen Normen, so hat der betreffende Staat seine innerstaatliche Gesetzgebung und Rechtsordnung mit seinen völkerrechtlichen Verpflichtungen in Übereinstimmung zu bringen.

Da Völkerrecht und Landesrecht zwei unterschiedliche Rechtskreise bilden, ergibt sich, dass eine völkerrechtliche Verpflichtung, die im innerstaatlichen Recht Geltung erlangen soll, der Transformation bedarf. Dafür haben die Staaten bisher hauptsächlich zwei Formen entwickelt: die *generelle* und die *spezielle* Transformation. Zusammenfassend soll ein Schema das Zustandekommen eines Vertrages bis zu seinem Inkrafttreten veranschaulichen.

3.3 Anwendung und Auslegung völkerrechtlicher Verträge

3.3.1 Anwendung völkerrechtliche Verträge

Bei der Anwendung völkerrechtlicher Verträge gilt der Grundsatz, dass sie keine rückwirkende Kraft besitzen, es sei denn, aus ihnen geht Gegenteiliges hervor. *Verträge werden somit grundsätzlich auf Situationen, Tatsachen und Handlungen angewandt, die nach dem Inkrafttreten eintreten bzw. vorgenommen* werden (Art. 28 beider WVK). Eine Ausnahme davon bilden jene Verträge der Altstaaten, die im Wege der Staatennachfolge in Verträgen vom Neustaat übernommen werden.

Bei der Anwendung aufeinanderfolgenden Verträge wird bei einer Kollision der völkerrechtlichen Verpflichtungen von Artikel 103 der UN-Charta ausgegangen, der die Priorität der Verpflichtungen aus der UN-Charta gegenüber allen anderen vertraglichen Verpflichtungen fixiert. Schließen dieselben Partner einen Vertrag über denselben Gegenstand ab, so kommt der Grundsatz lex posterior derogat legi priori (das spätere Gesetz geht dem früheren vor) zur Anwendung. Wenn eine Vertragspartei gegenüber einen anderen Vertragspartei Verpflichtungen eingeht, die den eigenen Verpflichtungen gegenüber einer dritten Vertragspartei widersprechen, hat sie ihre Verpflichtungen gegenüber beiden Partnern zu erfüllen (vgl. Art. 30 beider WVK).

3.3.2 Auslegung völkerrechtlicher Verträge

Bei der Auslegung geht es darum, festzustellen, worüber sich die Partner zum Zeitpunkt des Vertragsabschlusses geeinigt haben. Ferner gilt es, den wahren Sinn und Inhalt des Vertrages zu klären und zu erläutern. Berechtigt zur Auslegung eines Vertrages sind vor allem die Partner selbst. Auch andere Institutionen, wie z. B. der IGH oder ein Schiedsgericht, können von den Staaten mit der Vertragsauslegung beauftragt werden. Der wichtigste Grundsatz der Auslegung ist, dass sie in Übereinstimmung mit den Grundprinzipien des Völkerrechts zu erfolgen hat.

Die Ergebnisse der Auslegung dürfen z. B. den Grundprinzipien der souveränen Gleichheit der Staaten und des Verbots der Einmischung in die inneren Angelegenheiten der anderen Vertragspartner nicht widersprechen. Die Auslegung muss ferner nach Treu und Glauben entsprechend der üblichen Bedeutung des Vertragswortlautes in seinem Zusammenhang und hinsichtlich seines Gegenstandes und Zwecks vorgenommen werden (vgl. Art. 31 beider WVK).

Die Auslegung bezieht sich auf den gesamten Text des Vertrages sowie auf die Anlagen zum Vertrag, wobei die Präambel für die Interpretation heranzuziehen ist. Nach Artikel 32 beider WVK kann auf „zusätzliche Mittel der Auslegung" zurückgegriffen werden, wie Vertragsentwürfe, Sitzungsprotokolle, Erklärungen usw. (die Travaux préparatoires). Darüber hinaus können auch die Umstände des Vertragsabschlusses berücksichtigt werden.

Es gibt unterschiedliche Arten der Auslegung: Erstens die *authentische Auslegung*, die zwischen den Vertragspartnern vereinbart wird. Sie bedeutet, dass die Vertragspartner gemeinsam den Vertrag auslegen. Das Ergebnis einer solchen Auslegung ist für die betreffenden Vertragspartner verbindlich. Zweitens die *Interpretationserklärungen*. Hierbei handelt es sich um die Auslegung in einseitigen Deklarationen und Erklärungen, die dem Vertrag beigefügt werden. Sie besitzen für die anderen Vertragspartner keine Verbindlichkeit. Drittens die *innerstaatliche Auslegung*, die von einem Vertragspartner vorgenommen wird. Sie ist für die anderen Partner ebenfalls nicht verbindlich. Das betrifft z. B. das bereits erwähnte Urteil des Bundesverfassungsgerichts vom 31. Juli 1973, das den Vertrag über die Grundlagen der Beziehungen zwischen der DDR und der Bundesrepublik Deutschland nicht unbedingt korrekt ausgelegt hat. Viertens ist die *internationale Auslegung* zu nennen, die von einem internationalen Organ vorgenommen wird. Sie kann für die Vertragspartner verbindlich sein. Verträge können auch vom IGH (Art. 36 Abs. 2a IGH-Statut) oder von einem Schiedsgericht ausgelegt werden, wenn die Partnerstaaten es vereinbaren.

Ferner sind verschiedene *Auslegungsmethoden* zu unterscheiden: Erstens die *Wort-(Verbal-)Interpretation* (Art. 31 beider WVK). Bei ihr geht es um die Feststellung des Sinns der einzelnen Wörter in ihrer natürlichen und üblichen Bedeutung im Satzgefüge. Kein Wort darf restriktiv oder extensiv ausgelegt werden. Zweitens die *historische Interpretation*. Bei ihr werden die Entstehungsgeschichte des Vertrages sowie politische, ökonomische und andere Umstände berücksichtigt, die beim Vertragsabschluss wichtig waren. Drittens die *logisch-systematische (teleologische) Interpretation*. Nach ihr sind die Worte in ihrem Zusammenhang im Satz, im Abschnitt sowie im gesamten Vertrag zu lesen und zu deuten.

3.4 Völkerrechtliche Verträge und Drittstaaten

Als Drittstaat oder als dritte Organisation werden jener Staat oder jene Organisation betrachtet, die nicht Partner eines konkreten völkerrechtlichen Vertrages sind. Treten sie dem Vertrag bei, so sind sie kein Dritter mehr. *Auch im Völkerrecht gilt die allgemeine Regel, dass ein Vertrag für einen Dritten ohne dessen Einverständnis weder Pflichten noch Rechte schafft.*

Diese Regel ergibt sich aus dem Grundprinzip der souveränen Gleichheit der Staaten und aus dem Vereinbarungscharakter des Völkerrechts selbst. Sie lässt sich ferner aus dem völkerrechtlichen Vertrag ableiten, der auf der Freiwilligkeit und der Gleichberechtigung der Vertragspartner basiert. Sonst wäre es jedem stärkeren Staat möglich, schwachen Staaten seinen Willen aufzuzwingen, was dem Vereinbarungs- oder Koordinierungscharakter des Völkerrechts zutiefst widersprechen würde. Diese Regel weist auch noch einen weiteren Aspekt auf: Ein völkerrechtlicher Vertrag darf sich nicht mit Rechten eines Dritten befassen. Verletzt ein Vertrag dazu noch die Rechte Dritter, dann ist er ungültig. Hierbei handelt es sich um die Vorschrift, dass Verträge zu Lasten Dritter verboten sind. *Gemäß Artikel 35 beider WVK kann eine Pflicht für einen dritten Staat oder eine dritte Organisation aus einer Vertragsbestimmung nur dann entstehen, wenn sie diese ausdrücklich in schriftlicher Form akzeptiert haben.* Nach Artikel 35 der WVK2 hat die Zustimmung einer dritten Organisation ihren „Regeln", das heißt dem Gründungsakt, den einschlägigen Beschlüssen, den Resolutionen und der eingebürgerten Praxis der Organisation zu entsprechen.

Bei völkerrechtlichen Festlegungen gegenüber einem Aggressorstaat kommt die Regelung über den Drittstaat nicht zur Anwendung, da ihm wegen internationaler Verbrechen Sanktionen auferlegt weiden (Art. 75 der WVK 1 u. 76 der WVK 2). So wurde z. B. gegenüber den faschistischen Mächten des zweiten Weltkrieges verfahren. Rechte für einen Staat (*Verträge zugunsten Dritter*) entstehen ebenfalls nur mit seiner Zustimmung (Art. 36 der WVK 1). Sein Einverständnis wird jedoch vorausgesetzt, solange er nicht das Gegenteil angezeigt hat. Es kann auch nachträglich erteilt werden. In der Praxis handelt es sich nicht so sehr um Verträge als Ganzes, sondern um einzelne Vertragsbestimmungen.

3.5 Ergänzung und Abänderung völkerrechtlicher Verträge

Veränderungen in den völkerrechtlichen Beziehungen wirken sich oft auf bereits abgeschlossene Verträge derart aus, dass sich Ergänzungen oder Abänderungen als unumgänglich erweisen. Zu diesem Zweck enthalten die meisten multilateralen Verträge Ergänzungs- und Revisionsklauseln.

Genannt seien z. B. die Artikel 108 und 109 der UN-Charta, nach denen Änderungen der Charta eintreten, wenn sie von zwei Drittel der Mitglieder der Generalversammlung angenommen und von zwei Drittel der Mitglieder der Vereinten Nationen ratifiziert werden, unter denen sich die fünf ständigen Mitglieder des Sicherheitsrates befinden müssen. Gemäß Artikel 109 ist auch eine allgemeine Konferenz der Mitglieder zur Revision der Charta möglich. Revisions- und Ergänzungsbestimmungen sind ferner in internationalen Konventionen zu finden, wie z. B. in Artikel XII des Antarktis-Vertrags.

Für die Vertragsergänzungen und -revisionen gilt der Grundsatz, dass auf sie die für den Vertragsabschluss üblichen Regeln angewandt werden. Außerdem gilt, dass jeder Vertragspartner, der einen Ergänzungs- oder Abänderungsvorschlag unterbreitet, alle anderen Partner davon zu informieren hat, wenn hierdurch ihre Interessen berührt werden. Ihnen steht wiederum das Recht zu, sich an den folgenden Verhandlungen zu beteiligen (Art. 40 beider WVK). Darüber hinaus besteht die Möglichkeit, Vertragsergänzungen und -revisionen nur zwischen einigen Partnern zu vereinbaren und vorzunehmen. In einem solchen Fall sind die anderen Partner davon in Kenntnis zu setzen (Art. 41 beider WVK).

3.6 Ungültigkeit, Beendigung und Aussetzung der Wirksamkeit völkerrechtlicher Verträge

3.6.1 Ungültigkeit völkerrechtlicher Verträge

Die Ungültigkeit völkerrechtlicher Verträge liegt vor, wenn Handlungen in Bezug auf den Vertragsabschluss Mängel aufweisen und deshalb der von den Vertragspartnern angestrebte rechtliche Erfolg nicht gegeben ist. Um die Rechtssicherheit der internationalen Vertragsbeziehungen zu gewährleisten, haben daher beide WVK (Art. 46-53) die Ungültigkeit völkerrechtlicher Verträge eindeutig geregelt.

Der wichtigste Fall der Vertragsungültigkeit ist in Artikel 53 beider WVK enthalten. *Hiernach ist jeder Vertrag, der den zwingenden Nonnen des allgemeinen Völkerrechts* (ius cogens) *widerspricht, von Anfang an rechtsungültig* (ab initio, ex tunc).

In der Staatenpraxis erfolgt eine Berufung auf das Ius cogens nicht immer expressis verbis. Dem Wesen und der Zielstellung nach geht es jedoch um dieses. So erklärte z. B. die griechische Regierung im Februar 1984 das Luftverkehrsabkommen zwischen den USA und Griechenland für beendet, mit der Begründung, dass es einseitig und kolonialistisch sei. Entsteht eine neue Ius cogens-Norm, wird jeder bestehende Vertrag, der im Widerspruch zu dieser Norm steht, nichtig und erlischt (Art. 64 beider WVK). Dies ist ein Weg zur Lösung entstehender Konflikte. Ius cogens-Normen sind in erster Linie die sieben Grundprinzipien des Völkerrechts. Dazu gehören weitere Prinzipien, wie die Freiheit des Offenen Meeres, das Verbot des Völkermordes, das Verbot der Sklaverei und andere.

Artikel 46 der WVK 1 regelt die Ungültigkeit völkerrechtlicher Verträge wegen Verletzung innerstaatlichen Rechts als Ausnahme, wenn nämlich die Verletzung offenkundig war und außerdem eine Rechtsnorm des innerstaatlichen Rechts von grundlegender Bedeutung betraf. Das ist die einzige und ausdrücklich geregelte Ausnahme von dem Grundsatz, dass eine Befreiung von bereits eingegangenen Verpflichtungen unter Berufung auf innerstaatliche Rechtsvorschriften prinzipiell unzulässig ist (Art. 27 der WVK 1). Ebenfalls als Ausnahme ist der Fall geregelt, nach dem der Vertreter eines Staates bei der Abgabe der Zustimmungserklärung seine Vollmacht überschreitet. Die Berufung hierauf ist jedoch nur dann gestattet, wenn dieser Umstand den anderen Staaten bereits vor der Abgabe der Zustimmungserklärung mitgeteilt wurde (Art. 47 der WVK 1). Ansonsten binden Ultra vires-Handlungen von Staatsorganen den betreffenden Staat.

Gemäß Artikel 46 der WVK 2 darf sich eine Organisation ebenfalls nicht darauf berufen, dass ihre Zustimmung zur Bindung an einen Vertrag unter Verletzung ihrer „Regeln" über die Kompetenz zum Vertragsabschluss erfolgte und somit die Zustimmung ungültig ist. Eine Ausnahme davon bildet der Fall, dass die Verletzung offenkundig war und eine Bestimmung von grundlegender Bedeutung betraf.

Zur Ungültigkeit eines Vertrages kann auch ein *Irrtum* führen, vorausgesetzt, dass er sich auf Gegebenheiten bezieht, die zur Zeit des Vertragsabschlusses vorhanden waren und daher die Grundlage für die Vertragsbindung einer Vertragspartei bildeten (Art. 48 beider WVK). Bei einem Vertragsabschluss, der durch Telegrammwechsel erfolgt, ist es z. B. möglich, dass bei der Übermittlung Fehler entstehen.

Die gleichen Folgen können wegen *betrügerischen Verhaltens* einer verhandelnden Partei eintreten, wenn durch ein Staat oder eine Organisation veranlasst wurde, einen Vertrag abzuschließen (Art. 49 beider WVK). Im Falle einer direkten oder indirekten Bestechung des Vertreters eines Staates oder einer Organisation ist der dadurch zustande gekommene Vertrag ungültig (Art. 50 beider WVK).

Schwerwiegend ist der Fall der *Nötigung des Vertreters einer Partei* (Art. 51 beider WVK). Wird er durch Handlungen oder Drohungen, die gegen seine Person gerichtet sind, genötigt, die Zustimmung zur Vertragsbindung zu geben, dann ist die Zustimmungserklärung rechtsungültig. Das international bekannteste Beispiel war die Nötigung des tschechoslowakischen Staatspräsidenten durch die deutsche Regierung. Sie erzwang von ihm am 15. März 1939 die Unterzeichnung des Vertrages über die Schaffung des Protektorats Böhmen und Mähren auf Grund von Drohungen. Noch schwerwiegender ist es, wenn ein Staat oder eine Organisation durch Androhung oder Anwendung von Gewalt genötigt werden, einen Vertrag abzuschließen (Art. 52 beider WVK). Ein auf diese Weise abgeschlossener Vertrag besitzt keine Rechtsgültigkeit. Obwohl Artikel 52 über Umfang und Art der Gewalt keine Aussage trifft, kann sich die betroffene Partei sowohl auf Artikel 52 beider WVK als auch auf die in die Schlussakte der Wiener Vertragsrechtskonferenz von 1969 aufgenommene Deklaration über das Verbot von militärischem, politischem und ökonomischem Zwang beim Abschluss von Verträgen berufen.

3.6.2 Beendigung und Aussetzung der Wirksamkeit völkerrechtlicher Verträge

Ein Vertrag kann durch Erfüllung beendet werden. Dies gilt jedoch nicht für Verträge, die andauernde Verpflichtungen enthalten, wie z. B. Verträge über Bündnis, Nichtangriff und Neutralität, die permanent einzuhalten sind. Durch *Erfüllung* können somit nur solche Verträge beendet werden, die ein ganz bestimmtes Ergebnis vorsehen. Wird dieses erreicht, dann sind die vertraglichen Verpflichtungen abgegolten. Der Vertrag ist dann beendet. Gleiches geschieht, wenn ein Vertrag eine begrenzte Laufzeit ihnen Verlängerungsmöglichkeiten hat (*Beendigung durch Zeitablauf*). Die Vertragsbeendigung erfolgt auch durch die *Kündigung*, die eine Lossage eines Staates von einem Vertrag und eine einseitige, empfangsbedürftige Willenserklärung darstellt. Sie wird von dem für diese Angelegenheit zuständigen innerstaatlichen Organ abgegeben.

Die Kündigung unterliegt keiner besonderen Form. Dennoch ist sie von den Staaten mit Sorgfalt zu handhaben, da sonst das Grundprinzip der Erfüllung völkerrechtlicher Verträge verletzt werden könnte. Das Kündigungsrecht muss nach Möglichkeit im Vertrag selbst vorgesehen sein (Art. 54 beider WVK), falls nicht, dann muss zumindest die Kündigungsmöglichkeit in der Natur des Vertrages liegen (Art. 56

beider WVK). Es ist ferner ein strenges Verfahren zu beachten, wie z. B. die Pflicht zur rechtzeitigen Information der anderen Partner über den Kündigungswunsch, die Bekanntgabe eines für die anderen Partner zumutbaren Zeitpunktes der Kündigung sowie die Mitteilung darüber, wann nach Abgabe der Kündigungserklärung der Vertrag seine Gültigkeit verlieren soll.

Ein Vertrag kann ferner beendet werden oder ein Partner kann aus ihm entsprechend seinen Bestimmungen austreten bei Zustimmung aller Partner nach Konsultation (Art. 54 beider WVK) oder durch den Abschluss eines neuen Vertrages von allen bisherigen Vertragspartnern zum gleichen Gegenstand (Art. 59 beider WVK). Verletzt ein Partner einen Vertrag wesentlich, berechtigt dies die anderen Partner, den Vertrag in ihren Beziehungen zum vertragsbrüchigen Staat oder sogar zwischen allen Vertragspartnern zu beenden. Sie können auch die Aussetzung seiner Wirksamkeit im Ganzen oder teilweise geltend machen. Als wesentliche Vertragsbrüche werden in Artikel 60 beider WVK die Ablehnung der Vertragserfüllung oder die Verletzung von Vertragsbestimmungen angesehen, die für die Vertragsrealisierung unabdingbar sind. *Eine derartige Vertragsbeendigung darf jedoch auf Bestimmungen bezüglich des Schutzes von Menschen, die in Verträgen humanitären Charakters verankert sind, nicht angewandt werden* (Art. 60 Abs. 5 WVK 1).

Auch eine plötzlich eintretende Unmöglichkeit der Vertragserfüllung, die infolge des ständigen Verlusts eines für die Erfüllung des Vertrages unerlässlichen Gegenstandes verursacht wird, kann als Grund für die Vertragsbeendigung geltend gemacht werden (Art. 61 beider WVK). Dies trifft aber nicht zu, wenn sich Verträge auf Grund relativ schnell erfolgender Veränderungen als überholt erweisen. Es können neue Situationen entstehen, denn die Verhältnisse, auf denen das Recht beruht, sind nicht zeitlos. Zur Lösung eines solchen Widerspruchs ist es erforderlich, dass die Vertragspartner erneut in Verhandlungen eintreten, um den Vertrag den neuen Bedingungen anzupassen, zu beenden oder durch einen neuen zu ersetzen. *Hierfür sind in erster Linie die im jeweiligen Vertrag selbst vorgesehenen Verfahren anzuwenden oder aber die in beiden WVK enthaltenen Regeln heranzuziehen.* In diesem Zusammenhang ist auf die besondere Problematik der in Artikel 62 beider WVK aufgestellten Norm der „grundlegenden Veränderung der Umstände“ für die Beendigung eines Vertrages hinzuweisen.

Voraussetzung dafür ist eine grundlegende Veränderung der Umstände gegenüber jenen, die zur Zeit des Vertragsabschlusses bestanden. Eine weitere

Voraussetzung ist, dass die Veränderung nicht vorhersehbar war. Die Anwendung von Artikel 62 der WVK 1 kommt ferner nicht in Frage, wenn die Veränderung das Ergebnis der Verletzung einer Vertragspflicht seitens des interessierten Staates ist. Die negative Formulierung der Regel - als Ausnahme - lässt die Schlussfolgerung zu, dass sie nur selten angewandt werden darf und wenn, dann mit der gebotenen Sorgfalt, da sonst die Gefahr der Willkür und damit schwerwiegender Völkerrechtsverletzungen besteht.

Da es *einem* Vertragspartner erlaubt ist, sich unter Berufung auf die Norm der grundlegenden Veränderung der Umstände *einseitig* von einem Vertrag zu lösen, kann dies zu einer erheblichen Beeinträchtigung der Stabilität der Vertragsbeziehungen und damit des Prinzips der Vertragstreue führen. *Deshalb darf diese Regel auf Grenzverträge nicht angewandt werden.* Sie ist übrigens nicht identisch mit der früheren Clausula rebus sic stantibus.

In der WVK 2 (Art. 62) wird unter „Grenze" die Staatsgrenze verstanden. Die Staaten können den Organisationen durch Vertrag bestimmte Garantie- und Kontrollfunktionen hinsichtlich von Grenzen zuerkennen.

Ein Vertrag kann auch durch den Abbruch diplomatischer oder konsularischer Beziehungen beendet werden, vorausgesetzt, dass das Bestehen derartiger Beziehungen für die Anwendung des Vertrages eine unerlässliche Bedingung war (Art. 63 beider WVK). Nach Artikel 65 beider WVK ist bei Ungültigkeit oder Beendigung eines Vertrages, bei Austritt bzw. Aussetzung seiner Wirksamkeit ein bestimmter Verfahrensweg einzuhalten. Den anderen Vertragspartnern ist zu *notifizieren* (bekanntzugeben), welche Maßnahmen hinsichtlich des Vertrages ergriffen werden sollen.

Im Fall eines Krieges zwischen Vertragspartnern ist zwischen den einzelnen Vertragskategorien in Bezug auf ihr weiteres Schicksal zu differenzieren. Bilaterale Verträge verlieren z. B. ihre Gültigkeit; sie werden entweder beendet oder suspendiert. Im Unterschied dazu werden multilaterale Verträge zwischen den Gegnern nur suspendiert. Andere Vertragskategorien hingegen, wie die HLKO und die Genfer Abkommen von 1949 zum Schutz der Zivilpersonen in Kriegszeiten, werden erst im Kriegsfall wirksam.

Von der Beendigung unterscheidet sich die *Aussetzung* (Suspension) eines Vertrages, das heißt die vorübergehende Unterbrechung seiner Wirksamkeit. Die Aussetzung kann ähnlich wie bei der Beendigung des Vertrages entweder entsprechend den Vertragsbestimmungen oder mit Zustimmung aller Vertragspartner erfolgen. Sie ist beim Abschluss eines späteren Vertrages zum gleichen Gegenstand (Art. 59 beider WVK) sowie als Reaktion auf einen schweren Vertragsbruch seitens eines Vertragspartners (Art. 60 beider WVK) möglich. Die Aussetzung befreit gemäß Artikel 72 beider WVK die Vertragspartner von der Verpflichtung, den Vertrag während der Dauer der Aussetzung zu erfüllen. Da die allgemeinen Rechtsbeziehungen zwischen den Partnern weiterhin bestehen, dürfen sie während dieses Zeitraumes nichts unternehmen, was eine Wiederanwendung des suspendierten Vertrages verhindern könnte.

4. Jus cogens (Artikel 53 und 64 WVK1)*

*Der vorliegende Abschnitt stützt sich im Wesentlichen auf den Aufsatz P. Terz „Jus cogens im demokratischen Völkerrecht", in: Staat und Recht, Nr. 7, 1978, S. 617ff. Inzwischen sind international mehrere Bücher bzw. Beiträge veröffentlicht worden, die vom Autor teilweise berücksichtigt wurden. Folgend seien die wichtigsten erwähnt: Meron, T., *On a Hierarchy of International Human Rights*, in: AJIL, Vol. 80, 1986, pp. 1ss.; Hannikainen, L., *Peremptory norms (jus cogens) in international law; historical development, criteria, present status*, Helsinki 1988; Danilenko, G. M., *International Jus Cogens: Issues of Law-Making*, in: European Journal of International Law, 1991; Byers, M., *Conceptualising the Relationship between Jus Cogens and Erga Omnes Rules*, Nordic Journal of International Law, No. 2-3, 1993, pp. 211ss; Paulus, A., *Jus Cogens in a time of hegemony and fragmentation – an attempt at a reappraisal*, in: Nordic Journal of International Law, Vol. 74, 2005, pp. 297-333; Orakhelashvili, A., *Peremptory norms in international law*, Oxford Universoity Press, 2006; Shelton, D., *Normative Hierarchy in International Law*, in: AJIL, Vol. 100, 2006, pp. 291; Glenno, M. J., *Peremptory Nonsense, Human Rights, Democracy and the Rule of Law*, in: Breitenmoser, S (Ed.), Liber Amoricum Luzius Wildhaber, 2007, pp. 1265ss.; Focarelli, C., *Promotional Jus Cogens: A Critical Appraisal of Jus Cogens' Legal Effects*, in: Nordic Journal of International Law, Vol. 77, 2008, pp. 429ss.; Linderfalk, U., *The Creation of Jus Cogens, Making Sense of Article 53 of the Vienna Convention*, in: ZaöRV, Vol. 71, 2011, pp. 259-378ss.; Weatherall, Th., *Jus Cogens: International Law and Social Contract*, Cambridge University Press 2015.

Eine Auseinandersetzung mit der Auffassung der Autoren würde den Rahmen der Abhandlung sprengen. Daher wird nur auf zwei Veröffentlichungen kurz eingegangen. Die Abhandlung des finnischen Völkerrechtlers Lauri Hannikainen beeindruckt durch ihren Umfang (800 Seiten) und Gründlichkeit. Die Quintessenz besteht darin, dass die Jus cogens-Prinzipien und Normen in der Realität der internationalen Beziehungen keine wesentliche Rolle spielen, weil politische Aspekte und Staatsinteressen im Mittelpunkt stehen. Weatherall, Th. überrascht durch ein eher soziologisches Herangehen an das juristische Problem des Jus cogens und fordert einen „social contract" für die Analyse dieses Phänomens. Hierbei handelt es sich offensichtlich um eine völkerrechtssoziologische Methode.

4.1 Notwendigkeit der Existenz des Jus cogens

Der Gedanke des jus cogens (j. c.) ist im Art. 53 der Wiener Vertragsrechtskonvention (WVK) enthalten: „Verträge, die zu einer zwingenden Norm des allgemeinen Völkerrechts im Widerspruch stehen (jus cogens).

Ein Vertrag ist nichtig, wenn er zum Zeitpunkt seines Abschlusses einer zwingenden Norm des allgemeinen Völkerrechts widerspricht. Im Sinne der vorliegenden Konvention ist eine zwingende Norm des allgemeinen Völkerrechts eine Norm, die von der internationalen Staatengemeinschaft als Ganzes als eine Norm akzeptiert und anerkannt wird, von der keine Abweichung erlaubt ist und die nur durch eine nachfolgende Norm des allgemeinen Völkerrechts, die denselben Charakter trägt, abgeändert werden kann.[1]

Dieser Gedanke ist im Völkerrecht eine relativ neue Erscheinung. Es kann der Auffassung nicht gefolgt werden, dass er unter den Begriff der Grundprinzipien zu fassen wäre[2], weil das j. c. über den relativ engen Rahmen der Grundprinzipien hinausgeht. Um diesen wichtigen Gedanken zu erfassen und zu bestimmen, wurde der Terminus[3] jus cogens benutzt, weil man sich in der Völkerrechtskommission (ILC) auf eine anderen Terminus nicht einigen konnte und nicht, weil es keinen besseren gab, wie Waldock[4] behauptet.

Die Formulierung des j. c. im Art. 53 der WVK stellt allerdings keine Definition dar und beinhaltet keine Kriterien des j. c. sowie keine Garantien für seine Respektierung durch die Staaten. Das Problem der fehlenden Garantien berührt im Grunde das allgemeine Problem der Völkerrechtsdurchsetzung, die wiederum vom internationalen Kräfteverhältnis abhängt. Die Kriterien könnten unter Berücksichtigung des Standes der Völkerrechtswissenschaft, insbesondere der diesbezüglichen Diskussion in der ILC erarbeitet werden. Gewiss war die nach dem zweiten Weltkrieg einsetzende Entfaltung der internationalen Beziehungen, verursacht durch den Ausbau der internationalen Arbeitsteilung und durch die Entwicklung von Wissenschaft und Technik, bedeutend. Es wäre jedoch unwissenschaftlich, das j. c. nur unter diesen Aspekten begründen zu wollen, wie einige Juristen es tun. So wird das j. c. undifferenziert als „direkte Folge der sozialen und historischen Entwicklung"[5], als „höhere gesellschaftliche Notwendigkeit"[6] und als Ergebnis der „zunehmenden Organisiertheit der Staatengemeinschaft"[7] bezeichnet.

Auf der Grundlage der Anerkennung des j. c. werden Verträge abgeschlossen, in denen Staaten unterschiedlicher Kultur- und Rechtskreise gemeinsame Ziele und Aufgaben festlegen, die jedoch unterschiedliche, ja entgegengesetzt motiviert sind, weil sie eben sozialpolitisch entgegengesetzt determiniert sind. So heißt es z. B. in der Präambel der UNO-Charta, dass die Vereinten Nationen entschlossen sind, zur Verwirklichung ihrer Ziele „im Interesse des Gemeinwohls" Methoden einzuführen. Im Art. 1 Ziff. 4 werden die Vereinten Nationen als Zentrum bezeichnet, das die Maßnahmen der Nationen zur Erreichung der „gemeinsamen Ziele" in Einklang bringt.[8]

Auch in Verträgen zwischen Staaten interschiedlicher Gesellschaftsordnung sind solche Verträge abgeschlossen worden. So wird im Punkt 1 der „Prinzipien der Zusammenarbeit zwischen der UdSSR und Frankreich" vom 30. Oktober 1971 hervorgehoben, dass die Zusammenarbeit zwischen den beiden Staaten den „gemeinsamen Erwartungen"[9] ihrer Völker entspricht. Es gibt ferner Beispiele von multilateralen Abkommen, durch die neue Normen aufgestellt werden, und in denen auf Gemeinsamkeiten im Sinne des Friedens, der friedlichen Koexistenz zwischen Staaten unterschiedlicher Kultur- und Rechtkreise und der internationalen Zusammenarbeit hingewiesen wird. Davon zeugt eindeutig Art. I des „Vertrages über die Prinzipien für die Tätigkeit der Staaten bei der Erforschung und Nutzung des Weltraumes einschließlich des Mondes und anderer Himmelskörper" vom 27. Januar 1967: „Die Erforschung und Nutzung des Weltraumes…erfolgt zum Wohle und im Interessen aller Länder…".[10] Es gibt also Normen, die über den einzelnen Staat hinausgehen und die Interessen aller Staaten ähnliche oder sogar gemeinsame Überzeugungen und Ansichten. Das kann sich auf bilaterale sowie auf multilaterale Verträge beziehen. So hieß es in den Grundlagen der Beziehungen zwischen der UdSSR und den USA vom 29. Mai 1972: „Sie werden von der gemeinsamen Überzeugung ausgehen, dass es im Kernzeitalter keine andere Grundlage für die Aufrechterhaltung der Beziehungen zwischen ihnen gibt, als die friedliche Koexistenz".[11]

Somit gibt es ein Wechselverhältnis zwischen den grundlegenden Interessen der Staaten. Verlangt ein Staat von den anderen, seine Souveränität zu achten. so muss er selbst die Souveränität der anderen Staaten respektieren. Hierbei handelt es sich im Grunde um das Verhältnis zwischen dem Schutz der eigenen Interessen und dem Verantwortungsbewusstsein gegenüber den Interessen anderer Staaten. Ohne Prinzipien des j. c. – Charakter würde eine „freie Regelung“[12] der internationalen Beziehungen auf der Grundlage multilateraler oder bilateraler Verträge zu einer Schädigung der Interessen anderer Staaten führen und dadurch die internationale Sicherheit gefährden. Das j. c. bedarf also der Respektierung durch die übergroße Mehrheit der Staaten und impliziert damit den Gedanken der Gleichberechtigung und Gleichbehandlung.

4.2 Mögliche Kriterien und Charakteristika des Jus cogens

Obschon die Existenz von Prinzipien mit j. c.-Charakter als eine notwendige Erscheinung in den zwischenstaatlichen Beziehungen der Gegenwart betrachtet wird, gibt es in der Völkerrechtswissenschaft keine Übereinstimmung über die besonderen Charakteristika solcher Prinzipien. Einzelne Kriterien und Merkmale werden akzeptiert, während andere auf Ablehnung stoßen.

Zum ersten könnte m. E. ein j. c.-Prinzip dadurch auszeichnen, dass es im Unterschied zu anderen Prinzipien von grundlegender Bedeutung für die Regelung und Stabilität der internationalen Beziehungen[13] sowie für die Gewährleistung der internationalen Sicherheit ist. Das bedeutet, dass es Prinzipien bzw. Normen gibt, die ihren Rechtscharakter nach zwar verbindlich sein können, ohne jedoch in den zwischenstaatlichen Beziehungen eine wesentliche, eine grundlegende Bedeutung zu besitzen. Ausgehend von diesem wichtigen Merkmal des j. c. könnte zum zweiten ein weiteres beachtet werden, dass nämlich ein Prinzip als j. c. allgemein-akzeptiert und -anerkannt sein müsste. Dieses Merkmal ist im Art. 53 der WVK unmissverständlich enthalten: „Im Sinne der vorliegenden Konvention ist eine zwingende Norm des Völkerrechts eine Norm, die von der internationalen Staatengemeinschaft als Ganzes akzeptiert und anerkannt wird…“.

In dieser Formulierung wird offensichtlich vorausgesetzt, dass Prinzipien, die von den Staaten als j. c. anerkannt werden, von großer Bedeutung für die Regelung der internationalen Beziehungen sind. Ein Umkehrschluss wäre jedoch nicht richtig. Es wäre z. B. falsch zu behaupten, dass bestimmte Normen des Diplomatenrechts, wie die Unverletzlichkeit der Räumlichkeiten einer diplomatischen Mission (Art. 22 der Wiener

Konvention über diplomatische Beziehungen 1961)[14] und die Immunität der diplomatischen Vertreter vor der Strafgerichtsbarkeit des Empfangsstaates (Art. 31) grundlegende Bedeutung für die internationalen Beziehungen besäßen und daher j. c.-Charakter hätten, weil sie von allen Staaten anerkannt und akzeptiert sind und auch verwirklicht werden. Die Allgemeinanerkennung kann also nur ein Merkmal unter mehreren sein, auf alle Fälle nicht das Wichtigste. Im Übrigen wirft die Formulierung des j. c. im Art. 53 einige Probleme auf. So drängt sich die Frage nach der Art und Weise der Anerkennung auf.

Es ist anzunehmen, dass die Anerkennung eines Prinzips ausdrücklich durch einen multilateralen Vertrag oder auch durch konkludentes Verhalten der Staaten erfolgen kann. Zu bejahen ist m. E. eher die Möglichkeit, dass der j. c.-Charakter eines Prinzips gewohnheitsmäßig entsteht. Ein weiteres Problem ist die sich auf die internationale Staatengemeinschaft beziehende Formulierung „as a whole". Sie könnte bedeuten, dass einem Prinzip durch einen allgemeinen multilateralen Vertrag j. c.-Charakter verliehen wird, in dem „alle oder nahezu alle Staaten der internationalen Gemeinschaft Partner sind."[15] Ein Beispiel dafür wäre der Vertrag über die Nichtweiterverbreitung von Kernwaffen vom 1. Juli 1968, dem die meisten Staaten beigetreten sind. Es ist zwar gegenwärtig etwas verfrüht, die in diesem Vertrag aufgestellte Norm als vollentwickeltes j. c. zu betrachten. Sie enthält auf alle Fälle Elemente einer j. c.-Norm und es ist damit zu rechnen, dass der Prozess der Ausformung als j. c. noch einige Jahre andauern wird.

Es liegt also auch im Bereich des Möglichen, dass ein Prinzip zwingend ist, obwohl einige wenige Staaten damit nicht einverstanden sind. Dadurch entsteht ein scheinbarer Widerspruch. Einerseits entstehen die Normen auf dem Wege der zwischenstaatlichen Vereinbarungen bilateraler oder multilateraler Art, andererseits werden für alle Staaten verbindliche Normen geschaffen, von denen einzige sogar zwingenden Charakter erlangen, obwohl nicht jeder Staat seine Zustimmung dazu gegeben hat. Als ausschlaggebend ist die wesentliche Bedeutung der j. c.-Prinzipien für die Gewährleistung der internationalen Sicherheit und Zusammenarbeit zu betrachten. Eine Nichtachtung solcher Prinzipien würde daher nicht nur die Interessen einzelner Staaten verletzen, sondern darüber hinaus die internationalen Sicherheit erheblich beeinträchtigen. Das hat mit irgendeiner metaphysischen oder naturrechtlichen Begründung des j. c. nichts zu tun. Theorien, nach denen sich das j. c. aus einer bestimmten „Vorstellung von Werten"[16] herleitet, und faktisch unabhängig von Willen der Staaten existiert, sind fehl am Platz, weil sie die grundlegende Tatsache außer acht lassen, dass in der Epoche der Globalisierung die j. c.-Prinzipien als notwendige Erscheinungen und zugleich als Regulatoren der zwischenstaatlichen Beziehungen auf dem Wege der Vereinbarung entstehen.

Ein weitere Merkmal und zugleich Kriterium eines j. c.-Prinzips kann drittens seine größere Bedeutung und damit höhere Qualität gegenüber anderen Prinzipien sein, die lediglich nur verbindlich sind. Auf vorhandene Qualitätsunterschiede deutet auch die Formulierung im Art. 53 der WVK hin, dass eine j. c.-Norm nur durch einen ähnlichen Charakter besitzende Norm des Völkerrechts abgeändert werden kann. („…und die nur durch eine nachfolgende Norm des allgemeinen Völkerrechts, die denselben Charakter trägt, abgeändert werden kann"). Daraus ergibt sich eindeutig, dass auch Normen geringerer Bedeutung und Qualität existieren, durch die eine j. c.-Norm nicht ersetzt werden kann.

Im Völkerrecht sowie allgemeiner in den internationalen Beziehungen lassen sich tatsächlich Qualitätsunterschiede zwischen den einzelnen Normen feststellen. Entscheidend ist dabei die Bedeutung des Gegenstandes einer Norm. So ist z. B. das Prinzip des Verbots von Gewaltandrohung und -anwendung umfassender und wichtiger als die durch den Vertrag über die Nichtweiterverbreitung von Kernwaffen vom 1. Julia 1968 durch Vereinbarung aufgestellte entsprechende Norm. Der Zusammenhang zwischen dem Prinzip des Verbots auf Gewaltandrohung und -anwendung und der genannten Norm wurde in ihrer Präambel besonders hervorgehoben: „…eingedenk dessen, dass sich die Staaten in Übereinstimmung mit der Charta der Vereinten Nationen in ihren internationalen Beziehungen der Androhung von Gewalt oder ihrer Anwendung sowohl gegen die territoriale Integrität oder politische Unabhängigkeit eines jeden Staates als auch in anderer, mit den Zielen der Vereinten Nationen unvereinbarer Weise zu enthalten haben…".[17] Der erwähnte Vertrag soll die Weiterverbreitung von Kernwaffen verhindern und dadurch die Gefahr eines Kernwaffenkrieges und damit der Gewaltanwendung wesentlich verringern. So gesehen, stellt die Pflicht, Kernwaffen nicht weiterzugeben, eine Art operative Norm dar. Unverkennbar ist in diesem Falle die Bedeutung und die Rolle des Prinzips des Gewaltverbots für die Schaffung der Norm der Nichtverbreitung von Kernwaffen. Somit wird das Wesen der Nichtverbreitungsnorm durch das Gewaltverbotsprinzip bestimmt. Dabei gilt es, einen weiteren Unterschied zu beachten, dass nämlich das Prinzip des Gewaltverbots häufiger verletzt wird, als die Nichtweitergabenorm. Um beim genannten Beispiel zu bleiben: Das Prinzip des Verbots der Gewaltanwendung und -androhung bestimmt das Wesen, die Struktur und die Richtung des demokratischen Völkerrechts, dessen wichtigstes Ziel die Aufrechterhaltung des Weltfriedens und der internationalen Sicherhit ist. Genauso bestimmte das jus ad bellum als höchster Ausdruck der staatlichen Souveränität das Wesen des früheren imperialistischen Völkerrechts.

J. c.-Normen von der Art der Grundprinzipien des Völkerrechts sind ferner unentbehrlich bei der Auslegung anderer Völkerrechtsnormen. So ist z. B. das Prinzip der friedlichen internationalen Zusammenarbeit wichtig für die Auslegung des sowjetisch-indischen Vertrages über Frieden, Freundschaft und Zusammenarbeit vom 9. August 1971.[18] J. c.-Grundprinzipien sind ferner Kriterien und Maßstab, an dem die Völkerrechtsmäßigkeit anderer Normen gemessen wird.

Die Bedeutung der Grundprinzipien im Völkerrecht kann man also mit der Bedeutung der Verfassungsprinzipien im internationalen Recht vergleichen.[19] Zusammenfassend kann gesagt werden, dass j. c.-Normen wie die Grundprinzipien des Völkerrechts „richtungsweisenden und strukturbestimmenden Charakter“ besitzen.[20]

Das spezifische Merkmal der j. c.-Prinzipien besteht zum vierten darin, dass sie den Staaten nicht zur Disposition stehen, d. h., von ihnen darf nicht abgewichen werden.[21] Das wurde im Art. 53 der WVK unmissverständlich fixiert:...„von der keine Abweichung erlaubt ist...“Das bedeutet, dass die Anwendung von j. c.-Prinzipien von den Staaten nicht verweigert und vertraglich auch nicht ausgeschlossen werden darf.[22]

Hierbei handelt es sich um ein Nichtabweichen im doppelten Sinne: Einmal darf ein Staat die Geltung eines j. c.-Prinzips für sich selbst auch durch ausdrückliche Erklärung oder durch konkludentes Verhalten nicht ausschließen. Zweitens dürfen Prinzipien dieser Art einerseits auch nicht freiwillig durch Verträge zwischen den Staaten aus ihren Beziehungen zueinander ausgeschlossen werden.[23] Andererseits wird eine Norm nicht zum j. c., weil zwei Partner vertraglich vereinbart haben, dass von dieser Norm kein Abweichen erlaubt ist.[24]

Qualitätsunterschiede bestehen sowohl zwischen den Prinzipien, die lediglich nur verbindlich sind, und einen j. c.-Charakter besitzenden Prinzipien als auch zwischen j. c.-Prinzipien untereinander. Letzteres ergibt sich daraus, dass auf Grund einer fehlenden Übereinstimmung über die Zahl der Prinzipien mit zwingendem Charakter die ILC im Rahmen der Kodifikationsarbeiten nur einige Beispiele erwähnt, die unzweifelhaft j. c. sein sollen. Die ILC lehnte die Aufstellung einer umfassenden Liste der j. c.-Prinzipien mit der Begründung ab, dass über die Qualität der in der Liste nicht enthaltenen Prinzipien Zweifel aufkommen könnte. Ein weiteres Argument war, dass die Kommission lange Untersuchungen anstellen müsste, um festzustellen, welche Normen tatsächlich j. c. sind. Sie überließ die Ausarbeitung des vollen Inhalts des j. c. der Staatenpraxis und der internationalen Gerichtsbarkeit.[25] Beide von der ILC vorgebrachten Argumente sind jedoch nicht überzeugend. Die Aufzählung von wichtigen Prinzipien ist im Völkerecht keine unübliche Praxis. So werden die sieben Grundprinzipien des Völkerrechts dem Wesen nach in der Charta der Vereinten Nationen und sehr eindeutig in der Deklaration über die Prinzipien des Völkerrechts betreffend die freundschaftlichen Beziehungen und die Zusammenarbeit zwischen den Staaten in Übereinstimmung mit der Charta der Vereinten Nationen vom 24. Oktober 1970[26] aufgezählt. Es wäre also durchaus möglich, im Art. 53 die j. c.-Prinzipien zusammenzustellen. Das hätte allerdings sehr viel Zeit in Anspruch genommen.

Die bereits herausgearbeiteten Kriterien und Merkmale der j. c.-Prinzipien, wie grundlegende Bedeutung für die zwischenstaatlichen Beziehungen, Allgemeinanerkennung durch die Staaten, höhere Qualität gegenüber anderen Normen und schließlich Nichtabweichung, gelten in erster Linie für alle sieben Grundprinzipien des Völkerrechts, ohne die ein geregeltes internationales Leben undenkbar ist. Nicht umsonst wurden die Staaten in der Prinzipiendeklaration von 1970 aufgefordert, „sich in ihrem internationalen Auftreten von diese Prinzipien leiten zu lassen und ihre gegenseitigen Beziehungen auf der Grundlage der strikten Einhaltung der genannten Prinzipien zu entwickeln".[27] Sie gelten allerdings nicht in jedem Falle für weitere Prinzipien und Normen, die ebenfalls j. c.-Charakter besitzen.

Im Folgenden soll für zwei Grundprinzipien des Völkerrechts nachgewiesen werden, dass sie j. c.-Charakter besitzen. Das Prinzip des Verbots der Gewaltandrohung und -anwendung besitzt eine grundlegende Bedeutung für die internationalen Beziehungen und bestimmt wesentlich den Charakter des gegenwärtigen Völkerrechts, dessen Hauptaufgabe in der Aufrechterhaltung des Weltfriedens und der internationalen Sicherheit besteht. Es ist allgemein anerkannt, ohne das dies bedeuten würde, dass sich alles Staaten der Androhung und Anwendung von Gewalt in den internationalen Beziehungen auch tatsächlich enthalten. Einige Staaten greifen immer wieder zu den völkerrechtswidrigen Mitteln der Gewaltanwendung. Dieses Prinzip weist gegenüber anderen, speziellen Normen, eine höhere Qualität auf. Das spezifische Merkmal ist schließlich, dass die Staaten weder auf Kosten anderer Staaten noch in ihren

Beziehungen untereinander vertraglich von diesem Prinzip abweichen und es damit ausschließen dürfen. So ist es völkerrechtlich nicht erlaubt, dass zwei oder mehrere Staaten einen Vertrag abschließen, auf Grund dessen sie sich verpflichten, einen anderen Staat anzugreifen, d. h. ihm gegenüber Gewalt anzuwenden. Die ILC erwähnte das Gewaltanwendungsverbot als ein treffendes Beispiel für eine Völkerrechtsregel, die den Charakter des j. c. hat.[28] Sie betonte ferner: „Das Recht der Charta in Bezug auf die Anwendung von Gewalt und die – allerdings provisorische – Entwicklung des internationalen Strafrechts setzen die Existenz einer internationalen öffentlichen Ordnung voraus, die Regeln enthält, welche jus cogens-Charakter haben".[29] Aus dem Wesen des Prinzips des Gewaltanwendungsverbots ergibt sich, dass seine vertragliche Aufhebung zwischen zwei Staaten völlig ausgeschlossen ist.

Ein anderes Grundprinzip des Völkerrechts mit j. c.-Charakter, die souveräne Gleichheit der Staaten, weist eine Besonderheit auf, die sich aus dem Wesen dieses Prinzips herleitet. Hauptgedanke des Prinzips der souveränen Gleichheit der Staaten ist, dass jeder Staat die der vollen Souveränität innewohnenden Rechte genießt und zugleich verpflichtet ist, die Souveränitätsrechte der anderen Staaten zu respektieren. So ist es völkerrechtswidrig, wenn zwei Staaten einen Vertrag abschließen, der sich gegen die Souveränitätsrechte eines anderen Staates richtet. Es ist aber nicht völkerrechtswidrig, wenn ein Staat auf Grund seiner eigenen, souveränen Entscheidungsfreiheit, d. h., unter Beachtung des Grundsatzes der Freiwilligkeit und des Selbstbestimmungsrechts des betreffenden Volkes bestimmte Kompetenzen an internationale Organisationen delegiert oder sogar seine eigene Souveränität zugunsten eines Staates voll aufgibt, um z.B. einen neuen Staat entstehen zu lassen.[30] So ist die auf freiwilliger Grundlage vollzogene Bildung eine neuen Völkerrechtssubjekts aus zwei früher selbstständigen Staaten keine Verletzung des genannten Prinzips. Ähnlich verhält es sich auch mit einigen Verträgen, die auf der Grundlage der Freiwilligkeit abgeschlossen werden, ohne dabei die Gegenseitigkeit zu wahren. Das heißt, dass freiwillig abgeschlossene Verträge über die einseitige Stationierung von Truppen auf dem Territorium anderer Staaten – was sich aus der Natur diese Verträge ergibt – das Prinzip der souveränen Gleichheit der Staaten nicht verletzten, vorausgesetzt, dass sie den Interessen und damit dem Selbstbestimmungsrecht des betreffenden Volks entsprechen. Verletzen sie die Interessen des Volkes, dann stellen sie eine Verletzung seines Selbstbestimmungsrechts dar.

Es gibt ferner Prinzipien mit j. c.-Charakter, die nicht zu den Grundprinzipien gehören, und dennoch nicht weniger wichtig sind, wie das Verbot des Völkermordes.[31] Zu erwähnen sind außerdem Prinzipien und spezielle Normen, die ebenfalls allgemein anerkannt sind, jedoch verglichen mit den Grundprinzipien ist ihre Bedeutung für die Regelung der internationalen Beziehungen nicht grundlegend. Wichtig ist, dass auch von ihnen in Verträgen nicht abgewichen werden darf. Dazu gehören das Verbot der Sklaverei[32] und das Verbot der Piraterie[33]. Unter Zugrundelegung des Kriteriums der Nichtabweichung gehören m. E. weiter auch spezielle Normen, wie z. B. das Verbot der Korruption (Art. 50 der WVK) und das Verbot der Nötigung des Vertreters eines Staates (Art. 51 der WVK) zum j. c. Eine Abmachung zwischen zwei Staaten über die Bestechung des Vertreters eines dritten Staates ist unerlaubt; eine Abmachung zwischen zwei Staaten über die Nichtanwendung der genannten Norm ist ohnehin undenkbar.

Aus den erwähnten Beispielen wird deutlich, dass es unterschiedliche Prinzipien und Normen mit j. c.-Charakter gibt. Die Unterschiede beziehen sich dabei auf die Bedeutung für die Regelung der internationalen Beziehungen. All dieses j. c.-Grundsätze haben jedoch ein gemeinsames Merkmal: von ihnen darf nicht abgewichen werden. Eine Abweichung durch Vertrag und damit eine Verletzung des j. c. hat zur Folge, dass dieser Vertrag nichtig ist. Das wird in Artikel 53 der WVK eindeutig hervorgehoben: „Ein Vertrag ist nichtig, wenn er zum Zeitpunkt seines Abschlusses einer zwingenden Norm des allgemeinen Völkerrechts widerspricht[34]. Diese Bestimmung geht in zweierlei Hinsicht über den Art. 103 der UNO-Charta hinaus, der lautet: „Im Falle eine Widerspruchs zwischen den Verpflichtungen der Mitglieder der Vereinten Nationen aus der vorliegenden Charta und ihren Verpflichtungen aus irgendeinem anderen internationalen Abkommen haben die Verpflichtungen auf Grund der vorliegenden Charta den Vorrang". Einerseits besitzen nach Art. 103 die Verpflichtungen der Mitglieder der Vereinten Nationen aus der vorliegenden Charta den Vorrang. Dieser Artikel verleiht den Grundprinzipien der Charta der Vereinten Nationen, die zugleich Grundprinzipien des Völkerrechts sind, damit j. c.-Charakter. Aber zum j. c. gehören auch andere Prinzipien, die keinerlei Grundprinzipien sind. Im Unterschied zu Art. 103 der UNO-Charta wird dies im Art. 53 der WVK berücksichtigt, wo von „einer zwingenden Norm des allgemeinen Völkerrechts" die Rede ist. Die Formulierung im Art. 53 der WVK erfasst also auch die j. c.-Prinzipien, die nicht zu den sieben Grundprinzipien des Völkerrechts gehören. Andererseits befasst sich der Art. 103 der UNO-Charta nicht mit der Gültigkeit bzw. Nichtgültigkeit eines zwischenstaatlichen Vertrages. Es macht ihn lediglich praktisch unanwendbar und undurchführbar. Der Hauptgedanke des Art. 103 der UNO-Charta fand seinen Niederschlag auch im Art. 6 des Konventionsentwurfes der Staatennachfolge in Bezug auf Verträge von 1974, in dem es heißt: „Die vorliegenden Artikel finden nur Anwendung auf die Auswirkungen einer Staatennachfolge, die in Übereinstimmung mit dem Völkerrecht und insbesondere mit den in der Charta der Vereinten Nationen niedergelegten Prinzipen des Völkerrechts eintritt.“[35] Im Unterschied dazu geht der Art. 53 der WVK weiter und macht den betreffenden Vertrag nichtig. Somit hat das j. c. zwei Funktionen: erstens muss bei der Entstehung von neuen Normen bzw. beim Abschluss eines zwischenstaatlichen Vertrages von bereits existierenden Prinzipien mit j. c.-Charakter ausgegangen werden, um Widersprüche und Schwierigkeiten zu vermeiden. In dieser Hinsicht ist die Funktion des j. c. präventiv. Zweitens wird ein im Widerspruch zum j. c. stehender Vertrag nichtig. Hierbei handelt es sich um eine korrigierende bzw. regulierende und für die Entwicklungsländer schützende Funktion, wenn es darum geht, sich auf das j. c. stützend, nichtgleichberechtigte Verträge[36] für nichtig zu erklären. Gleiches gilt auch für kleine Staaten. So berief sich z. B. im Zusammenhang mit dem Ausbruch der Feinseligkeiten 1963 auf Zypern die Regierung des Inselstaates auf den j. c., um nachzuweisen, dass das sich aus dem Vertrag von 1960 ergebende Interventionsrecht ungültig ist.[37] Somit dient das j. c. den Interessen der jungen sowie der kleinen Staaten in ihrem Kampf gegen die imperialistischen Großmächte.

Das j. c. als eine relativ neue Erscheinung des Völkerrechts und indirekt als Produkt der nach dem zweiten Weltkrieg vollzogenen weltumspannenden Veränderungen hat einen dynamischen Charakter.[38] Hat die bisherige Entwicklung der internationalen Beziehungen schon eine Anzahl von Prinzipien mit j. c.-Charakter hervorgebracht, so wird sie auch in Zukunft weitere Prinzipen dieser Art schaffen, denn die gesellschaftliche Entwicklung geht an den gegenwärtigen j. c.-Prinzipien nicht vorbei. Sie beeinflusst wesentlich Charakter und vor allem die Funktion eine konkreten j. c.-Prinzips oder verändert diese sogar. So verlieren allmählich einige Prinzipien an praktischer Bedeutung, ohne aufzuhören, zwingend zu sein. Davon zeugt die Wandlung des Verbots der Sklaverei, dessen Bedeutung in den internationalen Beziehungen ständig abnimmt.

Die ILC schenkte dem dynamischen Charakter der j. c.-Prinzipien besondere Aufmerksamkeit, indem sie betonte, dass es offenkundig falsch sei, Regeln des j. c. als unveränderlich und nicht wandlungsfähig im Lichte künftiger Entwicklungen zu betrachten.[39] Die Völkerrechtsprinzipien, unabhängig davon, ob sie j. c.-Charakter haben oder nicht, werden früher oder später „tote Buchstaben“ und verschwinden, wenn sie den Gesetzen der Entwicklung der menschlichen Gesellschaft nicht mehr entsprechen. Dem ist es so, weil die Gesetze der Entwicklung der menschlichen Gesellschaft die Schaffung der Völkerrechtsprinzipien auf dem Wege der Vereinbarung bedingen.[40] Deshalb kann der etwas abstrakten und idealistischen Auffassung von Menzel und Rosenne nicht gefolgt werden, die seine Veränderung von zwingender Prinzipien lediglich in einem grundsätzlichen Wandel in der „Rechtsüberzeugung der Staatengemeinsachft“[41] oder „der internationalen Gemeinschaft“[42] suchen.

Was das Entstehen einer neuen j. c.-Norm betrifft, müssten zwei Probleme voneinander unterschieden werden. Das eine Problem wäre der Vorgang der Herausbildung einer neuen zwingenden Norm. So können z. B. in der Zukunft eine Reihe von Normen, die gegenwärtig zum Teil jus dispositivum- und zum Teil j. c.-Charakter besitzen, wie das Verbot der Kernwaffenversuche in der Atmosphäre, im kosmischen Raum und unter dem Wasser oder das Verbot der Stationierung von Kernwaffen und anderen Massenvernichtungswaffen auf dem Meeresgrund und Ozeanboden und in deren Untergrund oder das Verbot der Entwicklung, Herstellung und Lagerung von bakteriologischen und Toxin-Waffen eindeutig die Qualität des j. c. erlangen.

Das zweite Problem wäre die Ersetzung einer zwingenden Prinzips durch ein anderes Prinzip. Das wäre nur möglich, wenn das neue Prinzip „denselben Charakter“ trägt (Art. 53 der WVK). Verfahrensrechtich wäre dazu „höchstwahrscheinlich“[43] ein allgemeiner multilateraler Vertrag notwendig. Auf alle Fälle müssten die ständigen Mitglieder des Sicherheitsrates damit einverstanden sein.

Anmerkungen

1. Völkerrecht, Dokumente, Bd. 1, Berlin 1973, S. 1059.
„Treaties conflicting with a peremptory norm of general international law (jus cogens)
A treaty is void if, at the time of ist conclusion, it conflicts with a peremtory norm of general international law. Fort he purpose of the present Convention, a peremptory norm of general international law is a norm accepted and recognised by the international community of States as a whole as a norm from which no derogation is premitted and which can be modified only by a subsequent norm of general international law having the same charakter“. O. R. 1968/1969, A/Conf. 39/11/Add. 2.
Gegen die Formulierung des Art. 53 der WVK und überhaupt gegen den Begriff j. c. führten die Vertreter Frankreichs (Hubert) und der Schweiz (Bindschedler) eine Reihe von

Argumenten ins Feld. Hubert bemängelte die Ungenauigkeit der j. c.-Normen. Er warf einige Fragen auf, wie: Was verstünde man unter Normen, die als „von der internationalen Staatengemeinschaft als Ganzes akzeptierte und anerkannte" Normen bezeichnet werden? Bedeute dies, dass die Schaffung solcher Normen der einstimmigen Zustimmung aller Staaten, die die internationale Gemeinschaft bilden, bedürfe, oder nur die Bildung durch eine große Anzahl von Staaten, aber nicht aller? Wie groß sollte im letzteren Fall die Zahl sein, und was für Berechnungen würden angestellt werden müssen, bevor zugegeben würde, dass sie erreicht worden sei? Wer würde im Fall einer strittigen Auseinandersetzung entscheiden? Vgl. O. R. 1969, A/Conf. 39/11/Add. 1, S. 94. Er sagte weiter, die französischen Delegation sei überzeugt, da Artikel 50 den Keim der Unsicherheit in den internationalen Beziehungen enthalte und das Völkerrecht einer schweren Prüfung unterziehe, die man lieber vermeiden sollte. Vgl. ebenda, S. 95. Etwa fünf Fragen stellte Bindschedler (Schweiz): Erstens, wie entstehe eine neue zwingende Norm des allgemeinen Völkerrechts?; Zweitens, werde eine zwingende Norm durch Gewohnheit, einen Vertrag oder beides erzeugt?; Drittens, müsse eine Regel, um eine zwingende Regel zu werden, von allen Staaten der internationalen Gemeinschaft oder nur durch die Mehrzahl dieser Staaten akzeptiert werden, und im letzteren Fall, durch was für eine Mehrzahl?; Viertens, müsste eine neue zwingende Norm eine besondere Erklärung betreffs ihres zwingenden Charakters enthalten, oder ließe sich dieser Charakter aus dem Inhalt der neuen Norm erschließen?; Fünftens, sei eine Norm nur für die Vertragsparteien oder für alle Staaten gültig? Vgl. O. R. 1969, A/Conf. 39/11/Add. 1, S. 123.

Der Vertreter Chiles entdeckte im damaligen Art. 50 seiner Meinung nach einen Widerspruch. Er meinte u. a., Art. 50 scheine sich in seinem jetzigen Wortlaut um sich selbst zu drehen. Er beginne mit der Feststellung, dass ein Vertrag nichtig sei, wenn er sich mit einer zwingenden Norm des Völkerrechts im Widerspruch befände, von der keine Abweichung erlaubt sei, aber er fährt dann weiter fort, dass die Norm, von der keine Abweichung erlaubt sei, selbst durch eine nachfolgenden Norm des allgemeinen Völkerrechts mit demselben Charakter verändert werden könnte. Das klinge wie ein Widerspruch in den Bestimmungen. Die einzige durch den Kommentar gegebene Hilfe sei ein Hinweis darauf, dass jene zwingenden Normen, von denen keine Abweichung erlaubt sei, durch allgemeine multilaterale Verträge verändert werden könnten. Wenn Art. 50 in seiner jetzigen Form im Parlament debattiert würde, träge er zweifellos auf den Einwand, dass er darzulegen scheine, dass ein Vertrag, der jus cogens verletze, eine Norm, von der keine Abweichung erlaubt sei, es sei denn, es handle sich um einen allgemeinen multilateralen Vertrag, der sich im Widerspruch mit einer Norm des jus cogens befände. Das meinte er damit, als er sagt, dass sich der Artikel scheinbar um sich selbst drehe. Vgl. O. R. 1968, A/Conf. 39/11, S. 298.

Gegen den Gedanken des j. c. haben sich schon im 19. Jahrhundert einige Juristen gewandt, die offensichtlich von einer starren Trennung Völkerrecht – innerstaatliches Recht und von einer „absoluten" Souveränität ausgingen. Ein typisches Beispiel dafür war C. Bergbohm. Er schrieb u. a.: „Vor allem erscheint die Vorstellung selbst, als werde durch das Statuieren eines Rechts unter den Völkern ein Recht über die Völker gestellt, welches mit ihrer Freiheit, Unabhängigkeit oder Souveränität unverträglich sein müsse, unklar." Staatsverträge und Gesetze als Quellen des Völkerrechts, Dorpat 1877, S. 19.

2. Vgl. G. Tunkin, ILC-Yearbook 1963, Vol. I, 1963, p. 69.

3. Vgl. S. Rosenne, ILC-Yearbook 1963, Vol. I, 1963, p. 73.

Der chilenische ILC-Vertreter, Barros, meinte 1968, dass obgleich j. c. eine Regel sei, deren Bedeutung niemand bestreite, sei es ebenfalls ein ziemlich moderner Begriff sowohl in der

Doktrin als auch in der internationalen Rechtsprechung. In der Tat hätte nach Barros eines der Mitglieder der Völkerrechtskommission ausgegeben, dass er in der Kommission selbst von der Existenz dieses Begriffes erfahren hätte, und das erst im Jahre 1962. Vgl. O. R. 1968, A/Conf. 39/11, S. 298. Der belgische ILC-Vertreter, Suy, sagte in Bezug auf den Ausdruck „j. c.", dass eine Norm zwingend sein könne, ohne j. c.-Charakter zu besitzen. Nach seiner Meinung sei die Rechtsterminologie in der deutschen Sprache genauer, da sie zwischen Normen unterscheide, die verbindlich (bindig) und Normen, die zwingend (compulsory) seien. Nur die letzteren würden j. c.-Charakter besitzen. Vgl. O. R. 1968, A/Conf. 39/11, p. 233.

4. Vgl. ILC-Yearbook 1963, Vol. II, p. 182.

5. Ch. de Visscher, Positivisme et „jus cogens", Revue Générale de droit international public 1/1971, p. 7.

6. S. Rosenne, ILC-Yearbook 1963, Vol. I, p. 73.

7. A. Verdross, Völkerrecht, Wien 1963, S. 130.

8. Die Organisation der Vereinten Nationen. Dokumente, Hrsg.: Deutsche Liga für die Vereinten Nationen, Teil I, Berlin 1961, S. 69ff.

9. Vgl. ND (R) vom 31. Oktober 1971.

10. GBL., Teil I, 1968, Nr. 5, S, 125,

11. ND (B) vom 30. Mai 1972.

12. G. Tunkin, Das Völkerrecht der Gegenwart, Berlin 1963, S. 99.

13. Vgl. auch B. Graefrath, Zur Stellung der Prinzipien im gegenwärtigen Völkerrecht, Berlin 1968, S. 14.

14. Vgl. Völkerrecht, Dokumente, Bd. 2, Berlin 1973, S. 713.

15. G. Tunkin, ILC-Yearbook 1963, Vol. I, S. 69.

16. Ch. de Visscher, der das Wesen der j. c.-Prinzipien wie folgt begründet: „Sie haben einen gemeinsamen Zug: alle entspringen einer herrschenden Konzeption, der Konzeption von einer notwendigen Ordnung, und dieses selbst leitet sich aus einer bestimmtem Vorstellung von Werten her." op. cit., p. 9.
Ähnliche Ansichten wurden auch von Pal und Luna in der ILC vertreten. Vgl. ILC-Yearbook Vol. II, 1963, p 65 und 72. In der Grundaussage ähnlich, jedoch etwas modifiziert, war die Auffassung der algerischen Delegation. Sie wies auf „Normen der Moral" mit j. c.-Charakter hin. ILC-Yearbook 1966, Vol. II, 1966, p. 261.

17. Völkerrecht, Dokumente, Bd. 2, Berlin 1973, S. 997.

18. Neue Zeit (Moskau) 1971, Nr. 33, S. 4.

19. Vgl. R. Bobrow, Das gegenwärtige Völkerrecht, Leningrad 1962, S. 76 (russisch). Mitunter werden sie direkt als Verfassungsprinzipien bezeichnet. Vgl. Vertreter Ekuadors, A/Conf. 39/6, 1968, S. 5.

20. B. Graefrath hat das Wesen der Grundprinzipien des Völkerrechts in seiner bereits erwähnten Arbeit ausführlich untersucht. Vgl. u. a. S. 21.
Dieses typische Merkmal des j. c. wurde bereits von D. Anzilotti hervorgehoben: „Wenn es sich um gemeinsames Recht handelt oder auch um Rechtssätze, die für eine größere oder kleinere Gruppe von Staaten gelten, so kommt es darauf an, ob sie derogierende Abkommen vollkommen ausschließen oder ob sie diese in mehr oder weniger beschränktem Umfange zulassen. Dies und nichts anderes ist das Problem des zwingenden oder dispositiven Rechts im Völkerrecht". Lehrbuch des Völkerrechts, Bd. 1, 3. Aufl., Berlin und Leipzig 1929, S. 72.

21. Vgl. auch G. Tunkin, der in der ILC erklärte, in zunehmendem Maße seien die Staatenpraxis und die Rechtstheorien auf der Voraussetzung aufgebaut, dass es allgemein

anerkannte Völkerrechtsprinzipien gäbe, von denen die Staaten nicht abweichen dürften. ILC-Yearbook Vol. I, 1963, p. 69.

22. V. Paul sieht darin die hauptsächliche Auswirkung der Qualifizierung und der höheren Stellung der j. c.-Prinzipien in der internationalen Rechtsordnung. Vgl. Die imperativen Normen im Völkerrecht, Casopis mezinarodni pràvo 3/1970, S. 246 (tschechisch).

23. Darauf verwies die ILC ausdrücklich in ihrem Kommentar. Vgl. No. 3, 1967, p. 437.

24. Die Bedeutung einer solchen Norm nur in den Beziehungen zwischen den Vertragspartnern kann jedoch nicht geleugnet werden. Schließt ein Partner später einen Vertrag ab, der von dieser Vereinbarung abweicht, so ergeben sich daraus Konsequenzen für die Verletzung des früheren Vertrages. Dadurch wird aber der Vertrag als solcher nicht nichtig. Vgl. hierzu Kommentar der ILC, O. R. 1968/1969, A/Conf. 39/11/Add. 2, p. 67.

25. Vgl. Kommentar der ILC zum damaligen Art. 50, O. R. 1968/1969. A/Conf. 39/11/Add. 2, pp. 67/68.

Für Fälle des j. c. (Art. 53, 64) ist im Art. 66 der WVK eine obligatorische Rechtsprechung IGH vorgesehen, um festzustellen, ob eine Norm j. c.-Charakter besitzt. „es sei denn, die Partner kommen gemeinsam überein, den Streitfall einem Schiedsspruch zu unterwerfen. Frankreich war gegen Art. 66 Die UdSSR enthielt sich der Stimmte. Für ein IGH-Obligatorium treten vorwiegend bürgerliche Juristen ein, wie z. B.: Ch. de Visscher, Positivisme et „jus cogens", Revue générale de droit international public 10/1967. S. 9: Suy, belgischer ILC-Vertreter, O. R. 1968, A/Conf. 39/11, S. 233; H. Lauterpacht, O. R. 1968, A/Conf. 39/11, S. 298.

Es ist bemerkenswert, dass es zwischen dem Art. 38, Ziff. 1, Buchstabe c) des IGH-Status („die von den zivilisierten Staaten anerkannten allgemeinen Rechtsgrundsätze") und dem Art. 53 der WVK („die von den internationalen Staatengemeinschaft als Ganzes als eine Norm akzeptiert und anerkannt wird") zumindest in der Grundaussage Ähnlichkeiten gibt.

26. Deutsche Außenpolitik 3/1971, S. 608.

27. Ebenda, Allgemeine Bestimmungen der Prinzipiendeklaration, Punkt 3, Vgl. auch G. Tunkin, Das Völkerrecht der Gegenwart, Berlin 1963, S. 99. Vgl. ferner B. Graefrath. nach dem zum j. c. „unzweifelhaft" in erster Linie die Prinzipien der friedlichen Koexistenz gehören, a. a. O; Vgl. der ekuadorianischen Vertreter, A/Conf. 39/5 (Vol. II/1968. p 306.

28. Vgl. O. R. 1968/1969, A/Conf. 39/11/Add. 2, S. 67.

29. ILC-Yearbook, Vol. II, 1963, p. 52.

30. Auf dieses Beispiel macht auch V. Paul aufmerksam. Vgl. ibid., S. 244.

31. Vgl. O. R. 1968/1969, A/Conf. 39/11/Add. 2, p. 67.

Ähnlich die Delegation der VR Polen, A/Conf. 39/Sr. 19, 20. Vgl. ferner V. Paul, ibifd., S. 244 sowie A. Bolintineanu, Stabilitatea tratatelor – problema esentiala a codificarii dreptului tratatelor. Revista romana de drept 1/1969, S. 66 ff.

In seinem Gutachten über die Vorbehalte zur Konvention über die Verhütung und Bestrafung von Verbrechen des Genozids habe der Internationale Gerichtshof die jus cogens-Pflicht aller Staaten festgelegt, bei der Unterdrückung von Völkermord zusammenzuwirken, da er die Auffassung vertritt, dass diese Pflicht ganz unabhängig von der Genozid-Konvention selbst sei und sich auf den Resolutionen der Vollversammlung zu diesem Gegenstand ableite. Vgl. S. Rosenne in ILC-Yearbook 1963, Vol. I, 1963, p. 74.

32. Vgl. O. R. 1968/1969, A/Conf. 39/11/Add. 2, S. 67. Ähnlich Yasseen, ILC-Yearbook Vol. I, 1963, p. 63. In der Völkerrechtsliteratur vgl. ferner V. Paul op. cit., S. 244 sowie A. Bolintineanu, op. cit. Im Unterschied dazu betrachtet F. Berber das Verbot der Sklaverei lediglich als ein „ethisches" Prinzip. Vgl. Völkerrecht, Bd. I, München 1960, S. 439.

33. Vgl. O. R. 1968/1969, A/Conf. 39/11/Add. 2, S. 67, Vgl. ähnlich V. Paul, ibid., S. 244 und A. Bolintineanu, ibid., S. 66 ff.

34. O. R. 1968/1969, A/Conf. 39/11/Add. 2.

35. ILC-Succession 1974, D. L. A/CN. 4/L. 223, S. 5. Die britische Delegation versuchte 1966 die Bedeutung des Art. 103 der UNO-Charta herabzumindern, indem sie die Behauptung aufstellte, diese Bestimmung sei keine Regel für alle Staaten, sondern für Mitglieder der Vereinten Nationen. Vgl. Yearbook, Vol. II, 1966, p. 22.

36. Unter Berücksichtigung der eminenten Bedeutung des Problems der nichtgleichberechtigten Verträge für die jungen Staaten wurde in der ILC von Tunkin vorgeschlagen, das j. c. auch auf die Ungültigkeit nicht gleichberechtigter Verträge auszudehnen. Vgl. G. Tunkin, Das Recht der Vereinten Nationen, Sowjetstaat und -Recht 2/1964, S. 88 (russisch).
Die Bedeutung des j. c. für die jungen Staaten, Verträge „kolonialen Charakters" für ungültig zu erklären, hob auch F. Koshewnikow hervor, Vgl. A/Conf. 39/5, Vol. I, 1968, S. 43. Im Unterschied dazu versuchte ausgerechnet der Vertreter einer imperialen und ehemaligen Kolonialmacht, der Franzose Hubert, das Ganze auf den Kopf zu stellen. Er behauptete, das j. c. würde die Stabilität und das Klima der Sicherheit und des Vertrauens und damit angeblich auch die Interessen der jungen Staaten gefährden. O. R. 1969, A/Conf. 39/11/Add., 1, p. 94.
Die Feststellung von St. Verosta entspricht eher der Wahrheit. Er spricht von einem bei den asiatischen, afrikanischen und lateinamerikanischen Staaten „sehr populären jus cogens". Vgl. Die Vertragsrechtskonvention der Vereinten Nationen 1968/1969 und die Wiener Konvention über das Recht der Verträge, ZaöRVR Bd. 29, Nr. 4, 1969, S. 668/669.
Nach der Ansicht der ägyptischen Delegation kennzeichnet die Anerkennung des Begriffs „jus cogens" durch die ILC den „Übergang von dem klassischen Völkerrecht zu dem heutigen Recht der Vereinten Nationen". Vgl. ILC-Yearbook, Vol. II, 1968, p. 23.

37. Vgl. E. Schwelb, Some Aspects of International Jus Cogens as Formulated by the International Las Commission, in: AJIL, No. 4, 1967, p. 252.

38. Die sowjetische Delegation vertrat die Auffassung, dass der Art. 50 (später Art. 53 der WVK) eine Bestimmung „dynamischer Natur" sei. A/Conf. 39/5 Vol. I, 1968, S. 43.

39. Vgl. O. R. 1968/1969, A/Conf. 39/11/Add. 2, S. 69.
Die irakische Delegation brachte ihre Ansicht über die Veränderlichkeit des j. c. deutlich zum Ausdruck: Das j. c. habe „einen besonderen Wert in einem besonderen Augenblick". Vgl. ILC-Yearbook 1966, Vol. II, S. 22.

40. Vgl. G. Tunkin, ILC-Yearbook, Vol. I, 1963, p. 69.

41. Vgl. E. Menzel, Völkerrecht, München, Berlin 1962, S. 109.

42. Vgl. ILC-Yearbook Vol. I, 1963, p. 75.

43. Vgl. O. R. 1968/1969, A/Conf. 39/11/Add. 2, p. 68.

5. Pacta sunt servanda (Artikel 26 WVK1)

Der Grundprinzip der Vertragstreue (Pacta sunt servanda) fand seine Normierung und konkrete Ausgestaltung im Artikel 2, Ziffer 2 der UNO-Charta: „Alle Mitglieder der Organisation erfüllen, um jeden einzelnen von ihnen die sich aus der Mitgliedschaft ergebenden Rechte und Vorteile zu sichern, nach Treu und Glauben die Verpflichtungen, die sie gemäß der Charta übernommen haben"[1], ferner in der Deklaration über die Prinzipien des Völkerrechts betreffend die freundschaftlichen

Beziehungen und die Zusammenarbeit zwischen den Staaten in Übereinstimmung mit der Charta der Vereinten Nationen vom 24. Oktober 1970 („Das Prinzip, dass die Staaten die Verpflichtungen, die sie in Übereinstimmung mit der Charta übernommen haben, nach Treu und Glauben erfüllen. Jeder Staat hat die Pflicht, sowie Verpflichtungen, die sich aus den allgemein anerkannten Prinzipien und Normen des Völkerrechts ergeben, nach Treu und Glauben erfüllen. Jeder Staat hat die Pflicht, seine Verpflichtungen aus internationalen Abkommen, die nach den allgemeinen anerkannten Prinzipien und Normen des Völkerrechts Gültigkeit haben, nach Treu und Glauben zu erfüllen. Sollten Verpflichtungen aus internationalen Abkommen und Verpflichtungen der Mitglieder der Vereinten Nationen aus der Charta der Vereinten Nationen im Widerspruch stehen, so haben die Verpflichtungen aus der Charta den Vorrang")[2] und schließlich im Artikel 26. der WVK1: „Jeder in Kraft befindliche Vertrag ist für die Vertragspartner verbindlich und muss von ihnen nach Artikel 26 Treu und Glauben erfüllt werden.[3]

Dabei sind bestimmte qualitative Unterschiede zwischen den genannten Bestimmungen nicht zu übersehen. Während Art. 26 der WVK1 lediglich von der Erfüllung eines „in Kraft befindlichen" Vertrages spricht, was nicht selten Auslegungsstreitigkeiten hervorruft, hebt Art. 2, Ziffer. 2 der UN-Charta, wenn auch nicht so eindeutig, die Übereinstimmung der zu erfüllenden Verträge mit den Charta-Prinzipien hervor. Demgegenüber geht die Prinzipiendeklaration von 1970 noch weiter, indem sie eindeutig und unmissverständlich die Erfüllung nur die den Grundprinzipien des Völkerrechts entsprechenden Verträge fordert.

Allein die relativ umfassende Ausgestaltung des Grundprinzips der Vertragstreue in den genannten Dokumenten ist ein Beweis dafür, dass es sich bei ihm um ein für die internationalen Beziehungen unerlässliches Prinzip handelt. Seine Bedeutung besteht darin, eine notwendige Grundlage für friedliche Beziehungen zwischen allen Staaten[4] sowie eine notwendige Vorbedingung für die Existenz des Völkerrechts[5] zu sein. Ob jedoch dieses Prinzip das wichtigste im Völkerrecht ist, kann dahingestellt bleiben.[6] Es stimmt allerdings, dass es Basis des internationalen Vertragsrechts ist.[7]

Die Achtung des Prinzips der Vertragstreue ist ferner außerordentlich wichtig für die Schaffung stabiler internationaler Beziehungen[8] und eines Klimas des gegenseitigen Vertrauens. Das ist wiederum eine wesentliche günstige Vorbedingung, um im Interesse einer weiteren Vertiefung der internationalen Zusammenarbeit und der

Sicherung des Weltfriedens auf einer qualitativ höheren Ebene neue Verträge abzuschließen.

Demgegenüber verursacht die Verletzung des Prinzips der Vertragstreue Unzufriedenheit bei den anderen Vertragspartnern, erschüttert und untergräbt die internationale Ordnung[9] und das Vertrauen[10] schafft eine Atmosphäre des Misstrauens, ruft weiterführende Streitigkeiten zwischen den Vertragspartnern hervor, führt mitunter zu internationalen Spannungen und zu einer allgemeinen Verschlechterung des internationalen Klimas, erzeugt gegenseitige Furcht, ist oft die Ursache für eine Forcierung der Rüstung, untergräbt im allgemein die Stabilität in den internationalen Beziehungen, bewirkt nicht selten einen Völkerrechtsnihilismus[11] und kann sogar unter Umständen den Weltfrieden erheblich gefährden.

Es drängt sich nun die Frage auf, durch welche besonderen Merkmale sich völkerrechtlich gültige Verträge auszeichnen. Einmal müssten die Vertragspartner auf alle Fälle Völkerrechtssubjektivität besitzen, damit der Vertrag überhaupt als völkerrechtlich qualifiziert werden kann. Weiterhin müsste der Vertrag rechmässig[12] Zustande gekommen sein, d. h., dass er zur Zeit seines Abschlusses keiner ius cogens-Norm (Artikel 53 der WVK1) zuwiderlief. Er müsste kurzum auf der Grundlage der Gleichberechtigung und der Freiwilligkeit abgeschlossen worden sein. Ferner ist zu beachten, dass der rechtmäßig abgeschlossene Vertrag nach der Entstehung einer neuen ius cogens-Norm gemäß Art. 64 der nicht im Widerspruch zu dieser Norm stehen darf. Ein weiteres Merkmal für einen völkerrechtlich gültigen Vertrag ist, dass man gegen ihn keine völkerrechtlichen Einwände[13] erheben kann. Fehlen diese Merkmale, dann ist ein Vertrag völkerrechtlich ungültig, das bedeutet jedoch nicht, dass er damit unwirksam wäre. Das liegt darin begründet, dass einerseits ein Vertrag, obwohl völkerrechtlich ungültig, doch in Kraft gesetzt werden und sogar erfüllt werden kann. Es wäre umgekehrt aber verfehlt, aus dem Wirksamwerden und der Verbindlichkeitskraft eines Vertrages dessen völkerrechtliche Gültigkeit ableiten zu wollen.

Das Wesen des Prinzips der Vertragstreue wird im Grunde von dem für die Stabilität der internationalen Beziehungen bedeutsamen Aspekt der Erfüllung der Verpflichtungen nach Treu und Glauben (bona fides)[14] ausgemacht, was aus zahlreichen Vertragsdokumenten klar hervorgeht. Dafür spricht die in Verträgen und in der Völkerrechtsliteratur häufig festzustellende Tatsache, dass das Prinzip der Vertragstreue als Prinzip des guten Glaubens oder auch als Prinzip der Treue[15] gegenüber internationalen Verpflichtungen bezeichnet wird. In einigen Vertragswerken wird darüber hinaus die Formulierung „Treu und Glauben" anscheinend als Synonym des Prinzips der Vertragstreue gebraucht. Zu beobachten ist dies z. B. im Artikel 2, Ziffer 2 der UNO-Charta[16], in der Prinzipiendeklaration vom 24. Oktober 1970[17], Artikel 31, Ziffer 1 über die allgemeinen Auslegungsregeln[18] der WVK1 und etwas abgewandelt im Artikel 3, Ziffer c) der Charta der Organisationen der Amerikanischen Staaten.[19] Auch internationale Gerichte haben in etlichen Entscheidungen zum Grundsatz Treu und Glauben Stellung genommen, wie beispielsweise der Internationale Gerichtshof in seinem Urteil vom 27. August 1954 zum Case concerning rights of Nationals of the United States of America in Morocco, wenn auch indirekt, indem es heißt: „Die Vollmacht, eine Taxierung vorzunehmen, obliegt den Zollbehörden, aber sie stellt eine Vollmacht dar, die in vernünftiger Weise und nach Treu und Glauben ausgeübt werden muss."[20]

Der Leitgedanke „Treu und Glauben" bedeutet zunächst, dass die Vertragspartner sich korrekt zu verhalten haben, d. h., sie sind verpflichtet, alles zur Erfüllung des Vertrages zu unternehmen und zugleich sich jeglicher Handlugen zu enthalten[21], durch die das Ziel des Vertrages vereitelt werden könnte. Er bedeutet ferner, dass gemäß Artikel 31 der WVK1 Auslegungsdifferenzen der Vertragstext „entsprechend der üblichen Bedeutung des Vertragswortlautes", d. h. nach Buchstabe, sowie „in seinem Zusammenhanf und hinsichtlich seines Gegenstandes und Zwecks", d. h., nach Geist zu interpretieren ist. Des Weiteren erfordert der Grundsatz „Treu und Glaube" eine gewissenhafte Erfüllung des Vertrages. Die Gewissenhaftigkeit bezieht sich speziell auf die vertraglich vereinbarten Fristen. Die Erfüllungszeit ist insofern von großer Bedeutung, da eine verspätete Vertragserfüllung unter Umständen sinnlos ist und im Hinblick auf die Zielstellung des Vertrages einer Nichterfüllung gleichkommen könnte.

Das typischste und zugleich militärisch-politisch schwerwiegendste Beispiel für eine erheblich verspätete und daher nicht gewissenhafte Vertragserfüllung war die während des Zweiten Weltkrieges durch die Alliierten erfolgte verzögerte Eröffnung der zweiten Front.[22]

Es sei aber auch betont, dass die Gewissenhaftigkeit nicht im absoluten Sinne verstanden werden darf. Auf keinen Fall kann sie als Argument ins Feld geführt werden, um Forderungen bzw. Handlungen zu rechtfertigen, die strenggenommen Rechtmissbrauch darstellen. Würden man z. B. um jeden Preis die Erfüllung eines Vertrages verlangen, obwohl allgemein bekannt ist, dass die betreffende Vertragspartei sich etwa durch „höhere Gewalt“ oder aus anderen Gründen in einer äußerst schwierigen Situation befindet, dann hieße diese dem eigentlichen Sinn der Gewissenhaftigkeit völlig entstellen und das Erfordernis der Gerechtigkeit[23] außer Acht lassen. In solchen Fällen weist die Forderung nach Gewissenhaftigkeit überwiegende moralische Aspekte auf.[24]

Neuere Entwicklungen in den internationalen Beziehungen, wie z. B. hauptsächlich seit Mitte der 70er Jahre im Zusammenhang mit dem Entspannungsprozess in Europa geschaffenen politischen Verhandlungsnormen machen es erforderlich, das Verhältnis von pacta sevanda sunt einerseits und bona fides andererseits in einem anderen Licht zu sehen. Es würde logisch einleuchten und sich zugleich als zweckmäßig erweisen, den Grundsatz als umfassender als die Vertragstreue so zu betrachten, dass bona fides auch auf Abmachungen politischen Charakters angewandt werden kann.[25] Eine Gegenüberstellung beider Grundsätze scheint jedoch nicht sinnvoll zu sein.

Anmerkungen

1. Völkerrecht, Dokumente, Teil 1, Berlin 1973, S. 144.
2. Ibid., Teil 3, S. 1175.
3. Ibid., S. 1049.
4. Vgl. auch O, Bogdanow, Die Erfüllung von internationalen Verpflichtungen- eine wichtige Bedingung der friedlichen Koexistenz, in: SGiP, Nr. 8, 1956, S. 36 (russisch). W. Schurschalow misst diesem Prinzip „erstrangige Bedeutung“ zu, denn ohne dieses gäbe es keine Gewähr für die internationale Gerechtigkeit: Der juristischen Inhalt des Prinzips pacta sunt vervanda und seine Verwirklichung in den internationalen Beziehungen, in: SJMP 1958, S. 150 (russisch). Nach D. Lewin ist das Prinzip die notwendige Garantie der Friedenserhaltung und der Entwicklung der internationalen Zusammenarbeit. Vgl. Grundprobleme des Völkerrechts, Moskau 1958, S. 264 (russisch).
5. Nach A. Talalajew gäbe es ohne das Prinzip der Vertragstreue kein Völkerrecht: Internationale Verträge in der Gegenwart, Moskau 1973 (russisch). Vgl. auch ausführlich neuste Publikationen: Kolb, R., The Law of Treaties, Massachusetts, 2016; Dörr, O. / Schmalenbach, K., Vienna Convention on the Law of Treaties: A Commentary, Berlin, Heidelberg 2018; Fitzmaurice., M / Olufemi E, Merkouris, P.. Treaty interpretation and the Vienna Convention on the Law of Treaties, Leiden 2010.
6. Diese Auffassung wird von mehreren Völkerrechtlern vertreten. Zu nennen sind vor allem: L. Henkin, How Nations behave, Law and foreign policy, London 1968, p. 20 (wichtigste Völkerrechtsprinzip); R. Pinto, Le Droit des relations internationales, Paris 1972, p. 127 (beherrschendes Völkerrechtsprinzip); F. Castberg, International law in our time, in: RdC, Vol. I, 1973, p. 5. (wichtigste Grundlage des Völkerrechts); H. Lauterpacht, The function of law in the international community, Hamden Connecticut 1966, p. 418 (höchstes, unabdingbares und letztes Kriterium in der internationalen Gemeinschaft).
7. Vgl. in diesem Sinne auch N. A. M. Green, International law, Law of peace, London 1973.

8. Vgl. auch Slowar meschdunarodnowo prawa, Moskau 1982, S. 146 (ohne Vertragstreue kann es keine Stabilität in den internationalen Beziehungen geben) und A. S. Gawerdowskij, Die Verwirklichung der Völkerrechtsnorm, Kiew 1980, S. 42 (beides russisch).

9. Vgl. auch A. S. Gawerdowskij, ibid., S. 42.

10. Vgl. auch Kurs des Völkerrechts, Band II, Moskau 1967, S. 263 (russisch). Vgl. ebenfalls O. Bogdanow, Die Erfüllung der..., op. cit., S. 36.

11. In einer Atmosphäre des Misstrauens und der Unsicherheit verlieren allmählich viele Staaten den Glauben an die Effektivität des Völkerrechts und verlassen sich immer mehr auf Aufrüstung und militärische Bündnisse. Vgl. Kurs des Völkerrechts, ibid., S 263.

12. Die Rechtsmäßigkeit wird im Kurs des Völkerrechts, als das wichtigste Merkmal der völkerrechtlich gültigen Verträge betrachtet. Das geht aus der dort gegebenen Definition des Prinzips der Vertragstreue hervor: „Die Staaten sind verpflichtet, gewissenhaft und in vollem Umfang die internationalen Verträge zu erfüllen, die rechtmäßig abgeschlossen wurden und sich nicht im Widerspruch zu den Grundprinzipien des Völkerrechts befinden." Teil II, Moskau 1967. Vgl. ferner D. I. Tiunow, Über das Wesen und die Elemente der Struktur des Prinzips „pacta sunt sevanda", in: SEMP 1975, Moskau 1977, S. 112 (Kriterien für die Rechtsmäßigkeit eines Vertrages: Übereinstimmung mit den Grundprinzipien des Völkerrechts, rechtmäßige Objekte, rechtlich befugtes Objekt, freie Zustimmung der Vertragsparteien), (beides russisch).

13. Damit sind hauptsächlich der Irrtum (Artikel 48) der Betrug (Artikel 49) und die Bestechung eine Vertreters eines Staates (Artikel 50 der WVK1) durch welche ein Anspruch auf Ungültigkeit der Zustimmung eines Partners, an den Vertrag verbunden zu sein, geltend gemacht werden kann. Das Fehlen völkerrechtlicher Einwände als ein Zeichen für die Gültigkeit eines Vertrages wird von A. Talalajew mit Nachdruck unterstrichen. Vgl. über die Gültigkeit von völkerrechtlichen Verträgen, in: SGiP, Nr. 5, 1960, S. 144 (russisch).

14. So spricht M. Potocny vom Prinzip des guten Glaubens. Vgl. Das Wiener Abkommen über Vertragsrecht, in: Casopis pro mezinárodni prava, Nr. 1, 1970, S. 6 (tschechisch).

15. Kurs des Völkerrechts ist z. B. die Rede vom Prinzip der Treue gegenüber internationalen Verpflichtungen: Bd. II, Moskau 1967, S. 265 (russisch).

16. „Alle Mitglieder der Organisation erfüllen, um jedem einzelnen von ihnen die sich aus der Mitgliedschaft ergebenden Rechte und Vorteile zu sichern, nach Treu und Glauben die Verpflichtungen, die sie gemäß der vorliegenden Charta übernommen haben." Völkerrecht, Dokumente, Teil 1, Berlin 1973, S. 144.

17. „Das Prinzip, dass die Staaten die Verpflichtungen, die sie in Übereinstimmung mit der Charta der Vereinigten Nationen übernommen haben, nach Treu und Glauben erfüllen".Ibid., Teil 2, S. 1175.

18. „Ein Vertrag muss mach Treu und Glauben entsprechend der üblichen Bedeutung der Vertragswortlautes in seinem Zusammenhang und hinsichtlich seines Gegenstandes und Zwecks interpretiert werden", Ibid., S. 1050.

19. „Die Beziehungen zwischen den Staaten sollen auf Treu und Glauben beruhen.", Ibid., Teil 1, S. 235.

20. C. J. Reports 1952, p. 212. Zit. nach: ILC-Yearbook 1966, Vol. II, 1966, p. 211.

21. Einige ILC-Mitglieder schlugen sogar unter besonderer Beachtung dieser Unterlassungspflicht der Vertragspartner eine entsprechende Bestimmung im Artikel 26 der WVK1 vor. Die Kommission war jedoch der Ansicht, dass dies deutlich in der Verpflichtung inbegriffen sei, den Vertrag nach Treu und Glauben zu erfüllen und zog es

vor, das Prinzip der Vertragstreue in einer möglichst einfachen Form zu formulieren und aufzustellen (A/Conf. 39/11/Add. 2).

22. Die USA und Großbritannien schoben den mit der UdSSR für 1942 vereinbarten Eröffnungstermin der Kampfhandlungen gegen Deutschland unbegründet hinaus. Vgl. Kurs des Völkerrechts, Bd. II, Moskau 1967, S. 269 (russisch).

23. A. Talalajew polemisiert mit Recht gegen eine in der Fachliteratur anscheinend übliche Verwechslung von Gewissenhaftigkeit und Gerechtigkeit. Er meint, dass die Gewissenhaftigkeit in das Völkerrecht aus dem Zivilrecht übernommen wurde, wo sie nicht als moralischer Grundsatz, sondern als ein gewisser „Schuldmilderungsgrund" verstanden wird. Vgl. Internationale Verträge in der Gegenwart, Moskau 1973, S. 105 (russisch).
Zum Verhältnis von Gewissenhaftigkeit und Gerechtigkeit insbesondere G. K. Dmitrijewa, Das Prinzip der Gewissenhaftigkeit im gegenwärtigen Völkerrecht, in: Prawowedenije, Nr. 6, 1976, S. 86.

24. Nach I. Lukaschuk führt eine Analyse der diplomatischen Praxis und der Meinungen der Juristen zu der Schlussfolgerung, dass der Grundsatz der Gewissenhaftigkeit immer eng mit der Moral verknüpft war. Er meint ferner, dass es bei einer Analyse der Praxis bisweilen schwer sei zu sagen, ob die Gewissenhaftigkeit nur eine Vorschrift der Moral oder auch des Rechts ist: Vgl. über Verpflichtungen aus einem Abkommen über Verhandlungen. In: SJMP 1962, Moskau 1963, S. 120 (russisch).

25. Diese Frage ist bereits aufgeworfen worden. Vgl. z. B. H. Wünsche, Völkerrecht – eine Waffe im Kampf um dem Frieden und die Festigung der internationalen Sicherheit, Staat und Recht, Nr. 5, 1985, S. 363.

6. Grundlegende Veränderung der Umstände und Clausula rebus sic stantibus (Artikel 62 WVK1)

6.1 Grundsätzliches zur Clausula rebus sic stantibus

Das Wechselverhältnis zwischen den Vertragsabschlüssen und den Entwicklungen bzw. Veränderungen in den internationalen Beziehungen kann dazu führen, dass Verträge, die eine mehr oder minder wichtige Rolle spielten, allmählich an Bedeutung verlieren und sich zu einem echten Anachronismus entwickeln. Somit entsteht ein Widerspruch zwischen den Erfordernissen der neuen internationalen Beziehungen und der Zielstellung, d. h. dem Inhalt solcher Verträge. Ein Widerspruch dieser Art kann dadurch gelöst werden, dass überholte und anachronistisch gewordene Verträge ersatzlos beendet oder, wenn möglich, den neuen internationalen Bedingungen angepasst werden. So hat z. B. die internationale Entwicklung dazu geführt, dass die lateinamerikanischen Staaten auf der dritten Generalversammlung der Organisation Amerikanischer Staaten im April 1973 in Washington radikale Veränderungen in dieser Organisation verlangten.[1]

Die Veränderung der Lage machte, um ein weiteres Beispiel zu erwähnen, eine Überprüfung der 1954 auf der Konferenz von Manila gegründeten militärischen

Organisation SEATO notwendig. So wurde auf dem am 28. September 1973 stattgefundenen Außenministertreffen der SEATO - Staaten beschlossen, die militärischen Aufgaben der Organisation zu beenden und sie aus einem Militärpakt zu einem Instrument für wirtschaftliche Entwicklung und „innere Sicherheit" zu machen. Der gefasste Beschluss wurde offiziell mit einer „erheblichen Veränderung" der Lage in Südostasien begründet.[2]

Die Veränderungen können sich international mittelbar rechtsbildend auswirken. Sie spielen eine eminente Rolle auch im internationalen Vertragsrecht. So berechtigt z. B. die im Artikel 62 der WVK1 verankerte Regel der grundlegenden Veränderung der Umstände (folgend: Clausula) einen Vertragspartner, unter Berufung auf eine grundlegende Veränderung der Umstände gegenüber jenen, die beim Vertragsabschluss bestanden, und die von den Vertragspartnern nicht vorausgesehen werden konnte, den Vertrag zu beenden oder aus ihm auszutreten oder die Wirksamkeit des Vertrages auszusetzen.

Die im Artikel 62 der WVK1 formulierte Clausula enthält eine Reihe von wichtigen Elementen: a) Die Umstände, auf die sich die grundlegende Veränderung bezieht, bestanden beim Abschluss des Vertrages; die grundlegende Veränderung konnte nicht vorausgesehen werden. b) Die zur Zeit des Vertragsabschlusses bestehenden Umstände sind eine wesentliche Grundlage für ihre Zustimmung zur Verbindlichkeit des Vertrages gewesen. c) Die grundlegende Veränderung der Umstände führt eine grundlegende Wandlung des Umfangs der Vertragspflichten, die noch zu erfüllen sind, herbei. d) Das wichtigste Element, eben die grundlegende Veränderung der Umstände. e) Schließlich das Recht eines Vertragspartners, sich auf die grundlegende Veränderung der Umstände zu berufen und sein Recht auf Beendigung des Vertrages, Austritt aus ihm oder Aussetzung der Wirksamkeit des Vertrages geltend zu machen.

Besondere Aufmerksamkeit gebührt dem wichtigsten Element der Regel, nämlich der grundlegenden Veränderung der Umstände. Nun drängt sich die Frage auf, ob sich auch Veränderungen außervertraglichen Charakters auf das Schicksal eines Vertrages im Sinne des Artikels 62 der WVK1 und damit der Regel auswirken können. Zunächst muss festgestellt werden, dass es falsch wäre, die Bedeutung der Regel losgelöst von den die Entwicklung der internationalen Beziehungen bestimmenden ökonomischen und politischen Faktoren zu betrachten, die einen wesentlichen Einfluss auf das Völkerrecht und damit auch auf das Vertragsrecht ausüben.[3]

Das bedeutet jedoch nicht, dass jede außerhalb eines Vertrages stattfindende Veränderung von Umständen die Anwendung der Regel rechtfertigt, zumal in den internationalen Beziehungen die Umstände unaufhörlich wechseln und es darum einer Vertragspartei durchaus möglich wäre, zu behaupten, dass die eingetretenen Veränderungen den Vertrag unanwendbar gemacht hätten. Vielmehr muss zwischen den außervertraglichen, d. h. den allgemeinen Veränderungen einerseits und der konkreten Veränderung der Umstände andererseits, die eine wesentliche Grundlage für die Zustimmung der betreffenden Partei zum Vertrag bildeten, eine Verbindung bestehen. Diese Verbindung, das Bindeglied, soll eben die Auswirkungen der allgemeinen Veränderungen auf die Veränderungen der Umstände sein, wie die ILC in ihren Kommentaren zur Regel auf ihren Tagungen in den Jahren 1963[4] und 1968[5] hervor hob.

Unter Umständen könnte ferner die Regel bei sich objektiv vollziehenden wirtschaftlichen Prozessen, wie bei einer erheblichen Verschlechterung der Wirtschaftslage eines Staates in Anwendung gebracht werden. Voraussetzung für die Anwendung der Regel ist natürlich das Bestehen eines <u>engen ursächlichen Zusammenhangs</u> zwischen den radikalen wirtschaftlichen Veränderungen und der sich aus den bereits bestehenden Verträgen ergebenden Verpflichtungen. Die im Sommer 1929 einsetzenden wesentlichen Veränderungen der Wirtschaftslage außerhalb und innerhalb Deutschlands hätte z. B. die Anwendung der Clausula in dem Sinne gerechtfertigt, die aus dem durch das „Gesetz über die Haager Konferenz 1929/30" des Deutschen Reichstages vom 30. März 1930 in innerstaatliches Recht umgewandelten Young-Plan herrührenden Schulden Deutschlands nicht mehr zu zahlen.[6]

In einem anderen Beispiel ging es hauptsächlich um innerstaatliche wirtschaftliche Schwierigkeiten. Ein zwischen Jugoslawien und einer Eisenbahngesellschaft entstandener Streitfall wurde vom Völkerbundsrat geprüft und gemäß Artikel 304 des Vertrages von Trianon einem Schiedsgericht zur Entscheidung übergeben. Es handelte sich dabei um die Zahlung bestimmter Entschädigungen. In seinem Urteil vom 5. Oktober 1934 erkannte das Schiedsgericht, dass eine wesentliche Veränderung der Umstände in den finanziellen Bedingungen der Parteien vor sich gegangen war und dass demzufolge andere Methoden angewandt werden könnten.[7] Das war für Jugoslawien ein ziemlich konkreter Hinweis, sich auf die Clausula zu berufen.

Die für die radikale Umstrukturierung getroffenen Feststellungen gelten voll und ganz ebenfalls für Veränderungen im internationalen Preisgefüge. Nach der Resolution 3201 (S-VI) vom 1. Mai 1974 über die Schaffung einer Neuen und gerechten internationalen

Wirtschaftsordnung soll sich die Umwandlung des Weltwirtschaftssystems auch auf die Weltmarktpreise erstrecken. Es wird gefordert, ein „gerechtes Preisverhältnis zwischen den Rohstoffen, Grundstoffen, Fertigwaren und Halbfertigwaren, die von den Entwicklungsländern exportiert werden und den Rohstoffen, Grundstoffen, Fertigwaren, Produktionsgütern und Ausrüstungsgegenständen, die von ihnen importiert werden, zu schaffen, um dadurch eine anhaltende Verbesserung ihres unbefriedigenden realen Austauschverhältnisses und die Expansion der Weltwirtschaft zu erzielen".[8]

Diese Entwicklung in einigen national befreiten Staaten kann dazu führen, dass bestimmte Rohstoffe, die früher unter den Bedingungen einer rückständigen Agrarwirtschaft nur für den Export bestimmt waren, jetzt für den weiteren Aufbau einer eigenen nationalen Industrie unentbehrlich sind. Wenn aber durch langfristige Lieferverträge die Rohstoffe vertraglich gebunden sind, könnte ein Widerspruch zwischen den sich aus den Lieferverträgen ergebenden Verpflichtungen und dem berechtigten Wunsch, im Sinne des wirtschaftlichen und sozialen Fortschritts eine eigene moderne Industrie aufzubauen, entstehen. Solch ein schwerwiegender Widerspruch könnte und müsste m. E. durch die Anwendung der Regel zugunsten des jungen Nationalstaates gelöst werden. In diesem Falle ist die Berufung auf die Regel durchaus gerechtfertigt, weil die im Art. 62 der WVK1 geforderten Voraussetzungen gegeben sind.

In einem anderen Beispiel, das international als „Anglo – Iranian Oil- Company" Fall bekannt wurde, bestand ein enger Zusammenhang zwischen den politischen und den wirtschaftlichen Veränderungen und der Anfechtung früherer Verträge. Der 1933 in Kraft getretene Konzessionsvertrag zwischen dem damaligen Persien und der damaligen „Anglo-Iranian Oil- Company" räumte der Gesellschaft das ausschließliche Recht der Erdölgewinnung und -verarbeitung ein. Die Konzession sollte bis 1993 gelten. Im Jahre 1951 wurde jedoch in Iran die Nationalisierung der Erdölindustrie und das Erlöschen der Konzession beschlossen. Die britische Regierung wandte sich an den Internationalen Gerichtshof, um das iranische Vorgehen als völkerrechtswidrig erklären zu lassen. Der Iran bestritt die Zuständigkeit des I. C. J., der sich durch das Urteil vom 22. Juli 1952 tatsächlich für unzuständig erklärte.[9] Der Sturz der demokratischen Regierung in Iran erleichterte den Abschluss eines neuen Vertrages zwischen Großbritannien und Iran.

Grundlegende Veränderungen politischer, wirtschaftlicher oder sonstiger Art können nicht in jedem Falle zur Berufung auf die Regel berechtigen. Grundlegende

Veränderungen der Umstände sind nach Artikel 62, Ziffer 2, Buchstabe b der WVK1 nicht akzeptabel, wenn sie auf eine „breach by the party invoking it either of an obligation under the treaty or of any other international obligation owed to any other party to the treaty“[10] zurückzuführen sind. Somit wurde der Grundsatz bestätigt, dass eine Vertragspartei keinen Vorteil aus dem eigenen Unrecht ziehen darf (venire contra factum proprium).

Der Grundsatz venire contra factum proprium wurde 1927 vom Ständigen Internationalen Gerichtshof im Factory at Chorzow-Fall bestätigt.[11] In einem anderen Fall aus der internationalen Praxis wurde dieser Grundsatz jedoch nicht beachtet. Serbien stellte z. B. eine Reihe von Forderungen an Bulgarien, die im Grunde auf territoriale Ansprüche hinausliefen, um seinen Rücktritt vom serbisch-bulgarischen Bündnisvertrag zu begründen. Bulgarien lehnte das Ansinnen Serbiens ab, das eine wesentliche Veränderung der Umstände darin sah und vom Vertrag zurücktrat.

Die erwähnte Bestimmung bedeutet dem Wesen nach, dass zwischen der gewollt rechtswidrig herbeigeführten grundlegenden Veränderung und der beabsichtigten Berufung auf die Regel ein kausaler Zusammenhang bestehen muss. Der kausale Zusammenhang liegt nicht vor, wenn ein junger Staat zielgerichtet eine eigene Petrolchemie aufbaut, um seine wirtschaftliche Unabhängigkeit zu festigen und den Wohlstand seiner Bevölkerung zu heben. Um dieses Ziel erfolgreich erreichen zu können, sieht sich der betreffende Staat gezwungen, den Erdölexport einzuschränken und wenn nötig auch gänzlich einzustellen. Eine mögliche Unterstellung des anderen Vertragspartners, der Erdöllieferstaat hätte eine eigene Erdölindustrie aufgebaut, um sich aus dem Liefervertrag ergebenden Verpflichtungen nicht zu erfüllen, wäre nicht stichhaltig und kaum nachweisbar. Staaten, die gegenwärtig ihre Bündnis- oder ihre Wirtschaftspolitik wesentlich umwandeln, lassen sich dabei in ihrer übergroßen Mehrheit von den sich vollziehenden Veränderungen in den internationalen Beziehungen sowie von ihren eigenen Interessen leiten, die im Allgemeinen den objektiven Veränderungen im Weltmaßstab entsprechen und dadurch progressiv bedingt sind. In den zwischenstaatlichen Beziehungen ist es auch möglich, dass die sich auf die Regel berufenden Staaten ausschließlich von ihrem eigenen Interesse ausgehen, was unter Umständen eine große Unsicherheit in den internationalen Beziehungen verursachen könnte. Die unterschiedlichen, mitunter sogar entgegen gesetzten Interessen der Vertragspartner ziehen sich wie ein roter Faden durch den gesamten Prozess der Vertragsvorverhandlungen bis hin zur Vertragsdurchsetzung hindurch.

Die Staaten sollten jedoch ihre eigenen Interessen nicht über alles stellen. Das typischste Beispiel für eine ausgeprägte Interessenpolitik war Otto von Bismarck. Er sagte u. a.: „Die Haltbarkeit aller Verträge zwischen Großmächten ist eine bedingte, sobald sie in dem Kampf ums Dasein auf die Probe gestellt wird. Keine große Nation wird je zu bewegen sein, ihr Bestehen auf dem Altar der Vertragstreue zu opfern, wenn sie gezwungen ist, zwischen beiden zu wählen …; und ebenso wenig lässt sich durch einen Vertrag das Maß von Ernst und Kraftaufwand sicherstellen, mit dem die Erfüllung geleistet werden wird, sobald das eigene Interesse des Erfüllenden dem unterschriebenen Text und seiner früheren Auslegung nicht mehr zur Seite steht.“[12] Einige Juristen vertraten eine ähnliche Auffassung. So meinte z. B. G. Jellinek: „Da jede staatliche Verpflichtung, ihrer substantiellen Seite nach, eine Erfüllung des Staatszweckes ist, so besteht sie nur so lange, als sie diesem Zweck genügt.“[13] Ein weiteres repräsentatives Beispiel ist E. Kaufmann, nach dem alle Staatsverträge eine inhärente Grenze hätten: „Sie sollen und wollen nur binden, solange die Macht- und Interessenlage, die zur Zeit des Abschlusses bestand, sich nicht so ändert, das wesentliche Bestimmungen des Vertrages mit dem Selbsterhaltungsrecht der kontrahierenden Staaten unvereinbar werden.“ [14]

6.2 Kompromissformulierung der Clausula rebus sic stantibus als Synthese objektiver und subjektiver Faktoren

Die Art und Weise der Formulierung der Regel im Artikel 62 der WVK1 deutet darauf hin, dass es sich hierbei um einen Kompromiss zwischen den Gegnern und den Verfechtern der früheren Clausula handelt. So heißt es in der Ziffer 1 dieses Artikels: „A fundamental change of circumstances which has occurred with regard to those existing at the time of the conclusion of a treaty, and which was not foreseen by the parties, may not be invoked as a ground for terminating or withdrawing from the treaty unless:

(a) the existence of those circumstances constituted an essential basis of the consent of the parties to be bound by the treaty; and

(b) the effect of the change is radically to transform the extent of obligations still to be performed under the treaty.“[15]

Der Kompromisscharakter der Formulierung besteht zum ersten darin, dass zwar die Regel in die WVK1 aufgenommen, jedoch die früher übliche Bezeichnung

„Clausula rebus sic stantibus“ oder genauer und vollständiger „Conventio omnis intelligitur rebus sic stantibus“[16] nicht verwendet wurde.

Aus praktisch-politischen und vertragsrechtstheoretischen Gründen wandten sich 1963 in der ILC insbesondere die Vertreter der UdSSR, Polens und Ägyptens[17] gegen den in der Überschrift enthaltenen doktrinären Lehrsatz „Doktrin rebus sic stantibus“ des Entwurfs des Art. 22 im zweiten Bericht von Waldock.[18] Dabei ging es der ILC darum, den vorwiegend „objektiven Charakter der Regel“ zu betonen, weil eben der Begriff „rebus sic stantibus“ mit der These über die Clausula hauptsächlich als stillschweigende Bedingung verbunden war.[19] Eine entscheidende Rolle spielte ebenfalls der Missbrauch der Doktrin Clausula.“ in der Vergangenheit.

Zum zweiten wurde eine eigenartige Formulierung gewählt. In der Ziffer 1 wurde zwar das Prinzip grundsätzlich negativ formuliert: „A fundamental change … may not invoked“, jedoch verbunden mit den relativ umfangreichen Ausnahmen in den Buchstaben a) und b). Offensichtlich sollte mit dieser negativen Fassung der Ausnahmecharakter und damit die ausnahmsweise Anwendung der Regel unterstrichen werden. Daraus kann zum Dritten geschlussfolgert werden, dass es sich beim im Artikel 62 der WVK1 geregelten Grundsatz um eine neue Regel mit einem festumrissenen Anwendungsbereich handelt, die mit der früheren Clausula nicht identisch ist. Sogar wenn den Begriff Clausula angenommen worden wäre, hätte dies keinesfalls die Feststellung gerechtfertigt, es handele sich um die früher übliche Doktrin Clausula, wie sie nahezu von allen Juristen verstanden und von den Staaten angewandt wurde, weil das Völkerrecht ohnehin allen Prinzipien und Normen einen neuen Inhalt verleiht. So besitzen gegenwärtig Prinzipien, die fast genauso lauten wie im klassischen Völkerrecht, z. B. das Souveränitätsprinzip, einen neuen Inhalt.

Die Formulierung im Artikel 62 der WVK1 stellt ferner einen Kompromiss, eine Synthese zwischen objektiven und subjektiven Faktoren dar. Die dadurch von den Vertretern der objektiven und der subjektiven Theorie eingegangenen Kompromisse sind daran zu erkennen, dass von den in der Ziffer 1 enthaltenen Bedingungen für die Berufung auf die Regel drei objektiver und zwei subjektiver Natur sind. Als objektiv anzusehen sind: Der Charakter der Veränderungen, d. h. die „circumstances“ gegenüber denen, die zur Zeit des Vertragsabschlusses bestanden und schließlich die Folgen der Veränderungen, die „radical“ sein müssen. Zu den Bedingungen subjektiven Charakters gehört ohne Zweifel der „consent“ der Partner („the existing of those circumstances constituted an essential basis of the consent of the parties to be bound by the treaty“)

sowie das „not foreseen", durch die Partner, d. h., es handelt sich um von den Vertragspartnern nicht voraussehbare Veränderungen.[20] Dennoch gehören Veränderungen, die für die Zukunft als Möglichkeit in Erwägung gezogen werden, nicht zum Anwendungsbereich der Regel. Diese Feststellung gilt z. B. für den Artikel XIII, Ziffer 1, Buchstabe d des Vertrages zwischen der UdSSR und den USA über eine Begrenzung der Raketenabwehrsysteme vom 26. Mai 1972. In ihm heißt es, dass beide Staaten unverzüglich eine Ständige Konsultativkommission einrichten werden, in deren Rahmen sie „mögliche Veränderungen in der strategischen Situation erörtern, die die Bestimmungen des Vertrages betreffern."[21]

Es wäre jedoch unrichtig, die getroffene Unterscheidung zwischen subjektiven und objektiven Faktoren absolut aufzufassen, weil die Zustimmung bzw. die Erwartungen der Vertragspartner nicht im luftleeren Raum existieren. Sie beziehen sich vielmehr auf konkrete Erscheinungen der internationalen Beziehungen, kurzum der materiellen Welt. Veränderungen, auch radikale, haben ihrerseits nur im Zusammenhang mit Verträgen eine Bedeutung für das Vertragsrecht. Somit existiert zwischen den Bedingungen subjektiver und objektiver Natur ein enges Wechselverhältnis, das durch einen weiteren Faktor ergänzt wird, nämlich durch die Beweisführung, gestützt auf einen objektiv vorhandenen Beweis. Die eigenartige Formulierung der Regel im Artikel 62 der WVK1 ist ein Anzeichen dafür, dass der Widerstand der Verfechter der These von dem impliziten Charakter dieser Regel in der ILC nicht völlig gebrochen werden konnte. Diese in erster Linie den Interessen bestimmter Staaten dienende Variante der subjektiven Theorie besagt, dass jeder Vertrag unter der stillschweigenden Bedingung[22] abgeschlossen wird, dass bei einer Veränderung der Bedingungen der Vertrag automatisch seine Existenzberechtigung verliert, d. h. Beendigung des Rechtsverhältnisses ohne zusätzliche entsprechende Erklärung der Vertragspartner. Diese ins Auge gefasste stillschweigende Beendigungsbedingung eines Vertrages stellt nach W. Sauer dem Wesen nach einen „Sondervertrag"[23] dar, der eine gefährliche Fiktion ist. Die Gefährlichkeit der von der ILC entschieden abgelehnten „stillschweigenden Bedingung" für die internationalen Vertragsbeziehungen und damit auch für die internationale Sicherheit besteht darin, dass die Zustimmung der anderen Vertragspartei zur einseitigen Vertragsaufhebung bei einer Veränderung der Umstände in jedem Fall als gegeben betrachtet wird. Die Durchsetzung der These von der „stillschweigenden Bedingung" würde dem Subjektivismus, der Willkür und dem Rechtsmissbrauch Tür und Tor öffnen.[24] Gerade diese Ansicht war der wichtigste Grund für die Ablehnung der Clausula in der Vergangenheit durch ehemals sozialistische Völkerrechtler. Das bedeutet allerdings nicht, dass der subjektive Faktor bei der Regel keine Bedeutung hätte, zumal ihm, wie bereits festgestellt, bei der Formulierung dieser Norm besondere Aufmerksamkeit geschenkt wurde.

Ebenfalls abzulehnen ist eine weitere Spielart der subjektiven Theorie, nach der die gesamte Problematik der Regel auf die Auslegung beschränkt wird. Damit ist nicht der Bezug der Auslegung auf objektive Sachverhalte, eben auf die Veränderung der Umstände im Sinne eines Feststellungsverfahrens gemeint, sondern die Auslegung der Absichten und des Willens der Partner zur Zeit des Vertragsabschlusses. Diese These leugnet zwar nicht völlig die Bedeutung der Veränderungen, gewährt jedoch dem subjektiven Faktor, also den Absichten und dem Willen der Partner, absolute Priorität. Einer der wichtigsten Vertreter dieser Theorie war D. Anzilotti.[25] Sicherlich muss bei der Anwendung der Regel auch der subjektive Faktor in gewissen Grenzen berücksichtigt werden, zumal dies im Artikel 62, Ziffer 1, Buchst. a in der Form geregelt ist, dass das Bestehen der Umstände eine wesentliche Grundlage für die Zustimmung der Partner war. Darüber hinaus wird auch im Artikel 31, Ziffer 4 auf die Absicht der Parteien Bezug genommen und zwar in dem Sinne, dass bei der Vertragsauslegung einem bestimmten Begriff besondere Bedeutung beizumessen ist, wenn festgestellt wird, „dass dies die Absicht der Partner ist". Unter Zugrundelegung des Vertragstextes sowie bestimmter Materialien, wie Erklärungen der Parteien bei und nach dem Vertragsabschluss, d. h. unter Berücksichtigung des Vertragszieles, lassen sich unter Umständen die mit dem Abschluss des Vertrages verknüpften Erwartungen der Partner ermitteln. Der Ausgangspunkt jedoch, um die Regel anzuwenden, sind nicht diese Erwartungen als Grundlage der Zustimmung an den Vertrag gebunden zu sein, sondern die erfolgten Veränderungen in der objektiven Welt. Ob die eingetretenen Veränderungen grundlegend sind oder nicht, kann hauptsächlich anhand der grundlegenden Umwandlungen der noch zu erfüllenden Verpflichtungen sowie an den Erwartungen der Vertragspartner nachgewiesen werden. Im Allgemeinen wird die These vom ausschließlichen Auslegungscharakter der Regel von amerikanischen Völkerrechtlern vertreten. Der wichtigste Verfechter dieser Theorie ist O. Lissitzyn, nach dem das Problem der Auswirkung einer Veränderung der Umstände auf die Vertragsbeziehungen ein „Problem der Auslegung, der Feststellung der Absichten und Erwartungen der Parteien" sei[26] Aus der Tatsache, dass die Auslegungsthese von den

USA übernommen wurde[27], ist ersichtlich, dass sie den Interessen der USA entspricht. Denn es ist über die Auslegung der ursprünglichen Absichten, d. h. des Willens im Prinzip leichter, den eigenen Standpunkt und die eigenen Interessen gegenüber schwachen Staaten durchzusetzen.

Das in der Regel enthaltene subjektive Element ändert nichts daran, dass diese Regel objektiven Charakter besitzt, weil ihr Wesen durch die eben einen objektiven Charakter besitzenden Veränderungen der Umstände bestimmt wird. Die objektive Natur der Regel wurde von der ILC besonders unterstrichen.[28]

Aus dem objektiven Charakter dieser Regel lässt sich die Feststellung ableiten, dass ihre Anwendung unabhängig vom Inhalt des Willens der Parteien zum Zeitpunkt des Vertragsabschlusses erfolgt. Umso mehr hängt die Wirkung der Regel nach erfolgten Veränderungen vom Willen des interessierten Vertragspartners ab, denn objektive Rechtsregeln wirken nicht automatisch. Ist die Veränderung der Umstände objektiv gegeben, so kann sich die betreffende Partei auf die Regel berufen. Die gegen den Widerstand der Vertreter einiger Staaten in der ILC erzielte Objektivierung der Regel schuf die Bedingungen und Voraussetzungen für eine Übereinstimmung dieses Prinzips mit dem allgemeindemokratischen Charakter und der friedenssichernden Funktion des Völkerrechts. Damit wird die Wahrscheinlichkeit des Missbrauchs dieser Regel wesentlich geringer. Daher wurde im Zuge der Kodifizierung die Konzeption der grundlegenden Veränderung der Umstände mit neuem Inhalt erfüllt und zu einer Regel des Völkerrechts erhoben.

6.3 Anwendungsbedingungen prozessualen Charakters und Lösungsmöglichkeiten von Streitigkeiten

Aus der Art und Weise der Formulierung der Regel im Artikel 62 der WVK1 ist ersichtlich, dass eine Reihe von Voraussetzungen vorliegen müssen, damit ein Staat sich auf diese Regel berufen und sie damit anwenden kann. Somit wird im Artikel 62 der WVK1 der Anwendungsbereich der Regel genau bestimmt bzw. eingegrenzt[29] und deren Ausnahmecharakter[30] unterstrichen. Infolgedessen ist diese Regel kein Allheilmittel, bestehende Verträge zu überprüfen und, wenn nötig, zu beenden.

Es gibt in den Vertragsbeziehungen weitere Mittel, um beim Vorliegen natürlich anderer Voraussetzungen, gültige Verträge zu beenden.[31] Eine Überbewertung der Regel in den zwischenstaatlichen Vertragsbeziehungen wäre daher fehl am Platze. Eine sinnvolle[32] und gerechte Anwendung der Regel setzt dabei unbedingt voraus, dass sie in einem engen Zusammenhang mit den Grundprinzipien des Völkerrechts gesehen werden muss. Sie darf in keinem Falle über die Grundprinzipien erhoben werden, da sonst die Gefahr der Willkür und damit der Völkerrechtsverletzungen besteht. So ist die Anwendung der Regel sinnvoll, gerecht und völkerrechtsgemäß, wenn dadurch den Zielen und Prinzipien der Charta der Vereinten Nationen entsprochen wird und die internationale Sicherheit sowie die internationale friedliche Zusammenarbeit nicht gefährdet bzw. nicht gestört werden.[33] Gerade darin soll nach dem Völkerrecht der Unterschied der Regel von der früheren Clausula bestehen.

Die grundsätzlich negative Formulierung der Regel im Artikel 62 der WVK1, ihre bisherige sowie die künftige Anwendung durch die Staaten werfen eine Reihe von Fragen auf: wer die Beweislast über eine grundlegende Veränderung der Umstände zu tragen hat; wer über das Vorliegen grundlegender Veränderungen zu entscheiden hat; ob das Vorliegen grundlegender Veränderungen ohne weiteres zur Inanspruchnahme der im Artikel 62 der WVK1 vorgesehenen Rechte, wie Beendigung eines Vertrages, Austritt aus dem Vertrag oder Aussetzung der Wirksamkeit des Vertrages berechtigen; ob die sich auf eine grundlegende Veränderung der Umstände berufende Vertragspartei verpflichtet ist, zuerst mit der anderen Vertragspartei zu verhandeln, um gemeinsam eine Lösung zu finden; ob die Zustimmung der anderen Vertragspartei zur Anwendung des Artikel 62 der VTK 1 unbedingt erforderlich ist; ob bei der Anwendung der Regel eventuell Fristen zu beachten sind; ob die international üblichen Mittel der friedlichen Streitbeilegung auch bei der Berufung auf die Regel anzuwenden sind und schließlich; ob die Staaten sich expressis verbis auf die Regel zu berufen haben oder sich auch lediglich auf grundlegende Veränderungen berufen können. Wenden wir uns nun den aufgeworfenen Problemen im Einzelnen zu.

Es ergibt sich aus der Funktion der Regel, dass die Vertragspartei, welche die Initiative ergreift, um einen Vertrag in Frage zu stellen und sich auf erfolgte grundlegende Veränderungen beruft, auch die Beweislast tragen muß.[34] So ist es ihre Aufgabe, im Einzelnen nachzuweisen, dass die Umstände, auf die sich die grundlegende Veränderung bezieht, schon zur Zeit des Vertragsabschlusses bestanden, dass sie eine wesentliche Grundlage für die Zustimmung der Vertragspartner waren, an den Vertrag gebunden zu sein, dass die Veränderung tatsächlich grundlegend ist und schließlich, dass die grundlegende Veränderung der Umstände zu einer grundlegenden Wandlung des Umfanges der noch zu erfüllenden Vertragspflichten geführt hat. Aus den Beispielen aus der neueren Geschichte der internationalen Beziehungen ist ersichtlich, dass die Staaten, die vom Grundsatz der grundlegenden Veränderung der Umstände Gebrauch machten, die Beweislast trugen.

Aus der Vertragspraxis zwischen den Staaten sei auf das Beispiel des Austritts Frankreichs aus dem „Alliierten Oberkommando" und dem „Kommando Europa Mitte" der NATO 1966 verwiesen. In seinem Schreiben vom 7. März 1966 an den damaligen Präsidenten der USA L. B. Johnson versuchte der damalige französische Staatspräsident Charles de Gaulle den Nachweis zu erbringen, dass durch die sich in Europa und international vollzogenen grundlegenden Veränderungen der Anlass zum Abschluss des NATO-Paktes weggefallen sei.[35]

Die im Antwortschreiben des USA-Präsidenten ebenfalls vom 7. März 1966 zum Ausdruck gebrachte ablehnende Haltung der USA veranlasste die französische Regierung, ihre Beweisführung zu konkretisieren, um die übrigen vierzehn NATO-Staaten von der berechtigten Berufung Frankreichs auf die grundlegende Veränderung der Umstände zu überzeugen. So hieß es im Aide-Mémoire der französischen Regierung vom 10. März 1966: „Die Bedrohung der westlichen Welt – insbesondere in Europa – die Anlass zum Abschluss des Vertrages war, hat sich nämlich ihrem Wesen nach geändert. Sie besitzt nicht mehr den unmittelbaren und gefahrvollen Charakter, der ihr früher innewohnte. Andererseits haben die europäischen Länder ihre Wirtschaft wieder aufgebaut und so erneut Mittel in die Hand bekommen. Insbesondere stattet sich Frankreich mit einer atomaren Rüstung aus, deren Natur allein schon seine Integration ausschließt. Drittens hat das nukleare Gleichgewicht zwischen der Sowjetunion und den Vereinigten Staaten, das an die Stelle des Monopols der letzteren getreten ist, die allgemeinen Voraussetzungen für die Verteidigung des Westens verändert. Letzten Endes ist es eine Tatsache, dass Europa nicht mehr das Zentrum internationaler Krisen ist. Dieses hat sich anderswohin verlagert, namentlich nach Asien, wo die Gesamtheit der Staaten des Atlantischen Bündnisses offensichtlich nicht betroffen ist."[36]

Die grundsätzliche Feststellung, dass die Vertragspartei, die eine grundlegende Veränderung der Umstände geltend macht, die Beweislast zu tragen hat, schließt unter Umständen nicht aus, dass die betroffenen Vertragsparteien ihrerseits versuchen, das Gegenteil zu beweisen. So ist es vertragstheoretisch sowie praktisch durchaus möglich, dass die anderen Vertragsparteien, die mit dem Vorgehen ihres Vertragspartners nicht ganz einverstanden sind, daran interessiert sind, den Nachweis zu erbringen, dass die erfolgten Veränderungen nicht grundlegend waren, oder auch wenn sie grundlegend wären, sie die einseitige Beendigung der Wirksamkeit eines Vertrages nicht rechtfertigen würden. Um beim erwähnten Beispiel zu bleiben, die anderen NATO-Staaten bestritten nicht die Berufung auf die veränderten Umstände. Sie waren vielmehr der Meinung, dass die eingetretenen Veränderungen nach Art und Umfang zur Begründung des Austritts Frankreichs aus den genannten Militärorganen der NATO nicht ausreichend wären. Sie betonten ferner in ihrer gemeinsamen Erklärung vom 18. März 1966 die Notwendigkeit der Fortexistenz der NATO.[37]

In direkter Verbindung mit dem Tragen der Beweislast steht das Problem, wer über das Vorliegen grundlegender Veränderungen der Umstände zu entscheiden hat.[38] Hierbei handelt es sich um das Hauptproblem bei der Anwendung der Regel: Die relativ große Gefahr des Missbrauchs. Hat nämlich ein Staat ohne weiteres das Recht, über das Vorliegen grundlegender Veränderungen zu entscheiden, so besteht grundsätzlich die Möglichkeit und die Gefahr der Willkür und des Mißbrauchs[39], was allerdings der Sicherheit und der Stabilität in den zwischenstaatlichen Vertragsbeziehungen widersprechen würde. Somit gäbe es keinen Unterschied zwischen der früheren Clausula und der modernen Regel. Die anderen Vertragspartner müssten auch das Recht und die Möglichkeit haben, ihre Meinung[40] dazu zu äußern, ob tatsächlich eine grundlegende Veränderung vorliegt oder vielleicht nicht. Es wäre jedoch verfehlt, die Anwendung der Regel von der Zustimmung der anderen Vertragsparteien abhängig zu machen, weil die Berufung auf die grundlegenden Veränderungen und das damit verbundene Ziel, von den sich aus dem Artikel 62 der VTK 1 ergebenden Rechten Gebrauch zu machen, kein Vertragsangebot[41] darstellt. Die Anwendung dieser Regel von der Zustimmung anderer Staaten abhängig zu machen, würde bedeuten, der Regel die Existenzberechtigung in den zwischenstaatlichen Vertragsbeziehungen zu entziehen.

Davon zu unterscheiden wäre die allgemeine Pflicht des Staates, vor der Einleitung einseitiger Maßnahmen wenigstens den Versuch zu unternehmen, die Zustimmung der anderen Staaten zu erreichen[42], wozu Verhandlungen notwendig sind. Ein weiteres Problem eher prozessualer Art wären die bei der Anwendung der Regel eventuell zu beachtenden Fristen. Hierbei handelt es sich um das zeitliche Verhältnis zwischen dem tatsächlichen Eintreten der grundlegenden Veränderung der Umstände und der Berufung auf die Regel. Diesbezüglich kann der Auffassung nicht gefolgt werden, man müsse das Vorliegen der Voraussetzungen unverzüglich geltend machen.[43] Gewiss darf der betreffende Staat die anderen Vertragspartner nicht zu lange über den beabsichtigten Angriff auf die Geltungsdauer des Vertrages im Ungewissen halten.

Vielmehr muss die interessierte Partei in angemessener Zeit nach dem Eintritt der Veränderungen handeln.[44]

Es ist aber nicht auszuschließen, dass ein Staat zuerst versucht hat, den Vertrag auch nach dem Eintreten der veränderten Umstände zu erfüllen und dass die Berufung auf die Regel für ihn der letzte Schritt, also ein Notbehelf war. Es wäre daher ungerecht, ihm das Recht auf Berufung auf diese Regel zu verweigern, falls er seine Ansprüche erst nach Ablauf einer bestimmten Zeit seit dem Eintreten der grundlegenden Veränderung geltend macht.[45]

Es handelt sich ferner um den zeitlichen Abstand zwischen der Berufung auf die Regel und der Einleitung von Maßnahmen. Artikel 62 der VTK 1 sieht zwar keine Fristen vor, es ist jedoch m. E. durchaus möglich, den Artikel 65 der WVRK1 zur Anwendung zu bringen. Den Ansatzpunkt dafür liefern die Ziffern 1 und 2. So heißt es in der Ziffer 1, dass „A party which, under the provisions of the present Convention, … either …, or a ground for impeaching the validity of a treaty, terminating it, withdrawing from it or suspending its operation, must notify the other parties of its claim".[46] Relevant ist die Tatsache, dass die im Artikel 65, Ziffer 1 erwähnten Begriffe, wie Beendigung eines Vertrages, Austritt aus ihm und Aussetzung der Wirksamkeit des Vertrages ebenfalls im Artikel 62 als Folgen der Geltendmachung der Regel enthalten sind. Ziffer 1 des Artikel 65 fordert ferner, dass in der Notifizierung die beabsichtigten Maßnahmen sowie die Gründe enthalten sein müssen: „The notification shall indicate the measure proposed to be taken with respect to the treaty and the reasons therefor".[47]

Die Notifizierung ist insofern von Bedeutung, als mit dem Tag ihres Einganges bei dem Staat, für den sie gedacht ist, die Frist von grundsätzlich drei Monaten beginnt. Wird nach Ablauf dieser Frist vom anderen Vertragspartner kein Einwand gegen die in der Notifizierung beabsichtigten Maßnahmen erhoben, so kann nach der Ziffer 2 des Artikels 65 der betreffende Staat die seiner Ansicht nach notwendigen Maßnahmen ergreifen. Dabei hat er die im Artikel 67 fixierten Formalitäten zu beachten. So muss er jede Handlung, die zum Ziel hat, einen Vertrag zu beenden, den Austritt aus dem Vertrag zu erklären oder seine Wirksamkeit auszusetzen, dem anderen Vertragspartner schriftlich mitteilen. Das entsprechende Dokument wird vom Staatsoberhaupt, vom Regierungschef oder vom Außenminister unterzeichnet.

Nach der Notifizierung der beabsichtigten Berufung auf die grundlegende Veränderung der Umstände und der damit verbundenen Maßnahmen könnte folgende Situation entstehen: Der andere Partner wäre damit einverstanden, obwohl, wie bereits erwähnt, seine Zustimmung zur Anwendung der Regel keine unbedingte Voraussetzung ist; der andere Partner wäre zwar grundsätzlich mit der Berufung auf die grundlegende Veränderung einverstanden, er hätte jedoch gegen die Art und Weise des Einleitens von Maßnahmen einige Einwände zu erheben. Er könnte z. B. dagegen sein, dass der betreffende Staat sofort den Vertrag beendet und damit zu der drastischsten Maßnahme schreitet. Dieser Einwand könnte eventuell berechtigt sein, vorausgesetzt, dass die Natur der grundlegenden Veränderung lediglich eine Aussetzung der Wirksamkeit des Vertrages ermöglicht. Wird sein Einwand dieser oder jener Art nicht berücksichtigt, so könnte ein Rechtsstreit entstehen, der übrigens auch entsteht, wenn der betroffene Staat im Sinne der Ziffer 3 des Artikels 65 überhaupt gegen die Notifizierung innerhalb der Frist von mindestens drei Monaten Einspruch erhebt. Somit entsteht ein Streit, der nach Artikel 33 der UN-Charta geregelt werden muss: „If, however, objection has been raised by any other party, the parties shall seek a solution through the means indicated in Article 33 of the Charter of the United Nations".[48] Es fällt auf, dass in dieser Bestimmung des Artikel 65 der WVK1 nicht allgemein auf den Artikel 33 der UN-Charta verwiesen wird, sondern auf die in dieser Charta-Bestimmung angeführten Mittel, die zur Lösung von Streitigkeiten geeignet sind. Der Grund für diese Betonung der Mittel könnte darin liegen, dass es sich im Artikel 63 um einen Streitfall handelt, „the continuance of which is likely to endanger the maintenance of international peace and security".[49]

Theoretisch könnte auch ein Streit über die verschiedenen Aspekte bei der Anwendung der Regel einen Charakter dieser Art besitzen, aber in der Regel wird nur die Vertragssicherheit gefährdet. Die auch in solchen Fällen anzuwendenden Mittel sind die Verhandlungen, als das wichtigste Mittel und die geeignete Methode, Streitfälle zwischen den Staaten beizulegen. Auch Streitigkeiten über die Regel werden im Allgemeinen „hinter der Bühne der diplomatischen Verhandlungen"[50] beigelegt. Zu den Mitteln der friedlichen Streitbeilegung nach Artikel 33 gehören ferner die Untersuchung, die Vermittlung, der Vergleich, der Schiedsspruch, die gerichtliche Regelung, die Inanspruchnahme regionaler Organe oder Abmachungen oder andere friedliche Mittel eigener Wahl. Das bedeutet, dass alle Mittel[51] der friedlichen Streitbeilegung angewandt werden können und müssen.

Kommt es nun gemäß Ziffer 3 des Art. 65 der WVK1 innerhalb von zwölf Monaten nach Erhebung des Einspruchs zu keiner Lösung des Problems, so kann nach Artikel 66, Buchstabe b das im Anhang der VTK 1 dargelegte Verfahren eingehalten bzw. eingeleitet werden. Diese Bestimmung bezieht sich auf Streitfälle über die Anwendung der Artikel im Teil V der Konvention, d.h. Artikel 42 bis 72, womit auch Artikel 62 erfasst wird. Danach kann ein Antrag an den UN-Generalsekretär gestellt werden, damit er den Streitfall vor eine Schlichtungskommission bringt. Nach Punkt 3 des genannten Anhangs werden Beschlüsse und Empfehlungen der Schlichtungskommission durch Stimmenmehrheit der fünf Mitglieder angenommen. Nach Punkt 4 kann die Kommission die Streitparteien auf alle Maßnahmen hinweisen, die eine gütliche Beilegung („facilitate and amicable settlement")[52] des Streitfalls erleichtern könnten.

Mit dieser notwendigen Verfahrensweise sind eine Reihe von Fristen verbunden, insgesamt ca. dreiunddreißig Monate, davon mindestens drei Monate, innerhalb derer die anderen Vertragspartner gegen die Notifizierung Einspruch erheben können (Artikel 65, Ziffer 2). Ferner zwölf Monate, wenn nach Erhebung des Einspruchs keine Lösung erzielt worden ist (Artikel 66 in Verbindung mit Artikel 65, Ziffer 3). Sechzig Tage für die Ernennung der vier von den Parteien gewählten Beauftragten, weitere sechzig Tage für die Auswahl des Kommissionsvorsitzenden und noch sechzig Tage für die Einschaltung des UN-Generalsekretärs zwecks Ernennung eines Vorsitzenden, im Falle, dass die Streitparteien sich darüber nicht geeinigt haben (Punkt 2 des Anhangs zur WVK1 in Verbindung mit Artikel 66, Buchstabe b). Dazu kommen noch zwölf Monate für das Erstatten des Berichts der Schlichtungskommission (Punkt 6 des Anhangs zur WVK1). Infolgedessen könnten unter Umständen ca. drei Jahre vergangen sein, bevor ein Staat nach der Berufung auf die Regel zu den entsprechenden einseitigen Maßnahmen schreiten darf.

Es ist ferner möglich, dass die Streitparteien sich vor dem Beschreiten des dargelegten Verfahrensweges oder auch nach dem Scheitern der Verhandlungen[53] und vor dem Einleiten einseitiger Maßnahmen der internationalen Gerichtsbarkeit bedienen, um ihren Streit beizulegen. Somit hängt die Wahl des Verfahrensweges von den betreffenden Staaten und den konkreten Bedingungen ab. Im Unterschied jedoch von den Streitfällen über die Anwendung oder Auslegung der Artikel 53 und 64 der WVK1, bei denen es möglich ist, dass jede Streitpartei den Fall auf schriftlichen Antrag hin dem Internationalen Gerichtshof zur Entscheidung übermitteln kann (Artikel 66, Buchstabe a) der WVK1), besteht bei Streitfällen über die Regel die Möglichkeit der Inanspruchnahme der internationalen Gerichtsbarkeit nur bei beiderseitigem Einverständnis der Streitparteien[54], das anstehende Problem einem Gericht zur

Beurteilung zu übergeben. Die Hinzuziehung eines Gerichts zur Lösung eines Streites über die Regel sollte allerdings nicht zu der Auffassung führen, dass ohne die Entscheidung eines internationalen Gerichts bzw. eines Schiedsgerichts die einseitige Beendigung der Wirksamkeit eines Vertrages nicht zulässig wäre.[55] Eine solche Auffassung könnte man nur dann akzeptieren, wenn es auch in Bezug auf die Regel ein Gerichtsobligatorium gegeben hätte. Die Einführung einer verbindlichen internationalen Gerichtsbarkeit würde ohnehin der Funktion der grundlegenden Veränderung der Umstände als Regel des Völkerrechts widersprechen, das die allerletzte rechtliche Möglichkeit eines Staates ist, sich u. a. von seine Existenz bedrohenden Verträgen zu befreien. Deshalb sind jene Auffassungen abzulehnen, nach denen ohne die Inanspruchnahme eines internationalen Gerichts die Regel eine große Gefahr für die Rechtssicherheit darstellen würde.

Das Fehlen einer obligatorischen internationalen Gerichtsbarkeit über die frühere Clausula hat in der Vergangenheit die internationalen Gerichte bzw. Schiedsgerichte nicht daran gehindert, natürlich auf Ersuchen der an einem Streitfall über die Anwendung der Clausula beteiligten Parteien, sich mit dieser Problematik zu befassen. Die internationalen Gerichte bzw. Schiedsgerichte verhielten sich in dem Sinne zurückhaltend, dass sie zwar die Clausula nicht ablehnten bzw. sie als Regel des Völkerrechts anerkannten, ohne jedoch sie im konkreten Fall anwenden zu wollen.[56] Als Beispiel sei der Genfer Freizonenstreit (Free Zones case) erwähnt, bei dem der Ständige Internationale Gerichtshof die Auffassung vertrat, dass die eingetretenen Veränderungen, auf die sich Frankreich berief, nicht wesentlich wären und daher die Anwendung der Clausula nicht gerechtfertigt wäre.[57]

Ein weiteres Problem eher prozessualen Charakters ist, ob sich die Staaten expressis verbis auf die Regel zu berufen haben oder sich auch nur allgemein auf grundlegende Veränderungen berufen können. Im Hinblick auf die Anrufung der Regel oder allgemein der Veränderungen wäre es möglich, verschiedene Varianten bzw. Stufen[58] zu unterscheiden, die allerdings ein gemeinsames Merkmal aufzuweisen haben, eben die Geltendmachung der sich aus einer grundlegenden Veränderung der Umstände ergebenden Rechte.

Es ist möglich, dass die Staaten sich so eo nominae auf die Regel berufen. So wurde der damals übliche Terminus „C. r. s. s." oft verwendet, wie z. B. in einer am 14. Dezember 1952 von der französischen Deputiertenkammer angenommenen Resolution.[59] Es liegt ferner im Bereich des Möglichen, dass die Staaten sich lediglich auf „Veränderungen“ berufen. So z. B. in dem an den Völkerbundsrat am 29.04.1938 gerichteten Memorandum des Bundesrates der Republik Schweiz: „Die Bedingungen, unter denen die Schweiz in den Völkerbund eintrat, haben sich seither gründlich verändert.“[60]

In der Staatenpraxis kommt es weiter vor, dass die Staaten auf neuentstandene Situationen verweisen, ohne sich des Begriffes „Veränderungen“ direkt zu bedienen. In einem solchen Fall ist entscheidend, dass die eingetretene Situation auch tatsächlich objektiv neu ist. Norwegen verwies z. B. 1922 auf die um die Ostsee neuentstandene Lage – Finnland wurde ein unabhängiger Staat – und betrachtete bestimmte Klauseln der Konvention vom 2.11.1907 als überholt.[61]

Keineswegs selten sind auch Fälle, in denen die betreffenden Staaten nach eingetretenen Veränderungen und nach neuentstandenen Situationen entsprechend handeln, ohne sich auf die Regeln, allgemein auf Veränderungen oder auf die neuentstandenen Situationen zu berufen. In solchen Fällen stellen die erfolgten Veränderungen offensichtlich das auslösende Moment und zugleich die objektiv gegebene Grundlage für staatliche Aktivitäten dar. So erfolgte z. B. nach dem Sturze Nkrumahs eine Veränderung in der Innenpolitik Ghanas, die sich auf seine Außenpolitik auswirkte. Die neue Regierung weigerte sich, die Auslandsschulden in einer Höhe von 620 Millionen. Dollar zu begleichen. Etwa 90 Millionen. Dollar Schulden wurden für nichtig erklärt, weil nach Auffassung der neuen Regierung diese Verpflichtungen unter unlauteren Umständen eingegangen wurden. Die neue Regierung bildete dennoch einen Ausschuss, der jeden Kredit der Vorgängerregierung überprüfen sollte und bestand auf einer grundlegenden Änderung der Kreditbestimmungen.[62]

6.4 Anwendung der Clausula rebus sic stantibus auf Verträge unabhängig von der Dauer und Ausschluss der Anwendung auf Grenzverträge

Die dargelegten prozessualen Aspekte sind von den Staaten bei der Anwendung der Regel nach Möglichkeit zu beachten. Es drängt sich dabei nun die Frage auf, ob diese Norm auch auf befristete Verträge und auf Grenzverträge angewandt werden kann. Im Hinblick auf die Dauer der Verträge kann festgestellt werden, dass zum ersten die Regel einen objektiven Charakter hat und daher auf alle Verträge anwendbar ist und zwar unbeschadet ihrer Dauer, d. h. unabhängig davon, ob sie befristet oder unbefristet sind. Diese Feststellung ist insofern von Bedeutung, als es kein festes und überzeugendes Kriterium darüber gibt, welche Verträge auch tatsächlich befristet sind und worin der für die Regel relevante eigentliche Unterschied zwischen einem „befristeten" Vertrag mit einer Dauer von 99 Jahren und einem unbefristeten Vertrag besteht.[63] Zum zweiten kann durch die rasante politische und wissenschaftlich-technische Entwicklung auch die Bedeutung und die Wirksamkeit eines Vertrages mit einer Dauer sogar von fünf oder zehn Jahren erheblich beeinträchtigt werden. Das gilt insbesondere für Bündnisverträge. Schon einige Jahre nach dem Abschluss eines Bündnisvertrages ist eine grundlegende Wandlung der Politik eines der Bündnispartner nicht auszuschließen. Frankreich verließ z. B. schon im vierzehnten Jahr die militärische Organisation der NATO, obwohl gemäß Artikel 13 die NATO-Satzung eine Geltungsdauer von zwanzig Jahren vorsah.[64]

In der Staatenpraxis wurde die frühere Regel Marokko auch auf befristete Verträge angewandt. So z. B. in dem Fall Tunis - Marocco Nationality Decrees, mit dem sich der P. C. I. J. 1923 zu befassen hatte. Großbritannien protestierte gegen die Dekrete von 1921, nach denen die in der zweiten Generation in Tunesien und Marokko geborenen Personen naturalisiert werden sollten. Großbritannien berief sich dabei auf mit den genannten Staaten früher abgeschlossene Verträge, die einen Ausschluss der britischen Staatsangehörigen vom Staatsangehörigkeitswechsel vorsahen. Frankreich berief sich auf die Clausula, um die Ungültigkeit der Verträge Großbritanniens mit Marokko und Tunesien zu begründen: Die Umstände hätten sich durch die Errichtung des französischen Protektorats grundlegend geändert. In seinem Gutachten ging der P. C. I. J. auf die Clausula nicht ein. Er meinte lediglich, dass in Bezug auf die Gültigkeit der Verträge einer Partei nicht zustehe, über diese Frage in eigener Kompetenz zu entscheiden.[65]

Die Ausdehnung der Regel auch auf befristete Verträge wurde in erster Linie unter Beachtung der angeführten Gründe von ehemals sozialistischen Völkerrechtlern[66] bejaht, während vorwiegend westliche Völkerrechtler[67] dies verneinten. Während die Regel in erster Linie auf befristete und im Prinzip auch auf unbefristete Verträge angewandt wird, gilt dies nicht bei einer besonderen Art unbefristeter Verträge, namentlich bei den Grenzverträgen. Die Formulierung des Artikel 62 der WVK1 als eine Ausnahme beinhaltet in der Ziffer 2, Buchstabe a, selbst eine Ausnahme, dass nämlich eine grundlegende Veränderung der Umstände kein Grund sein kann, die Beendigung eines Grenzvertrages oder den Austritt aus ihm geltend zu machen: „A fundamental change of circumstances may not be invoked as a ground for terminating or withdrawing from a treaty: a) if the treaty establishes a boundary".[68]

Für die Richtigkeit und Bedeutung dieser fixierten Ausnahme spricht eine Reihe von Gründen: Erstens müssen sich Grenzen im Interesse des Friedens und der Sicherheit durch Stabilität auszeichnen, weil sich territoriale Streitigkeiten relativ schnell zu militärischen Auseinandersetzungen entwickeln können, denn Grenzen sind mit der Souveränität, konkret mit der politischen Unabhängigkeit und der territorialen Integrität mehrerer Staaten direkt verbunden. Insofern unterscheiden sich Grenzverträge von anderen Verträgen. Eine Ausdehnung der Regel auf Grenzverträge würde jedoch einseitige Maßnahmen durch einen Staat zur Folge haben, was in jedem Falle zur Verletzung der politischen Unabhängigkeit und der territorialen Integrität des Nachbarstaates führen würde. Das wäre allerdings eine Verletzung des Artikels 2, Ziffer 4 der UN-Charta, der die Staaten verpflichtet, sich in ihren internationalen Beziehungen der gegen die territoriale Integrität eines anderen Staates gerichteten Gewaltandrohung oder Gewaltanwendung zu enthalten. Somit würde sich die Regel von „einem Instrument friedlicher Änderung in eine Quelle gefährlicher Reibungen" verwandeln, wie die ILC in ihrem Kommentar dazu zutreffend feststellte.[69] An dieser Stelle sei auf das Urteil des I. C. J. vom 26. Mai 1961 zu den Grenzstreitigkeiten zwischen Kambodscha und Thailand (Temple of Preah Vihear Case) verwiesen, in dem die Meinung eindeutig vertreten wurde, dass die Clausula auf Grenzverträge nicht angewandt werden darf.[70] Zu beachten wäre zweitens, dass die Regel sich auf noch geltende Verträge bezieht, während Grenzverträge und auch Friedensverträge eine feste Lage, einen definitiven Zustand geschaffen haben und damit durch Erfüllung beendet worden sind. Was danach gilt, ist nicht der bereits ausgeführte Grenzvertrag oder der Friedensvertrag, sondern die von ihnen geschaffenen Sachverhalte und Tatsachen.[71] Es würde daher bei einer eventuellen Anwendung der Regel auf Grenzverträge nicht etwa um die Abänderung von Vertragsbestimmungen schlechthin gehen, sondern um die Veränderung von bereits bestehenden Tatsachen und Situationen. Das würde aber auf den Widerstand, bis hin zum militärischen, der betroffenen Nachbarstaaten stoßen und dadurch den Frieden ernsthaft gefährden. Es ist ohnehin völlig ausgeschlossen, ausgehend von der Regel, die eine spezielle Regel darstellt, übergeordnete Grundprinzipien des Völkerrechts, zu denen auch die souveräne Gleichheit der Staaten gehört, zu eliminieren.

6.5 Folgen der Berufung auf die Clausula rebus sic stantibus

Die sich aus der Anwendung der Regel ergebenden Folgen sind im Artikel 62, Ziffer 3 der WVRK1 festgelegt: „If, under the foregoing paragraphs, a party may invoke a fundamental change of circumstances as a ground for terminating or withdrawing from a treaty it may also invoke the change as a ground for suspending the operation of the treaty“.[72]

Die Reihenfolge der möglichen Rechte bzw. Maßnahmen berechtigt jedoch zur Annahme, dass die Formulierungen in der Ziffer 3 mit einem wesentlichen Mangel behaftet sind: die Aufzählung beginnt mit der höchsten Maßnahme, eben mit der Vertragsbeendigung, die eigentlich der allerletzte Schritt sein sollte, und endet unverständlicherweise mit der Vertragsaussetzung, die ihrer Bedeutung und Funktion nach zu den Maßnahmen im Anfangsstadium der Geltendmachung der Regel gehören müsste. Andererseits könnte dem entgegengehalten werden, dass bei den „politischen Verträgen“, wie z. B. bei den Bündnisverträgen, die Beendigung oder der Austritt wohl in Frage kämen, aber nicht die Aussetzung. Daraus könnte geschlussfolgert werden, dass die Beendigung und der Austritt in ihrer Anwendung häufiger und in ihrem Geltungsbereich umfangreicher sind als die Aussetzung. Dennoch weisen alle drei genannten Möglichkeiten ein gemeinsames Merkmal auf, nämlich die Loslösung von den vertraglichen Verpflichtungen.

Die bereits gewonnenen Erkenntnisse in Bezug auf die Einhaltung notwendiger prozessualer Bedingungen bei der Anwendung der Regel gelten uneingeschränkt auch für die Beendigung eines Vertrages. In diesem Fall sind ebenfalls verschiedene Stadien bzw. Stufen verfahrensmäßiger Natur zu durchlaufen, bevor der interessierte Staat von seiner allerletzten Möglichkeit, nämlich von der Beendigung, Gebrauch macht. Hierbei müsste er sich zunächst jeder Maßnahme enthalten und überhaupt alles vermeiden, was die internationale Zusammenarbeit stören und zwischenstaatliche Streitigkeiten, die den Frieden gefährden, heraufbeschwören könnte. Demnach dürfte nach einer erfolgten grundlegenden Veränderung der Umstände und nach der entsprechenden Berufung darauf der erste Schritt nicht darin bestehen, den Vertrag gleich als ungültig zu betrachten.[73] Vielmehr muss der in Frage kommende Staat den Versuch unternehmen, das Weitergelten des Vertrages anzufechten. Damit ist unmittelbar die Möglichkeit verbunden, dass er durch die andere Vertragspartei von der Erfüllung der Vertragsverpflichtungen befreit wird. Hierbei kann es sich jedoch nur um ein Zwischenstadium und nicht um das Endziel handeln, wie mitunter behauptet wird.[74] In diesem Zwischenstadium sind in der Regel Verhandlungen[75] notwendig, um im Sinne der Verständigung gemeinsam eine Lösung des durch die Entwicklung entstandenen Widerspruchs zu finden. Somit besteht für den anderen Vertragspartner die Möglichkeit, zum entstandenen Problem Stellung zu nehmen. Unter Berücksichtigung des Wechselverhältnisses zwischen Stabilität und Veränderung könnte unter Umständen das Verhandlungsziel sein, den bestehenden Vertrag an die neuen Verhältnisse anzupassen. Dazu ist aber in jedem Falle das Einverständnis des anderen Vertragspartners erforderlich. Lehnt nun die andere Vertragspartei überhaupt Verhandlungen ab oder ist sie nicht bereit, sich an einer konstruktiven Lösung des entstandenen Problems zu beteiligen, dann hat der interessierte Partner seiner unumgänglichen Pflicht Genüge getan, ehe er berechtigt ist, zur ultima ratio zu greifen, nämlich den Vertrag einseitig zu beenden.[76] Diese völkerrechtlich erlaubte Art der Vertragsbeendigung ist gegenüber der automatischen Vertragsbeendigung nach erfolgten grundlegenden Veränderungen abzugrenzen. Letztere war der mit Subjektivität belasteten früheren Clausula immanent[77] und kann gegenwärtig keinesfalls als Wesensmerkmal der Regel akzeptiert werden, weil eine automatische Beendigung leicht zu Rechtsverletzungen und damit zu einer großen Unsicherheit in den zwischenstaatlichen Vertragsbeziehungen führen würde. Internationale Spannungen könnten aber auch durch eine radikale Ablehnung des Rechts auf eine einseitige Beendigung des Vertrages hervorgerufen werden.

Die im Artikel 62, Ziffer 3 der WVK1 vorgesehene Möglichkeit der Vertragsbeendigung als Folge der Berufung auf eine grundlegende Veränderung der Umstände zieht in Verbindung mit dem Artikel 70 der WVK1 einige Konsequenzen nach sich. Zum ersten wird der betreffende Vertragspartner von jeder Verpflichtung befreit, den Vertrag weiterhin zu erfüllen. Zum zweiten werden Rechte und Pflichten der Vertragspartner, die durch die Erfüllung des Vertrages vor seiner Beendigung existierten, nicht beeinflusst. Das bedeutet, dass es sich hierbei um einen lediglich teilweisen erfüllten Vertrag handelt und dass die Vertragsbeendigung keine rückwirkende Kraft besitzt. Eine weitere Folge der Anwendung der Regel ist gemäß Artikel 62, Ziffer 3 der WVK1 die Aussetzung der Wirksamkeit eines Vertrages. Die besondere Bedeutung der Vertragsaussetzung besteht darin, dass nach einer zwar grundlegenden, jedoch nicht unbedingt endgültigen, also nach einer vorübergehenden Veränderung der Umstände für eine kurze oder lange Zeit, auf alle Fälle vorübergehend, die Wirksamkeit des Vertrages suspendiert werden kann. Bei einer endgültigen Veränderung der Umstände käme nicht die Aussetzung der Wirksamkeit, sondern die

Beendigung des Vertrages in Frage. Die Vertragsaussetzung ist insofern weniger gefährlich[78] für die Vertragsstabilität, als es im Unterschied zur Vertragsbeendigung relativ leichter sein müsste, mit der anderen Vertragspartei ins Einvernehmen zu kommen. Es wäre auch die Variante in Erwägung zu ziehen, dass unabhängig davon, ob die Veränderung vorübergehend oder endgültig ist, ein Partner sich zuerst des Mittels der Vertragsaussetzung bedient, um eine bessere Basis für Verhandlungen mit der anderen Vertragspartei zu schaffen. Misslingen die diesbezüglichen Bemühungen, so besteht immer noch die Möglichkeit der Vertragsbeendigung. Von der Möglichkeit der Vertragsaussetzung machte die USA Gebrauch, um im Sommer 1941 die International Load Line Convention von 1930 „für die Dauer des gegenwärtigen Notstandes" zu suspendieren.[79]

Die im Artikel 62, Ziffer 3 der WVK1 vorgesehene Vertragssuspendierung als eine mögliche Folge der Anwendung der Regel bedeutet in Verbindung mit dem Artikel 72 konkret, dass der betreffende Vertragspartner während des Zeitraumes der Suspendierung von der Verpflichtung befreit ist, den Vertrag zu erfüllen. Die Aussetzung des Vertrages bedeutet ferner, dass grundsätzlich Handlungen zu vermeiden sind, durch die die Wiederanwendung des Vertrages verhindert werden könnte. Wenn jedoch anzunehmen ist, dass die vorübergehende Veränderung der Umstände sich allmählich zu einer dauernden entwickelt, dann müsste es m. E. möglich und rechtlich zulässig sein, unter Einhaltung des Verfahrensweges den Vertrag zu beenden. Der Verfahrensweg muss ebenfalls eingehalten werden, wenn ein Staat von seinem Recht auf Austritt aus einem Vertrag Gebrauch macht. Damit wird die Wirksamkeit des Vertrages für diesen Partner beendet. Ist der Vertrag multilateral, dann gilt er für die anderen Vertragsparteien weiter.

Zur Clausula sind in neuerer Zeit einige interessante Bücher veröffentlicht worden C.: Rabl Blaser, Die clausula rebus sic stantibus im Völkerrecht, Dissertation, Zürich 2012. Die Arbeit besticht durch wissenschaftliche Akribie. Alle Aspekte der Clausula werden gründlich ausgelotet; G. Gieg, Clausula rebus sic stantibus und Geschäftsgrundlage. Ein Beitrag zur Dogmengeschichte. Aachen 1994. Hierbei handelt es sich um einen interessanten und quellenreichen Überblick über den Geneseprozess und damit über das bessere Verständnis der Clausula; R. Köbler, Die "clausula rebus sic stantibus" als allgemeiner Rechtsgrundsatz, Tübingen, 1991: Seit der Positivierung im Artikel 62 der WVK1 sei es nach seiner Meinung um die Clausula stiller geworden. Der Autor fragt sich, ob durch die Positivierung der clausula rebus sic stantibus ihre praktische Verwendungsmöglichkeit ausgeschaltet wurde. In früheren Zeiten fungierte sie fast wie eine Drohgebärde, um sich von einem unliebsamen Vertrag zu befreien Heute kann sie angewandt werden, wenn sämtliche ihrer strikten Tatbestandsvoraussetzungen erfüllt sind. Dabei wird ihr Stellenwert, ihre Notwendigkeit und auch ihre rechtmäßige Anwendbarkeit im gegenwärtigen Völkerrecht detailliert dargestellt und unterstrichen; H. Pott, Clausula Rebus Sic Stantibus: Ein Versuch Ihres Wesens, Ihrer Voraussetzungen und ihrer Rechtsfolgen (Art. 62 WVK), European University Studies, Bern 1992: Der Einfluss veränderter Umstände auf die Wirksamkeit von Vertragen hat Generationen von Rechtswissenschaftlern beschäftigt. Ein Vertrag soll auch und gerade im Falle von Umstandsveränderungen Stabilität und Verlässlichkeit schaffen. Andererseits darf ein Vertrag nicht zu einer Fessel werden, wenn die Umstandsveränderung so grundlegend ist, dass sie für eine Vertragspartei nicht mehr hinnehmbar ist. Dieses Spannungsfeld, in der rechtswissenschaftlichen Literatur meist mit dem Begriff -clausula rebus sic stantibus- umschrieben, hat im Völkerrecht wegen der fehlenden obligatorischen Gerichtsbarkeit und der möglicherweise verheerenden Folgen von Vertragsstreitigkeiten eine besondere Brisanz. Sie hat für das Völkervertragsrecht in Art. 62 der Wiener Vertragsrechtskonvention eine Regelung gefunden. Diese Untersuchung bietet eine gelungene Analyse des Wesens, der Voraussetzungen und der Rechtsfolgen dieser Rechtsfigur für den Bereich des Art. 62 WVK; B. Enz, Clausula rebus sic stantibus - Insbesondere im Spiegel der Rechtsprechung, Zürich 2018: Er untersucht das Verhältnis zwischen der clausula von dem "Irrtum über zukünftige Sachverhalte" und der "Kündigung aus wichtigem Grund". Aufgrund der fehlenden Kodifikation der Generalklausel erfolgt in einem besonderen Schwerpunkt eine ausführliche Analyse der schweizerischen Rechtsprechung. Die Clausula in der Rechtsprechung einiger europäischer Länder ist ebenfalls Hauptgegenstand von P. Abas, Rebus sic stantibus: Eine Untersuchung zur Anwendung der clausula rebus sic stantibus in der Rechtsprechung einiger europäischer Länder, Köln1993 und Chr., Binder, Die Grenzen der Vertragstreue im Völkerrecht am Beispiel der nachträglichen Änderung der Umstände, Berlin/Heidelberg 2013. Bei ihr ist es zu bezweifeln, ob es sich bei der Clausula um eine Begrenzung der Vertragstreu handelt.

6.6. Verhältnis zwischen der Pacta sunt servanda und der Clausula rebus sic stantibus

Aus der dargelegten Bedeutung des Prinzips der Vertragstreue für die Stabilität und der Clausula für die Veränderung ergibt sich, dass beide der Wahrung eines ausgewogenen Gleichgewichts zwischen der Erhaltung und Sicherung des status quo und der Berücksichtigung der realen Verhältnisse dienen, die durch die Entwicklung der internationalen Beziehungen verändert wurden.[80] Hiernach handelt es sich beim Verhältnis zwischen den beiden um einen Ausgleich[81] und zwar im Interesse des Friedens und Zusammenarbeit. Das bedeutet, dass beide sich gegenseitig ergänzen.[82] Der von einigen Juristen vertretenen Ansicht, die Clausula sei „ein Bestandteil[83] der Vertragstreue, die sie ergänze, kann nicht gefolgt werde. Die Problematik gewinnt selbstverständlich einen ganzen anderen Aspekt, wenn es um die Bedeutung und die Funktion der Clausula geht. Hier kann nun ohne weiteres davon gesprochen werden, dass die Clausula die Vertragstreue in Bezug auf ihre Funktion in den internationalen Vertragsbeziehungen ergänzt.

Abzulehnen ist ferner die Ansicht, nach der diese Regel zum Prinzip der Vertragstreue im Widerspruch[84] stehe. Es wäre relativ leicht, aus dieser Widerspruchsthese die Schlussfolgerung abzuleiten, die Clausula sei etwas Negatives und womöglich etwas Völkerrechtswidriges. Diese These zeichnet sich offensichtlich durch eine einseitige Betrachtungsweise aus. Sie lässt die Dialektik der Prozesse der internationalen Beziehungen und das Wechselverhältnis zwischen Stabilität und Veränderung völlig außer acht. Es werden außerdem recht unterschiedliche Materien miteinander verwechselt. So müsste zunächst die Möglichkeit der Entstehung von ungerechten und widerspruchsvollen Situationen in den zwischenstaatlichen Vertragsbeziehungen, z. B. von Diskrepanz zwischen den Vertragsverpflichtungen und der aufgrund von grundlegenden Veränderung der Umstände entstandenen unzumutbaren und übermäßigen Belastung eines Vertragspartners, bejaht werden. Die Lösung solcher Widersprüche ist durch die Anwendung der Clausula möglich. Das berechtigt jedoch keinesfalls zu der Schlussfolgerung, die Clausula stelle einen Widerspruch zum Prinzip der Vertragstreue dar.

Auch mit jener Auffassung kann man sich nicht einverstanden erklären, nach der die Clausula eine Ausnahme vom Prinzip der Vertragstreue sei. Es ist anzunehmen, dass dieser Auffassung die „Rechtsfiktion der Absolutheit“[85] des Prinzips der Vertragstreue zugrunde liegt, wodurch dieses Prinzip künstlich über andere Prinzipien erhoben wurde, die mitunter lediglich als Ausnahme vom Prinzip der Vertragstreue betrachtet wurden. Unter Umständen stütz sich diese Ausnahme-These auch auf den Gedanken, dass, wie W. Schurschalow[86] meint, das Prinzip der Vertragsteuer die Vielfalt des internationalen Lebens widerspiegelt.

Anmerkungen

1. Abgedruckt in: N.D. vom 06.04.1973.
2. Vgl. Archiv der Gegenwart vom 15.–17.10.1973. Die veränderte Situation wurde vom neuseeländischen Ministerpräsidenten folgendermaßen erläutert: Die SEATO sei als Instrument der Isolierung Chinas eingerichtet worden. Wenn in Südostasien aber Frieden herrschen solle, sei es nötig, mit China ins Einvernehmen zu kommen, deshalb sei ein Instrument wie die SEATO nunmehr überflüssig. Vgl. Archiv der Gegenwart vom 12.06.1973.
3. Vgl. auch Kurs des Völkerrechts in sechs Bänden, II,. Moskau 1967, S. 278 (russisch), wo die rechtsbildende Bedeutung ökonomischer und politischer Umwälzungen mit Nachdruck hervorgehoben wird.
4. Vgl. Report of the ILC über die Arbeit ihrer 15. Session 1963. In: AJIL No. 1, 1964, p. 241.
5. Vgl. A/CONF.39/11/Add. 2, p. 79.
6. Die grundsätzliche Annahme des Young-Planes erfolgte auf der ersten Haager Konferenz 1929, die endgültige durch das Haager Abkommen vom 20. Januar 1930. Der Young-Plan wurde durch den Hoover-Plan revidiert, wodurch in gewisser Hinsicht eine Milderung für Deutschland eintrat. Vgl. A. Werth-Regendanz: Die Clausula rebus sic stantibus im Völkerrecht, insbesondere in ihrer Anwendung auf den Young-Plan. Göttingen 1931, S. 10, 11, 179.
7. Vgl. E. v. Bogaert: Le sens de la clause „rebus sic stantibus" dans le droit du gens, in: RGDIP, No. 1, 1966, p. 69.
8. Abgedruckt in: Europa-Archiv 13, 1974, p. 295.
9. Vgl. Bin Cheng, General Principles of Law as applied by International Courts and Tribunals, London 1953, pp. 48, 113, 262, 274, 278; S. Rosenne: The World Court, Leyden, New York 1962, pp. 44, 66, 83, 85, 95, 154, 171; Wörterbuch des Völkerrechts, Vol. 1. Berlin 1960, p. 60.
10. A/CONF./39/27.
11. Bei diesem Fall handelt es sich um die Frage der Zulässigkeit von Enteignungen nach dem deutsch-polnischen Oberschlesien-Abkommen vom 15. Mai 1922. Der Ständige Internationale Gerichtshof hielt die von Polen durchgeführte Liquidation der Chorzov-Werke für unzulässig und die Schadenersatzansprüche Deutschlands für gerechtfertigt. Vgl. Bin Cheng: General Principles ..., op. cit., pp. 149/150, 351; S. Rosenne: The International Court of Justice. Leyden 1957, p. 335.
12. Fürst Bismarcks Reden, Ed. von Ph. Stein, Bd. XII. Leipzig 1899, S. 135/136.
13. G. Jellinek, Die rechtliche Natur der Staatenverträge, Wien 1880, S. 40.
14. E. Kaufmann, Das Wesen des Völkerrechts und die clausula rebus sic stantibus, Tübingen 1911, S. 201.
15. A/CONF./39/27.
16. Vgl. E. de Vattel, Le droit des Gens au principes de la loi naturelle, 1758. Tübingen 1959, p. 332.

[17] Aus den Ausführungen G. Tunkins ist zu ersehen, dass der Vorschlag, die Wendung „Doktrin rebus sic stantibus" zu streichen, von Lachs ausging. Tunkin unterstützte diesen Vorschlag uneingeschränkt. Vgl. ILC-Yearbook, Vol. I ,1963, p. 145.

[18] Vgl. Doc. A/CN.4/156/Add. 1.

[19] A/CONF.39/11/Add. 2, p. 78.

[20] Eine im Prinzip ähnliche Unterteilung nimmt auch J. A. P. Ridruejo vor. Vgl. La doctrine „rebus sic stantibus". á la Conférence de Vienne 1968, in: Annuaire suisse de droit international Vol. V, 1968, p. 81.

[21] Völkerrecht, Dokumente, Vol. 3. Berlin 1973, S. 1358.

[22] Weitere Verfechter sind: der indische Jurist Pal, der die in jedem Vertrag „stillschweigend enthaltene Klausel" sogar als Vorbehalt betrachtet. Vgl. ILC-Yearbook Vol. I, 1963, p. 254; K. Gentzke, Ausweich- und Katastrophenklauseln im internationalen Wirtschaftsrecht, Göttingen 1959, S.174; es gibt unter den Juristen aber auch Gegner dieser Theorie, wie z.B. D. O'Conell, International Law, Vol. I. London, New York 1965, p. 38: „Es ist empfehlenswert, diese Angelegenheit…eher als eine Rechtsregel als eine implizierte Bedingung" (aufzufassen).

[23] Nach W. Sauer sei die Clausula „ein stillschweigender Vorbehalt, und es fragt sich, ob der Vertrag im Sinne der Vertragsparteien so auszulegen ist, dass die Klausel als mit vereinbart gilt." Er schreibt weiter: „Ebenso wie der Vertrag selbst dient auch die sogenannte Klausel, gewissermaßen ein Sondervertrag gegenüber dem ersten, nur jenem in der Völkerrechtsidee gelegenen Zweck, Die Konstruktion eines Sondervertrags ist eine Korrektur des Vertrages, wo dieser versagt. Die ‚stillschweigende Vereinbarung' ist nur eine doppelte Konstruktion, eine Fiktion von etwas, das gar nicht vorliegt. Die Frage: was hätten die Parteien auch ohne eine entsprechende Erklärung gewollt? ist richtiger so gestellt: was hatten die Parteien gewollt, wenn sie die zukünftige Entwicklung der Interessenlage gekannt hätten?". Vgl. System des Völkerrechts, Bonn 1952, S. 389/390.

[24] Nach W. Lissovski würde die Annahme dieser These praktisch die Negierung des völkerrechtlichen Vertrags bedeuten. Vgl. Völkerrecht., Moskau 1970, S. 108 (russisch).

[25] D. Anzilotti beachtete zwar die objektiven Veränderungen, gab jedoch den Veränderungen im Hinblick auf den Willen der Vertragspartner den absoluten Vorrang. So schrieb er u. a.: „Das Völkerrecht lässt aus den Verträgen Verpflichtungen und Ansprüche erwachsen, wobei es auf den Willen der Parteien abhebt, mit anderen Worten: diese sind verpflichtet, wenn und soweit sie sich verpflichten wollen. Wenn sie bestimmte oder tatsächliche Verhältnisse zur Voraussetzung der Übernahme gewisser Verpflichtungen gemacht haben, so ist die Folge ihres Aufhörens, dieser Verhältnisse eben, dass man sich nicht mehr auf den Boden des durch den Vertrag ausgedrückten Willens befindet, des Vertrags, welcher die Annahme der Verpflichtungen gerade von dem Bestehen der genannten Verhältnisse abhängig gemacht hat. Auch hier kann man, wie in den Fällen, wo der Krieg den Auflösungsgrund bildet, sagen, dass es nicht die Veränderung der Verhältnisse als solcher ist, welche den Vertrag zum Erlöschen bringt; dies tat der Wille der Parteien, welcher das Bestehen des Vertrages von der Fortdauer gewisser Umstände, unter denen er und für die er abgeschlossen wurde, abhängig macht." D. Anzilotti, Lehrbuch des Völkerrechts, Vol. 1, Berlin und Leipzig 1929, S. 356. Etwas modifiziert ist die Meinung von J. Brierly, nach dem die Veränderung sich auf die Verhältnisse beziehen müsse, „die ein Faktor in den Köpfen der Parteien waren und sie zum Abschluss des Vertrages veranlasst haben". Vgl. Grundlagen des Völkerrechts. Berlin 1948, S. 173.

[26] So O. Lissitzyn, Treaties and changed circumstances, in: AJIL, No. 4, 1967, p. 896. Ähnliche Ansicht vertritt auch McNair, der sich dabei von Regelungen in der

privatrechtlichen Sphäre leiten lässt. Vgl. Law of Treaties, Oxford 1961, pp. 436 und 687. Vgl. auch C. Hill, The Doktrine of „Rebus sic stantibus“ in International law, Columbia 1934, p. 75.

27. So heißt es im „Restatement Second, Foreign Relations Law of the United states“, 1965, p. 467, in Bezug auf die wesentlichen Veränderungen der Umstände: „The rule stated in this Section is a rule of interpretation designed to ascertain the intended obligations of the parties rather than a principle that relieves a party from performing its obligations ...“ Zit. nach O. Lissitzyn, ibid., p. 901.

28. A/CONF39/11/Add. 2, p. 78. Der objektive Charakter der Veränderungen wurde von einzelnen Experten, wie M. Bartos, hervorgehoben. Vgl. ILC-Yearbook, Vol. I, 1963, p. 148.

29. V. Pechota verbindet den „genau eingegrenzten Raum“ der Regel mit der Entwicklung und Vervollkommnung der Regeln des Völkerrechts, nach denen sich die Fragen der Gültigkeit von Verträgen richten. Vgl. The termination of international treaties due to the application of the rule concerning fundamental change of circumstances. In: Studie z mezinárodniho práva Nr. 10, 1965, S. 20 (tschechisch).

30. Die Anwendung der Clausula nur in Ausnahmesituationen wurde in der ILC vor allem von ehemaligen sozialistischen Experten hervorgehoben. Der Ausnahmecharakter der Regel wird in der Fachliteratur häufig unterstrichen.Vgl. z.B.: H. Lauterpacht, The function of law in the international community, Hamden, Connecticut 1966, p. 276; H. F. Köck, Altes und neues zur clausula rebus sic stantibus, in: Völkerrecht und Rechtsphilosophie, Internationale Festschrift für St. Verosta, Berlin 1981, S. 81.

31. G. Tunkin relativierte 1963 in der ILC die Bedeutung der Regel, indem er sie nur als ein zusätzliches Mittel zur Überprüfung von Verträgen betrachtete. G. Tunkin meinte ferner, das Leben befinde sich in einer beständigen Entwicklung, die evolutionär oder revolutionär sein könne, und diese Entwicklung könne zur Folge haben, dass ein Vertrag veraltet. Außer der Regel gäbe es weitere Rechtsprinzipien, durch die die Änderung eines Vertrages möglich sei. Vgl. ILC-Yearbook Vol. I, 1963, p. 155.Vgl.auch P.Terz, Zu der Nichtanwendung der Clausula rebus sic standibus und der Staatennachfolge auf Grenzverträge, in: Przeglad Stosunkow Miedzynarodowych, Opole, Nr.3,1978, S. 49 und 54 (polnisch)

32. Vgl. auch C. Sepulveda, Derecho Internacional, México 1978, p. 131/142 and O. I. Tiunov, The Principle of the conscientious fulfilment of international obligations and the Doctrine rebus sic stantibus. in: SEMP 1978, Moskau 1980, p. 109 (russisch).

33. Die jugoslawische Vertretung machte die Bedeutung der Regel davon abhängig, ob bei deren Anwendung die Grundsätze der UN-Charta und das ständige Interesse der „internationalen Gemeinschaft“ beachtet wird oder nicht. Vgl. A/CONF.39/5 ,Vol. II, 1968, p. 354.

34. Nach A. Rivier sei es „selbstverständlich“, dass die Veränderung der Verhältnisse vom Staate, der sie behauptet, nachgewiesen werden muss. Vgl. Lehrbuch des Völkerrechts. Stuttgart 1899, S. 352. Ähnlicher Meinung ist auch P. Guggenheim. Vgl. Traité de droit international public, Tome I. Genéve 1967, p. 235.

35. Abgedruckt in: RGDIP, 1966, p. 539.

36. Ibid., p. 543.

37. Vgl. in: Bulletin des Presse- und Informationsdienstes der Bundesregierung vom 22. März 1966, No. 39.

38. P. Reuter sieht für die Lösung dieser Frage drei Möglichkeiten: Es gibt keine Autorität über den Parteien; Möglichkeit eines Gerichtsentscheids; Möglichkeit einer politischen Autorität über den Parteien. Vgl. Droit international Public, Paris 1958, p. 82.

39. Einige Juristen dagegen meinen, dass ein Staat nach seinen Interessen und seinem Gutdünken entscheiden kann, ob eine wesentliche Änderung der Umstände eingetreten ist. Denn dadurch wäre der eine Vertragspartner schutzlos der Willkür des anderen ausgeliefert. So schrieb z. B. H. Lammasch: „Wenn jeder Staat, wie dies in der Auffassung der Verteidiger der Klausel liegt, nach seinen Interessen und nach seinem Gutdünken darüber entscheidet, ob eine wesentliche Änderung der Umstände eingetreten sei, so würde man dadurch den einen Vertragsteil schutzlos der Willkür des anderen ausliefern. Es stünde das im schärfsten Widerspruch mit dem Zweck des Vertrages, die Verhältnisse für die Zukunft sicherzustellen, und würde dem bösen Willen die Möglichkeit gewähren, den frivolsten Rechtsbruch zu begehen, ohne ihn brutal als solchen zugeben zu müssen.“ In: Wörterbuch des Völkerrechts. Hrsg. K. Strupp, II, Stuttgart 1925, S.. 336. Vgl. auch A. Verdross/B. Simma: Universelles Völkerrecht, Berlin 1976, S. 424.

40. A. Bolintineanu spricht sogar davon, dass die anderen Staaten die Möglichkeit haben müssten, von ihrem Standpunkt aus die Richtigkeit und die Begründetheit der Behauptung ihres Vertragspartners über das Vorliegen einer grundlegenden Veränderung der Umstände „unter Zweifel“ zu stellen. Er gibt aber auch zu, dass dies in den meisten Fällen zu keinem positiven Ergebnis führt. Vgl. The stability of treaties as a essential problem of the codification of the law of treaties, in: Revista româna de drept, Nr. 1, 1969, p. 66 (rumänisch).

41. Vgl. die bemerkenswerten Ausführungen von D. Anzilotti. Er schreibt u. a.: „Sind die Parteien dagegen darüber uneins, so gelten die Meinung und der Wille der einen Partei ebenso viel wie die der anderen; wir haben es dann mit einem internationalen Streitfall zu tun, der beigelegt werden muss wie jeder andere Streitfall dieser Art. Es folgt daraus jedoch nicht, dass die Auflösung des Vertrages hier auf wechselseitigen Dissens zurückzuführen ist. Die Partei, die sich auf die clausula rebus sic stantibus beruft, macht kein Vertragsangebot, sondern macht damit ein Recht geltend, und die anderen Parteien anerkennen entweder oder bestreiten durch ihre Einlassung das Vorliegen der Voraussetzungen für die Ausübung dieses Rechts.“ Lehrbuch des Völkerrechts, Band 1 Berlin und Leipzig 1929, S. 358.

42. Für die Einleitung von Verhandlungen treten viele Völkerrechtler ein, wie z. B.: P. Reuter, Droit international Public. Paris 1958, p. 83; M. Bartos, in: ILC-Yearbook 1963, Vol. I, p. 148; V. Pechota leitet diese Verhandlungs- bzw. Verständigungspflicht aus der Anwendung der Prinzipien der friedlichen Koexistenz in den zwischenstaatlichen Beziehungen ab. Dieser Meinung kann gefolgt werden, weil die Verhandlungen das beste Mittel sind, entstandene Schwierigkeiten und Widersprüche zu überwinden bzw. zu lösen. Vgl. The termination of international treaties…, ibid., p. 20 (tschechisch).

43. Diese Auffassung wird von F. Berber vertreten. Vgl. Lehrbuch des Völkerrechts, Band I. München 1960, S. 464.

44. Vgl. auch I. Seidl-Hohenveldern, Völkerrecht. Köln et alt. 1969, S. 78.

45. Nach M. Bartos käme dies einer Bestrafung der sich etwas verspätet auf die grundlegende Veränderung berufenden Vertragspartei gleich. Vgl. in: ILC-Yearbook Vol. I, 1963, p. 149.

46. A/CONF./39/27.

47. Gemäß Artikel 78 der VTK 1 erfolgt die Notifizierung direkt an die Staaten, für die sie gedacht ist, oder sie wird dem Depositar übermittelt, falls es einen gibt. Sie kann erst dann

von dem betreffenden Staat als ausgeführt betrachtet werden, wenn sie bei dem Staat, an den sie gerichtet ist, eingegangen ist. Vgl. O. R. 1968/1969, A/CONF.39/11/Add. 2, p. 300.

48. A/CONF.3/9/27.

49. Goodrich/Hambro/Simons, Charter of the United Nations. Comm. and Doc., 1969.

50. V. Pechota: The termination of international treaties, ibid., p. 9.

51. Vgl. G. Tunkin, der 1963 im Rahmen der ILC in Übereinstimmung mit Ago meinte, dass über die Anwendung der Regel ein Streit entstehen könne und dass in einem solchen Falle alle Formen der friedlichen Beilegung von Streitigkeiten für die betreffenden Staaten zulässig seien. Vgl. ILC-Yearbook Vol. I, 1963, p. 145.

52. Vgl. A/CONF.39/11/Add. 2, p. 301. Die Schlichtungskommission wird gebildet, nachdem der Staat oder die Staaten, die Streitparteien sind, einen Schlichtungsbeauftragten der Staatsangehörigkeit dieses Staates oder eines dieser Staaten und einen Schlichtungsbeauftragten, der nicht die Staatsangehörigkeit dieses Staates oder dieser Staaten besitzt, ernannt haben. Beim UN-Generalsekretär gibt es eine Liste von Schlichtungsbeauftragten, bestehend aus qualifizierten Juristen. Zu diesem Zweck wird vom Generalsekretär jedes UN-Mitglied aufgefordert, zwei Schlichtungsbeauftragte zu nominieren. Die Namen der so nominierten Personen bilden die Liste. Die Streitparteien ernennen zwei weitere Schlichtungsbeauftragte, die nicht in der Liste des Generalsekretärs enthalten sind. Die vier Schlichtungsbeauftragten wählen aus der Liste einen fünften Beauftragten, der als Vorsitzender wirken soll. Die Schlichtungskommission beschließt ihre eigene Geschäftsordnung. Sie kann mit der Zustimmung der Streitparteien jeden Vertragspartner einladen, der Kommission mündlich oder schriftlich ihre Ansichten zu übermitteln. Sie soll zwölf Monate nach ihrer Bildung Bericht erstatten. Der Bericht der Schlichtungskommission und ihre Schlussfolgerungen haben nur Empfehlungscharakter. Die Empfehlungen sollen eine gütliche Beilegung erleichtern.

53. V. Schurschalow bejaht mit Recht die Notwendigkeit, einen Streit über die Auslegung und die Anwendung der Regel im Gerichtsverfahren zu behandeln, jedoch nur für außergewöhnliche Fälle. Wenn z. B. die Staaten nicht zu einer befriedigenden Lösung gekommen sind, aber die Vertragspartei, die die Beseitigung des Vertrages fordert, auch weiterhin auf ihrer Forderung beharrt. Vgl. The foundation of the validity of international treaties. Moscow 1957, p. 128 (russisch).

54. Daraus ergibt sich natürlich die Verpflichtung, sich der Entscheidung des Gerichts bzw. des Schiedsgerichts unterzuordnen. Vgl. auch Kurs des Völkerrechts…, op. cit., Vol., II., S.280 (russisch).

55. So verneint W. Sauer die einseitige Aufhebung eines Vertrages nach ergebnislosen Verhandlungen. Er meint, nur ein internationales Gericht könnte dies tun. Vgl. System des Völkerrechts, Bonn 1952, S. 389.

56. Diese Feststellung wird auch von S. Filippow getroffen. Vgl. Vorbehalte zu einem völkerrechtlichen Vertrag in Theorie und Praxis, Moskau 1958, S. 68 (russisch).

57. Ausgehend vom Art. 435 des Friedensvertrages von Versailles und der damit zusammenhängenden Veränderungen versuchte Frankreich, sich von den auf vertraglicher Grundlage in den Jahren 1815/1816 an die Schweiz gewährten Servituten zu befreien. Frankreich verlangte diesbezüglich eine den neuen Verhältnissen entsprechende Neuordnung. Die Schweiz berief sich jedoch auf ihre „unverjährbaren Rechte“. Der Streitfall wurde dem Ständigen Internationalen Gerichtshof zur Entscheidung überwiesen, der meinte, dass die Rechte der Schweiz weder durch Art. 435 des Friedensvertrages von Versailles noch durch die Clausula hinfällig geworden seien. Vgl. A/CONF.39/11/Add. 2, p. 76. Vgl. auch McNair, The Law of Treaties, Oxford 1961, p. 689.

58. Ch. Hill spricht davon, dass manche Juristen zwischen namentlicher Anrufung der „C.lausula und den verschiedenen Stufen eines weniger ausdrücklichen Gebrauchs des Arguments veränderter Umstände als Grund für die Vertragsbeendigung unterscheiden. Vgl. The Doktrine of „Rebus sic stantibus" in international Law, Columbia 1934, p. 25. Nach der P. Guggenheims Auffassung muss die Geltendmachung der Clausula ausdrücklich erfolgen. Also kein automatisches Erlöschen der Vertragspflichten. Vgl. P. Guggenheim, Lehrbuch des Völkerrechts, Bd. 1., Basel 1948, S. 116.

59. Abgedruckt in: ZaöRV, Nr. 4, 1934. S. 145.

60. Zit. nach P. Guggenheim, ibid., S. 113/114.

61. In dieser Konvention wurde durch Deutschland, Großbritannien, das damalige zaristische Rußland und Frankreich die Unabhängigkeit Norwegens garantiert. Vgl. C. Hurst, The effect of war on treaties. In: British Yearbook of International Law, No. 22, 1921, p. 41.

62. Es wurde überprüft, wie die Kreditverträge zustande gekommen waren, und ob sie dem technischen und wirtschaftlichen Fortschritt des ghanesischen Staates dienen. Die Tilgung der anerkannten Verbindlichkeiten soll sich nach den äußerst günstigen Kreditbedingungen der Internationalen Entwicklungsgesellschaft richten (Laufzeit der Kredite etwa 50 Jahre, zinsfrei, Belastung nur mit einer Verwaltungsgebühr von 0,75 %). Vgl. M. Timmler, Ghana auf der Basis Self-reliance, in: Außenpolitik, Nr. 1, 1973, S. 98.

63. Die ILC meinte in ihrem Kommentar in Auseinandersetzung mit jenen Juristen, die die Regel auf die sogenannten ewigen Verträge beschränkt wissen wollten, dass es gegenwärtig keinen Grund gibt, zwischen „ewigen" und „langfristigen" Verträgen Unterschiede zu machen. Vgl. A/CONF.39/11/Add. 2, p. 78.

64. Hierbei handelt es sich um die NATO-Satzung in der Fassung des Protokolls zum Nordatlantikvertrag über den Beitritt Griechenlands und der Türkei vom 17. Oktober 1951. Die Satzung trat am 15.02.1952 in Kraft. Die ursprüngliche Satzung vom 4. April 1949 trat am 24. August desselben Jahres in Kraft. Vgl. in: Völkerrecht, Dokumente, Vol. I. Berlin 1973, p. 292.

65. Vgl. H. Briggs, The Law of Nations, London 1953, p. 452; Vgl. A/Conf.39/11/Add. 2, p. 77; Vgl. P. Guggenheim, Traité de Droit international public, Tome I, Genéve 1967, p. 230.

66. So z.B. von V. Schurschalow, für den die Begriffe Dauerhaftigkeit oder Fristlosigkeit der völkerrechtlichen Verträge relativ sind. Vgl. Die Grundlage für die Gültigkeit…,ibid., S.121. Vgl. auch V. Pechota: The termination of international treaties …, ibid., S.20. Er macht zutreffend darauf aufmerksam, dass die Entwicklung in der Zukunft in Bezug auf tiefgreifende Umwandlungen ein noch schnelleres Tempo haben wird, als nach dem zweiten Weltkrieg. Vgl. auch E. Chomiak, The fundamental change of circumstances in the law of treaties, in: Pánstwo i Prawo, Nr. 1, 1972, p. 95 (polnisch). E. Chomiak begründet diese Ansicht mit dem Hinweis auf die rasche und gewaltige Veränderung der Umstände in der Gegenwart.

67. Als Beispiel aus der älteren Völkerrechtslehre vgl.: D. Anzilotti, Lehrbuch des Völkerrechts, Bd. 1. Berlin und Leipzig 1929, S. 470. F. Liszt, Das Völkerrecht systematisch dargestellt. Berlin 1898, S. 118. Aus der neueren Völkerrechtslehre G. Dahm, der die vorzeitige Lösung vom Vertrag in erster Linie für langfristige bzw. unbefristete Verträge bejaht. Vgl. Völkerrecht, Band 3. Stuttgart 1961, S. 151; P. Reuter, Droit international Public, Paris 1958, p. 82; W. Wengler, Völkerrecht, Band I., Berlin, Göttingen, Heidelberg 1964, S. 375; E. Langen, Internationale Zahlungsabkommen. Tübingen 1958, S. 86. Es wäre jedoch falsch, von diesen Beispielen ausgehend zu verallgemeinern, denn es gibt ebenfalls Juristen, die auch Verträge von begrenzter Dauer der Clausula unterordnen möchten. So brachte Amado 1963 in der ILC seine Freude darüber zum Ausdruck, dass die

Mehrheit der ILC diese Meinung vertrat. See in: ILC-Yearbook, Vol. I, 1963, p. 142. I. Seidl-Hohenveldern, der meint: „insbesondere schließt eine Befristung von Verträgen die Berufung auf die clausula nicht aus." Völkerrecht, 2. Band. Köln et alt. 1969, S. 79.

68. A/CONF./39/27. Eine ähnliche Bestimmung enthält auch die WVK 2. Die Unantastbarkeit der Grenzverträge wird auch in der „Vienna Convention on succession of States in respect of treaties" bekräftigt (UN-Doc. A/CONF.80/31).

69. Vgl. A/CONF.39/11/Add. 2, p. 79.

70. Vgl. E. Hambro, The Case Law of the International Court 1947 – 1958. Leyden 1966, p. 163.

71. Bemerkenswert ist die bereits im 19. Jahrhundert von dem Völkerrechtler A. Rivier vertretene Auffassung, nach der die Clausula auf Handels-, Schifffahrts-, Post-, Telegraphenverträge usw., aber nicht auf Grenzverträge angewandt werde. Er bezeichnete die Friedens- und Grenzverträge als Dispositivverträge, die auf „ewige Zeiten" geschlossen werden. Vgl. Lehrbuch des Völkerrechts. 2. Band, Stuttgart 1899, S. 337.

72. A/CONF./39/27.

73. Zu dieser Schlussfolgerung gelangt auch G. Tunkin, der aber die Frage stellt, was der Inhalt der Rechte und Verpflichtungen sei, die sich aus diesem Völkerrechtsgrundsatz ergeben könnten. Vgl. in: ILC-Yearbook, Vol. I, 1963, p. 145.

74. Der indische Jurist Pal meinte 1963, die Clausula schiene gleichbedeutend zu sein mit dem Recht verschiedener Staaten, die eine wesentliche Veränderung von Umständen als Grund für die Aufhebung eines Vertrages betrachteten. Aber die Clausula gäbe einem Staat nur das Recht zu fordern, durch den Vertragspartner von den Pflichten befreit zu werden. Keinen Schritt weiter tun, hieße m. E., die Regel verneinen. Vgl. in: ILC-Yearbook, Vol. I, 1963, p. 137.

75. Nach V. Pechota sind die Verhandlungen und die Verständigung zwischen den Vertragsparteien das Hauptmittel der praktischen Anwendung der Regel. Ibid., S. 21. Grundsätzlich kann dieser Meinung zugestimmt werden. Es darf allerdings nicht vergessen werden, dass nicht selten von vornherein mit einem Scheitern der Verhandlungen zu rechnen ist.

76. Diese Auffassung wurde vor allem von ehemaligen sozialistischen Völkerrechtlern vertreten. So von V. Schurschalow, der die einseitige Beendigung des Vertrages bejaht, wenn Verhandlungen nicht möglich sind oder wenn die Gegenpartei Verhandlungen ablehnt. Vgl. The foundation of the validity ..., ibid., p. 319 (russisch).Vgl. ebenso G. Tunkin, in: ILC-Yearbook ,Vol. I, 1963, p. 145.

77. Anhänger der Theorie über die automatischen Vertragsbeendigungen waren vor dem zweiten Weltkrieg mehrere Juristen. Stellvertretend seien nur einige als Beispiele genannt: F. Williams, The Permanence of Treaties, in: AJIL 1928, p. 91. Nach ihm würde der Vertrag schon durch die Tatsache der grundlegenden Veränderung, d. h. ohne das Zutun der betreffenden Vertragspartei, seine Gültigkeit verlieren; A. Werth-Regendandz, Die Clausula rebus sic stantibus im Völkerrecht, insbesondere in ihrer Anwendung auf den Young-Plan, Göttingen 1931, S. 101. Nach dem Zweiten Weltkrieg wurde die automatische Vertragsbeendigung von vielen Völkerrechtlern abgelehnt. So e. g. von W. Schaumann, in: Wörterbuch des Völkerrechts, Band 1, hrsg. von Strupp-Schlochauer, Berlin 1960, S. 310.

78. In erster Linie von diesem Aspekt ließen sich die Juristen Finnlands und Kanadas leiten, als sie für die Aufnahme der Aussetzung der Vertragswirksamkeit in den Artikel 62, Ziffer 3, plädierten. Der kanadische Jurist Wershof operierte ferner mit dem Argument, dass die Möglichkeit einer Aussetzung nur ausgeschlossen würde, dass eine grundlegende Veränderung mit einer unwiderruflichen, ständigen und unveränderlichen Veränderung

identisch sei. Er verneinte natürlich eine solche Identität (A/CONF.39/11, p. 366). Noch bis 1966 war jedoch die ILC anderer Meinung. Ausgehend vom Fehlen einer obligatorischen Gerichtsbarkeit bei der Anwendung der Regel wurden die Vertragsbeendigung oder der Austritt aus dem Vertrag als Folgen vorgesehen. Die Aussetzung wurde abgelehnt. Vgl. in: ILC-Yearbook Vol. II, 1966, p. 260.

79. Vgl. O. Lissitzyn, Treaties and changed circumstances (rebus sic stantibus), in: AJIL, No. 4, 1967, p. 910.

80. Vgl. ausführlicher P. Terz, Zur Bedeutung der Norm der grundlegenden Veränderung der Umstände in den internationalen Vertragsbeziehungen und ihrem Verhältnis zum Prinzip pacta sunt sevanda (Ein Beitrag zur Theorie des völkerrechtlichen Vertrages), Habilitation, verteidigt 1975, Universität Leipzig, Id. Zu der Abgrenzung der Norm der grundlegenden Veränderung der Umstände von einigen speziellen Bestimmungen der Wiener Vertragsrechtskonvention von 1969, in: Jogtudomonyi Közlöny, Ungarische Akademie der Wissenschaft, Budapest, Nr. 3., 1977, S. 162-169 (ungarisch).

81. Der Ausgleichscharakter des Verhältnisses zwischen der und dem Prinzip der Vertragstreue wird, wenn auch indirekt, auch vom M. Bartos bejaht. In: ILC-Yearbook, Vol. I, 1963, p. 253.

82. Vgl. ähnlich auch: G. Haraszti, Treaties and the fundamental change of circumstances, in: RdC Vol. III, 1975, p. 128; M. Drăghici, Principiul respectării cu bunăcredintă a obligatiilor internationale (Pacta sunt servanda), in: D. Popescu/A. Năstase Sistemul principiilor dreptului international, Bucuresti 1986, p. 164.

83. Vgl. ähnlich auch G. Harasziti, ibid., p. 60; P. I. Rusu, The fundamental change of circumstances in the modern law of treaties, in: Revue Roumaine d'Études Internationales, No. 9, 1982, p. 183; F. Przetacznik, The Clausula rebus sic stantibus, in: Revue de Droit International des Sciences Diplomatiques es Politiques, No. 2, 1978, pp. 118/119.

84. So sieht z. B. K. Gentzcke in der Clausula das Gegenstück zur Pacta sunt servanda: Ausweich- und Katastrophenklauseln im internationalen Wirtschaftsrecht, Göttingen 1959, S. 172. Vgl. ferner E. Bogaert, Le sens de la clause „rebus sic stantibus" dans le droit du gens, in: RGDIP, No. 1, 1966, p. 49, der den Widerspruch zwischen den beiden Normen nur im Hinblick auf ihre Funktion sieht. Mindestens eigenartig ist die Meinung von Yankow. Nach Y. ist die Regel, dass Verträge für die Parteien bindend sind und von ihnen in gutem Glauben erfüllt werden müssen, eine Sicherheit gegen jegliche ungerechtfertigte Zuflucht zur Clausula, In: A/Conf. 39/5, Vol. I, p. 174.

85. V. Pechota, Die Beendingung der Gültigkeit...op. cit., S. 16.

86. W. Schurschalow bezeichnet daher bemerkenswerterweise die Clausula als eine „vom Leben diktierte Ausnahme". Vgl. Die Grundlage der Wirksamkeit..., op. cit., S. 126 (russisch).

7. UNO-Dokumente

7.1. Dokumente zu derWiener Konvention über das Recht der Verträge von 1969

ILC-Yearbook Vol. II, 1956; ILC-Yearbook Vol. II, 1962; ILC-Yearbook, Vol. I, 1963; ILC-Yearbook, Vol. II, 1965; ILC-Yearbook, Vol. II, 1968; O. R. 1968/1969, A/CONF.39/11/Add. 2; Report of the ILC über die Arbeit ihrer 15. Session 1963. In:

AJIL No. 1, 1964; A/CONF.39/11; A/Conf.39/11/Add. 2; A/CONF./39/27; A/CN.4/156/Add. 1;A/CONF.80/31.

7.2. Dokumente zum UNO-Projekt „Review of the multilateral treaty-making process“

ST/LEG./SER. B/21; A/32/143 ; A/32/363; A/35/730; A/35/312/Add.1; A/C.6./35/SR. 61; A/C.6/35/SR. 62; A/C.6/35/SR. 63; A/35/730; A/C.6/36/L.13/Res.1; A/36/553; A/36/553/Add.1; A/C.6/36/SR. 54; A/C.6//36/SR.36; A/C.6/37/L.29; A/C.6/37/L.31.

8. Literaturverzeichnis

1. Ago, R., La codification du droit international et les problems de sa realisation, in: Recueil d Etudes de droit international, 1968, pp. 94ss.
2. Akehurst, M., A modern introduction to international law, London 1970.
3. Aleksidze, I.A., Einige theoretische Fragen des Völkerrechts, Tbilissi 1982 (russisch).
4. Anisimow, L.N., Völkerrechtliche Mittel zur Beilegung internationale Streitigkeiten, Leningrad 1975 (russisch).
5. Anzilotti, D., Lehrbuch des Völkerrechts, Band 1, Berlin, Leipzig 1929.
6. Attar , F., Le Droit international entre ordre et chaos, Paris, 1994.
7. Barberis, J:, La liberté de traiter des états et le jus cogens, in: ZaöRV, Band 3, 1970.
8. Bennouna, M., Défi du développement et voluntarisme normativ, in: M. Flory et alt. (Éd.), La Formation des normes en droit international du développement. Table Rond franco-maghrébine Aix-en-Provence, oct. 1982, Paris/Alger 1984.
9. Bernhardt, R., Ungeschriebenes Völkerrecht, in : ZaöRV, Band 36, Nr. 1-3, 1976, , S. 54.
10. Betti, E., Problematica di diritto internazionale, Milano 1956.
11. Beyerlin, U., Pactum de contrahendo und pactum de negotiando im Völkerrecht, in : ZaöRV, Nr. 1-3, 1976, S. 437.
12. Barsegow, J. G., Meschdunarodno-prawowyje aspekty gbobalnych problem sowremennosti, in : SGiP, Nr. 6, 1983, S. 85.
13. Beham, M. et alt., Völkerrecht verstehen, Wien 2015.
14. Berber, F., Völkerrecht, Band III, München, Berlin 1964.
15. Bernhardt, R., Ungeschriebenes Völkerrecht, in: ZaöRV, Band 36, Nr. 1-3, 1976, S. 54.
16. Bin Cheng, General Principles of Law as applied by International Courts and Tribunals, London, 1953.
17. Binder, Chr., Die Grenzen der Vertragstreue im Völkerrecht am Beispiel der nachträglichen Änderung der Umstände , Heidelberg et alt., 2013.
18. Binding, K., Die „Vereinbarung. Ihr Begriff - ihre schöpferische Kraft; Zum Werden und Leben der Staaten, München, Leipzig 1920.
19. Bleckmann, A., Die Funktionen der Lehre im Völkerrecht, Materialien zu einer Allgemeinen Methoden- und Völkerrechtslehre, Köln et alt., 1981.
20. Bogaert, E., Le sens de la clause „rebus sic stantibus“ dans le droit du gens, in: RGDIP, No. 1, 1966, p. 69.
21. Bolintineanu, A., :Stabilitatea tratatelor-problema esentiala a codificarii tratatelor, in: Revista romana de drept, l, Bucuresti 1969.

22. Bos, M., Will and order in the nation-state system, in: Netherlands International Law Review, XXXIX, 1, 1982.
23. Bourguin, M., Stabilité et mouvement dans l´ordre juridique international, in: Recueil des cours de l´ Academie de droit international de la Haye, Vol. II, 1938 , pp. 347 ss.
24. Briggs, H., The Law of Nations, London 1953.
25. Brown, D. I. L. Public, International Law, London 1970. p. 270.
26. Bruns, V., Völkerrecht als Rechtsordnung, Darmstadt 1954.
27. Byers, M., Conceptualising the Relationship between Jus Cogens and Erga Omnes Rules, Nordic Journal of International law, No. 2-3 1997, pp. 211ss.
28. Carreau, D., Droit international, Paris 2009.
29. Castel, J.G., International Law, Toronto 1965.
30. Castro, G., Pactum de Contrahendo, Der Vorvertrag, Constanz 2013.
31. Chaumont, Ch., Methode d' analyse du droit international, in: Revue belge de droit international, Tome XI, No.1, 1975, pp. 32/33.
32. Chemillier-Gendreau, M., A´propos de l effectivité en Droit International, in: Revue belge de droit international, Tome I-II, 1975, p. 41.
33. Closca, I., Dictionar de drept international, Bucuresti 1982.
34. Conforti, B., Diritto internazionale, Padova 2019.
35. Coplin, D. W. O., The Functions of International law: An Introduction to the Role of International Law in the Contemporary World, Chicago 1966.
36. Crawford, J., Brownlie's Principles of Public International Law, Oxford 2012.
37. D'Amato, A., On Consensus, in: The Canadian Yearbook of International Law, 1970, Vol. VIII, p. 122.
38. Dahm, G., Völkerrecht, Band II, Stuttgart 1961.
39. Daillier, P., Pellet , A. et alt., Droit international public (Traités), Paris 2009.
40. Danilenko, G. M., International Jus Cogens: Issues of Law-Making, in: European. Journal of International Law, No.2, 1991, p.42.
41. Daudet, Y., Techniques de Codification, in: L elaboration du droit international public, Paris 1975, pp. 149-170.
42. Dean, A., The Impotance of International Law in the Maintenance of Peace, in: International Law in a changing World, New York 1963, p. 71.
43. Delbrück, J., Die völkerrechtliche Bedeutung der Schlussakte der Konferenz über Sicherheit und Zusammenarbeit in Europa, in: Drittes deutsch-polnisches Juristen-Kollegium, Band I. Baden-Baden 197.
44. Dixon, M., Textbook on International Law, Oxford University Press, 2013.
45. Dörr, O./Schmalenbach, K., Vienna Convention on the Law of Treaties: A Commentary, Berlin, Heidelberg 2018.
46. Dreyfus, S., Droit de relations internationales, Paris 1978.
47. Dupuy P.-M., Le Droit International dans un Monde Pluriculturel, in: Revue de
48. Droit International et Comparé,Tome 38,1986.
49. Dupuy P.-M. et Y. Kerbrat, Droit international public, Paris 2014.
50. Egli, P., Introduction to Public International Law, Zürich 2016.
51. Elias, T. O., The modern law of treaties, Leiden 1974.
52. Feldman, D. I./ Kurdjukow, G. L./ Lichatschow, W. N., O sistemnom podchode w nauke meschdunarodnowo prawa, in : Prawowedenije, Nr. 6, 1980, S.43 .
53. Ferneck, A., Lehrbuch des Völkerrechts, 2 Bände, Band I, Leipzig1930-32.
54. Filippow, S., Vorbehalte zu internationalen Verträgen in Theorie und Praxis, Moskau 1958 (russisch).

55. Fischer,P./Köcke, H. F., Allgemeines Völkerrecht, Ein Grundriss, Eisenstadt 1983.
56. Fitzmaurice., M / Olufemi, E, Merkouris, P., Treaty interpretation and the Vienna Convention on the Law of Treaties, Leiden 2010.
57. Focarelli, C, Promotional Jus Cogens: A Critical Appraisal of Jus Cogens' Legal Effects, in: Nordic Journal of Internationl Law, .Vol. 77 , 2008, pp.429 ss.
58. Freydank, H.et alt., Der Alte Orient in Stichworten, Leipzig 1978.
59. Fritsche, H., Untersuchungen über die Bedeutung von consensus und consentire in den Digesten, Dissertation, Universität Göttingen 1888, S.5-7, 17, 27-33, 59-69 und 99.
60. Galenskaja, L.A./Koslow, Zur Frage der Prinzipien des Völkerrechts, in: Westnik Leningradskowo Universiteta, Nr. 17., 1976 (russisch).
61. Gaviria, L. E., Derecho internacional público, Bogotá 1988.
62. Gebrehana, T., Duty to Negotiate, En Element of International Law, Uppsala1978.
63. Geck, W.K., Völkerrechtliche Verträge und Kodifikation, in: ZaöRV, 1976, S.96 ff.
64. Gentzke, K., Ausweich- und Katastrophenklauseln im internationalen Wirtschaftsrecht, Göttingen 1959.
65. Chaumont, Ch., Methode d' analyse du droit international, in: Revue belge de droit international, Tome XI, No.1, 1975, pp. 32/33.
66. Gieg, G., Clausula rebus sic stantibus und Geschäftsgrundlage. Ein Beitrag zur Dogmengeschichte, Aachen 1994.
67. Gihl, T., The legal Charakter and Sources of international Law, in : Scandinavian Studies in Law, Vol. I, 1957, p. 59.
68. Giuliano, M., La communita internazionale e il diritto, Padova1950.
69. Glennon, M. J., Peremptory Nonsense, Human Rights, Democracy and the Rule of Law, in: Breitenmoser, S. (Ed.), Liber Amoricum Luzius Wildhaber, 2007, pp. 1265 ss.
70. Graefrath, B., Zur Bedeutung der grundlegenden Prinzipien für die Struktur des allgemeinen Völkerrechts, 1985, in: K.A. Mollnau (Edit.), Probleme einer Strukturtheorie des Rechts, Berlin, S. 187.
71. Greifelds, C., Rechtswörterbuch, München 1968.
72. Guggenheim, P., Traité de Droit international public, Tome I, Genéve 1967.
73. Hahn, J., Das pactum de negotiando völkerrechtliche Entsheidungsnorm, in: Außenwirtschaftsdienst des Betriebsberaters, Nr. 10, 1972, S. 491.
74. Hambro, E., The Case Law of the International Court 1947 – 1958, Leyden 1966.
75. Hecker, H. / Thomson, E., Völkerrecht und Prisenrecht; Frankfurt a.M. 1965.
76. Hannikainen, L., Peremptory norms (jus cogens) in international law; historical development, criteria, present status, Helsinki 1988.
77. Helfer L. R. / Meyer, T., The Evolution of Codification: A Principal-Agent Theory of the International Law Commission's Influence', in: Curtis A. Bradley (Ed.), Custom's Future: International Law in a Changing World, Cambridge University 2016.
78. Henkin, L., How Nations Behave, Law and Foreign Policy, London1968.
79. Herdegen, M., Völkerrecht, München 2012.
80. Hill, Ch., The Doktrine of „Rebus sic stantibus" in international Law, Columbia 1934.
81. Hurst, C., The effect of war on treaties. In: British Yearbook of International Law, No. 22, 1921.
82. Ignatenko, G. W. / Ostapenko, D. B. (Hrsg.), Meschdunarodnoje prawo, Moskwa 1978.
83. Ipsen, K., Völkerrecht. Ein Studienbuch , München 2018.
84. Janis, M. and Noyes, J., International Law, Cases and Commentary, Minnesota 2006.
85. Jellinek, G., Die rechtliche Natur der Staatenverträge, Wien 1880.

86. Jenks, W. C., Recht und sozialer Umbruch, in: Recht und sozialer Umbruch, Ein ökumenisches Symposium, Hrsg. Chr. Walther, Frankfurt/M. 1971, S. 77.
87. Jennings, R. Y., The Progressive Development of Internationl Law and its Codification, in : The British Yearbook of International Law, 1947, pp.302ss.
88. Jowitt, E., The Dictionary of English Law, Vol II, London 1959, p. 1718.
89. Kamrul Hossain, The Concept of Jus cogens and the Obligation under the U.N. Charta, in: Santa Clara Journal of International Law, Vol. 3, Iss. 1 , 2005, pp. 1-31.
90. Kaser, K., Handbuch der Altertumswissenschaft, Das Römische Privatrecht, Erster Abschnitt, München 1971.
91. Kaufmann, E., Das Wesen des Völkerrechts und die clausula rebus sic stantibus, Tübingen 1911.
92. Kempen, B., Hillgruber, Chr., Völkerrecht, München 2012.
93. Kimminich, O., Das Völkerrecht und die neue Weltwirtschaftsordnung", in: Archiv des Völkerrechts, Band 20, Nr. 1, 1982, S. 2—39.
94. Klenner, H., Grundsatzprobleme im Vorfeld einer Rechtsbildungstheorie, in: Mollnau K. A. (Hrsg.), Probleme einer Rechtsbildungstheorie, Berlin 1982, S. 20 ff.
95. Köbler, R., Die "clausula rebus sic stantibus" als allgemeiner Rechtsgrundsatz, Tübingen, 1991.
96. Köck, H.F., Völkerrecht, Wien 2004.
97. Klimenko, B. M. / Petrowskij, B. F./ Rybakow J. M. (Hrsg), Slowar meschdunarodnowo prawa, Moskwa 1982.
98. Korzew, M. B., Die allgemein anerkannten Prinzipien und Normen des gegenwärtigen Völkerrechts, Rechtswesen und Bedeutung, in: Prawna Misal, Nr. 2 ,1985 (bulgarisch).
99. Kolb, R., The Law of Treaties,_Massachusetts, 2016.
100. Kraus, H., Interesse und zwischenstaatliche Ordnung,. in: Niemeyers Zeitschrift für Internationales Recht, Band. 49, 1934, S.56.
101. Kurs des Völkerrechts, Moskau 1972, (russisch).
102. Kron, E., Pactum de contrahendo im Völkerrecht, Dissertation, Universität Köln, Köln 1971.
103. Lauterpacht, H. Codification and Development of International Law, in: AJIL, 1955, pp. 29ss.
104. Kusch, E., Die Weiterentwicklung des Völkerrechts – eine friedenserhaltende
105. Funktion der Vereinten Nationen, in: Österreichische Zeitschrift für Außenpolitik, Nr. 2., 1971.
106. Langen, E., Internationale Zahlungsabkommen, Tübingen 1958.
107. Laubach, B. et alt., Die Rolle des Völkerrechts in einer globalisierten Welt, Baden-Baden 2006.
108. Lauterbach, H., The Function of Law in the International Community, Connecticut 1966.
109. Lenk, M., Der multilaterale Vertrag universellen Charakters im allgemeindemokratischen Völkerrecht, Dissertation (Tutor : Panos Terz), Universität Leipzig 1987.
110. Leonhard, R., Consensus, in: Real-Encyclopädie der Classischen Altertumswissenschaft, Siebender Halbband, Hrsg. G.Wissowa, Stuttgart1900, S. 902.
111. Leppin, H., Die Gesetzgebung Iustinians – der Kaiser und sein Recht, in: Hölkeskamp, K.J.(Hrsg.), München 2006.
112. Lewin, D.B., Das Prinzip der friedlichen Streitbeilegung von internationalen Streitigkeiten, Moskau 1974 (russisch).
113. Id., Meschdunarodnoje prawo, wneschnaja politica i diplomatija, Moskwa 1981.

114. Limpert, M., Verfahren und Völkerrecht-Völkerrechtliche Probleme des Verfahrens von Kodifikationskonferenzen der Vereinten Nationen, Berlin 1985.
115. Linderfalk, U., The Creation of Jus Cogens – Making Sense of Article 53 of the Vienna Convention, in: ZaöRV , Vol. 71 ,2011, pp.359-378.ss.
116. Lissitzyn, O. , Treaties and changed circumstances, in: AJIL, No. 4, 1967, p. 896.
117. Liszt, F., Das Völkerrecht systematisch dargestellt, Berlin 1898.
118. Leonhard, R., Consensus, in: Real-Encyclopädie der Classischen Altertumswissenschaft, Siebender Halbband, Hrsg. G. Wissowa, Stuttgart 1900, S. 902.
119. Loic, M., La notion de „pactum de contrahendo" dans la jurisprudence international, in : RGDIP, No.2, 1976, p. 351.
120. Lukaschuk, I., Über Verpflichtungen aus einem Abkommen über Verhandlungen , in: SJMP 1962, Moskau 1964, S.118 (russisch).
121. Id., I. I., Mechanismus der völkerrechtlichen Regulierung, Kiew 1980, (russisch).
122. Id., Entstehung und Entwicklung des Völkerrechts, in: Westnik Kiewskowo Universiteta, Nr. 18,1984 (russisch).
123. Malcolm, E., International Law, Oxford 2018.
124. Mazilu, D., Dreptul pacii, Bucuresti 1983.
125. McNair, Law of Treaties, Oxford 1961.
126. Mendelson, M., The Legal Charakter of General Assemply Resolutions, in: H. Kamal (Edit.), Legal aspekts of the New International Economic Order, London, New York 1980, p. 95-108.
127. Meron, T., On a Hierarchy of International Human Rights, in: AJIL, Vol. 80 , 1986, pp.1ss.
128. Miaja de la Muela, Pacta de contrahendo en derecho Internacional, en: Revista Española del Derecho internacional, No. 2, 1968, p. 414.
129. Moca, G., Dreptul International, Bucuresti 1983.
130. Morelli, G., Nozioni di diritto internazionale, Padova 1963.
131. Morgenstern, P. (Bearb.), Völkerrecht, Dokumente, Berlin, 1980.
132. Mosler, H., The international society as a legal community, in: Recueil de Cours, Académie de droit international, Vol., IV, 140, 1980, p. 90.
133. Möstl, W., Die Konsultationsverpflichtung im Völkerrecht, Dissertation, Universität Würzburg 1967.
134. Mowtschan, A. P., Probleme der Kodifikation und der progressiven Entwicklung des Völkerrechts, Moskau 1974 (russisch).
135. Münch, I., Völkerrecht in programmierter Form, Berlin, New York 1971.
136. Murphy, D., Codification, Progressive Development, or Scholarly Analysis? The Art of Packaging the ILC's Work Product', in: M. Ragazzi (Ed.), Responsibility of International Organizations: Essays in Memory of Ian Brownlie, Nijhoff 2013.
137. Myers, C.P., The names and scopes of treaties in: AJIL, Vol. 51, No. 3, 1957, p. 605.
138. Myslil, S., Kodifikace smluvniho prava, in: Gasopis pro mezinarodni prave, Tom., XV, Nr. 2, 1974.
139. Nesterenko, E.A., Zur Frage der Kodifizierung und progressiven Entwicklung des Völkerrechts auf dem Gebiet des Umweltschutzes, in: SJMP 1983, Moskau 1984, S. 100 ff. (russisch).
140. Neuhold, H.P., Die Pflicht zur Zusammenarbeit der Staaten: Moralisches Postulat oder Völkerrechtsnorm? in: Festschrift zum 90. Geburtstag von A. Verdross, Berlin 1980, S. 714.
141. O'Conell, International Law, Vol. I., London, New York 1965.
142. Oeser, E., Verhandlungen im Völkerrecht, in: B. Graefrath (Ed.), Probleme des Völkerrechts, Berlin 1985, S.189-218.

143. Id., Der internationale Streit, Berlin 1987.
144. Oppenheim, L., International Law of Treaties, Vol. I, London et alt. 1955.
145. Orakhelashvili, A., Peremptory norms in international law, Oxford University Press, 2006.
146. Oslé, R. D., Qué es el Derecho global ? Navarra 2008.
147. Outrata, V., Zum Begriff der allgemeinen und grundlegenden Prinzipien und Normen des Völkerrechts, in: Casopis pro mezinárodni právo, Nr. 3, 1961.
148. Paulus. A., Jus cogens in a time of hegemony and fragmentation - an attempt at a reappraisal, in: Nordic Journal of International Law, Vol. 74, 2005, pp. 297–333.
149. Perasi, T., Teoría dominicata delle di norme giuridiche in diritto internazionale, in: Rivista di diritto internazionale, Milano 1917, p.20.
150. Petrowski, B. F./Klimenko/ B. M./ RYBAKOW, J. M., Lexikon des Völkerrechts. Moskau 1982 (in Russisch).
151. Pinto, R., Le Droit des Relations Internationales, Paris 1972.
152. Puschmin, E.A., Friedliche Beilegung von Streitigkeiten, Moskau 1975(russisch).
153. Rabl Blaser, C., Die clausula rebus sic stantibus im Völkerrecht, Dissertation, Zürich 2012.
154. Reinisch, A., Österreichisches Handbuch des Völkerrechts, Wien 2013.
155. Remacha, J., R., Derecho internacional codificado: Derecho de gentes : recopilación sistemática de textos y tratados, Pamplona, 1984.
156. Reuter, P., Introduction au droit des traites, Paris 1972.
157. Ridruejo J. A. P., La doctrine „rebus sic stantibus“ á la Conférence de Vienne 1968, in: Annuaire suisse de droit international Vol. V, 1968, p. 81.
158. Rivier, A., Principes du droit des gens, Paris 1895.
159. Rogoff, M.A., The Obligation to Negotiate in International Law: Rules and Realities, in: Michigan Journal of International Law, Vol. 16. 1994, p.141.
160. Röling, B., International law in an expanded world, Amsterdam 1960.
161. Ronzitti, N., Diritto internazionale 2019.
162. Rosenne, S., The International Court of Justice, Leyden 1957.
163. Id., The World Court, Leyden, New York 1962.
164. Rotter, M., Die allgemeinen Rechtsgrundsätze, in: Neuhold et alt. (Hrsg.), Österreichisches Handbuch des Völkerrechts, Wien 1983, S.422.
165. Rozakis, C. L., The Concept of Jus Cogens in the Law of Treaties, Amsterdam 1976.
166. Rousseau, Ch., Droit International Public, Tome I, Paris 1970.
167. Rubio, H.A., Derecho internacional público,Valladolid 1968.
168. Ruiz, J.J., /Daudí, M.C., Derecho internacional público, Valencia 2002.
169. Sauer, W., System des Völkerrechts, Bonn 1952.
170. Schachter, O., General course in public international law, in: RdC, 178, Vol. V. 1982, pp. 9-396.
171. Schirmer, G., Universalität völkerrechtlicher Verträge, Berlin 1966.
172. Seidl-Hohenveldern, I., Völkerrecht, Köln et alt. 1969.
173. Sepulveda, C., Derecho Internacional, Méxiko 1978.
174. Sereni, P., Diritto Internazionale, III, Milano 1962.
175. Shelton, D., Normative Hierarchy in International Law, in: AJIL, Vol. 100 , 2006, pp.291.
176. Sinclair, I. M., The Vienna Convention on the Law of Treaties, Manchester 1973.
177. Skakunow, E.I., Besonderheiten der Kodifikation der Grundprinzipien des Völkerrechts, in: SGiP, Nr. 6, 1982, S. 121ff. (russisch).
178. Slomanson, W., Fundamental Perspectives on International Law, Boston 1979.
179. Somló, F., Juristische Grundlehre, Aalen 1973 (Neudruck der 2. Auflage, Leipzig1927).

180. Sradj, M., Das Instrument der Konsultation in der internationalen Politik nach 1945, Mainz 1974.

181. Stein, T. / Buttlar, Chr. / Kotzur, M., Völkerrecht, Lehrbuch, München 2017.

182. Tammes, J. P. A. , Soft Law, in: Essays on international and comparative law in honour of judge Erades, The Hague 1983.

183. Tanzi, A., Introduzione al diritto internazionale contemporaneo, Torino 2018.

184. Terz, P., Zu der Abgrenzung der Norm der grundlegenden Veränderung der Umstände von einigen speziellen Bestimmungen der Wiener Vertragsrechtskonvention von 1969, in: Jogtudomonyi Közlöny, Budapest, Nr.3, 1977, S. 162- 169 (ungarisch).

185. Id., Zum jus cogens im demokratischen Völkerrecht, in: Staat und Recht, Nr.7, 1978, S. 617- 628.

186. Id., Die völkerrechtliche Bedeutung des Prinzips der Unverletzlichkeit der Staatsgrenzen, in: Vestnik Kiewskowo Universiteta, Nr. 6, 1978 S. 41- 50 (russisch).

187. Id., Zu der Nichtanwendung der Clausula rebus sic standibus und der Staatennachfolge auf Grenzverträge, in: Przeglad Stosunkow Miedzynarodowych, Nr.3, 1978, S. 49 (polnisch).

188. Id., Bedeutung, Arten und Charakter der wichtigsten Akten und Schlussakten in der Geschichte der internationalen Beziehungen, in: Przeglad Stosunkow Miedzynarodowych, Nr.5, 1978,S. 41- 49 (polnisch).

189. Id., Wesen und mögliche Auswirkungen von grundlegenden Veränderungen der Umstände auf die Gültigkeit zwischenstaatlicher Verträge, in: Przeglad Stosunkow Miedzynarodowych, Nr. 6, 1979, S. 115 – 130 (polnisch).

190. Id., Zu einigen Aspekten von Erklärungen (vor allem Absichtserklärungen) und Empfehlungen in den internationalen Beziehungen, in: Przeglad Stosunkow Miedzynarodowych, Nr.3, 1979, S. 35- 44 (polnisch).

191. Id., Wesen und Bedeutung des Pactum de negotiando und des Pactum de contrahendo im Völkerrecht, in: Jogtudomanyi Közlöny, Ungarische Akademie der Wissenschaften, Nr. 4., 1982, S. 320-325 (ungarisch).

192. Id., Kritische Analyse der klassischen Doktrin von der Unveränderlichkeit der Umstände im Recht der internationalen Verträge, in: Westnik Kiewskogo Universiteta, Nr. 5, 1982, S. 42-47(russisch).

193. Id., Bürgerliche Auffassungen über Grundprinzipien und Jus cogens im Völkerrecht, in: Neue Justiz, Nr. 7, 1983, S. 279-281.

194. Id., Theoretische Aspekte der Stabilität und der Veränderungen in den internationalen Beziehungen, in: Sprawy Miedzynarodowe, Warszawa, Nr. 2, 1984, S.103- 112, (polnisch).

195. Id., Die zunehmende Bedeutung des Consensus als Übereinstimmung und als Verfahrensprinzip, in: Acta Universitatis Wratislaviensis, Ser. Prawo CXI, No. 643 (Sammelband): Gegenwärtige Probleme der Völkerrechtslehre), Wroclaw 1984, S. 31- 44.

196. Id., Die Normbildungstheorie (Eine völkerrechtsphilosophische, völkerrechtssoziologische und völkerrechtstheoretische Studie), Fasc. 9, Tom XXXIV der Acta Universitatis Szegediensis de Attila J. Nominatae, Acta Juridica et Politica, Szeged 1985, Sonderheft, 50 Seiten.

197. Id., Das Grundprinzip der Vertragstreue. Die Rechtsquellen des Völkerrechts. Das Völkervertragsrecht (als Kap. 4 vom Grundriss Völkerrecht), 2. Aufl., Berlin 1988, S. 105-125.

198. Id., For a modern theory of the creation of norms in the nuclearcosmic era, in: Miscellanea in honorem Demetrii S. Constantopuli, Aristoteles Universitas Thessalonicensis, Internationale Festschrift (Pax, Ius, Libertas), Vol. B, Thessaloniki 1990, pp. 1163- 1175.

199. Id., Normenbildung in den internationalen Beziehungen der Gegenwart, in: Wissenschaftliche Zeitschrift der Universität Leipzig (Sondernummer "Normative Grundlagen für ein System der internationalen Sicherheit"), Nr. 5 , 1990, S. 443-459.
200. Id., Cuestiones teoricas fundamentales del proceso de formación de las normas internacionales, Universidad Santiago de Cali 1999.
201. Id., Völkerrechtswissenschaft: Völkerrechtstheorie Völkerrechtsphilosophie Völkerrechtssoziologie Völkerrechtsmethodologie ,Lehrbuchverlag , Riga 2019.
202. Id., Vertragsrecht internationaler Organisationen, Entstehung der Konvention von 1986, Lehrbuchverlag, Riga 2019.
203. Thierry / B. H., Combacau, J., Droit International Public, Paris 1975.
204. Tiunow, O. I., Das Prinzip der gewissenhaften Erfüllung der internationalen Verpflichtungen und die Doktrin rebus sich stantibus, in: SEMP 1978, Moskau 1980, p. 109 (russisch).
205. Treves, T., Diritto internazionale, Problemi fondamentali, Milano 2005.
206. Triepel, H., Völkerrecht und Landesrecht, Leipzig 1899.
207. Tschernitschenko, S.W., Normy meschdunarodnowo prawa, ich sosdanije i osobennosti ich struktury, in: SJMP 1979, Moskwa 1980, S. 48/49 .
208. Tunkin , G. I., Das Völkerrecht der Gegenwart, Berlin1963.
209. Id., Soviet theory of sources of international law, in: Völkerrecht und Rechtsphilosophie, Internationale Festschrift für St. Verosta zum 70. Geburtstag, Hrsg. Fischer, P., Köck H. F.,Verdross, A., Berlin 1981, S. 68 ff..
210. Id. (Edit.), Meschdunarodnoje prawo, Moskwa 1982.
211. Id., Das Völkerrecht der Gegenwart, Berlin1963.
212. Udina ,M., Der Beitrag der italienischen Doktrin zur gegenwärtigen Theorie des Völkerrechts, in: ZaöRV, Band 29, Nr. 2, 1969, S.341
213. Uljanowa, N.N., Der Begriff des allgemeinen multilateralen Vertrages, in: SJMP, 1974, Moskau 1976, S.190-104 (russisch).
214. Id., Allgemeine multilaterale Verträge in den gegenwärtigen internationalen Beziehungen, Kiew 1981 (russisch).
215. Ulloa, A., Derecho internacional publico, Tomo I, Madrid 1957.
216. Vallat, F., The Work of the International Law Commission-The Law of Treaties, in: Netherlands International Law Review, Vol. XXII, Iss.3, 1975, p.325.
217. Vattel E. de, Le droit des Gens au principes de la loi naturelle, 1758. Tübingen 1959.
218. Vellas, P., Droit International Public, Institutions Internationales, Paris 1967, p. 97.
219. Verdross, A., Die Quellen des universellen Vökerrechts, Freiburg 1973.
220. Verdross, A./ Simma, B., Universelles Völkerrecht, Theorie und Praxis, Berlin 1984.
221. Virally, M., Reflections sur le „jus cogens“, in: AFDI, XIII, 1966, p.10.
222. Visscher, Ch., Theories et realites en droit international, Paris 1970.
223. Vitzthum, W. / Proelß, A. (Hrsg.), Völkerrecht ,Lehrbuch, Berlin 2019 .
224. Wabnitz, B., Der Vorvertrag in rechtsgeschichtlicher Betrachtung, Dissertation, Universität Münster 1962.
225. Weber, H. / Wedel, V., Grundkurs Völkerrecht, Das Internationale Recht des Friedens und der Friedenssicherung, Frankfurt a. Main 1977.
226. Weatherall, Th., Jus Cogens: International Law and Social Contract , Cambridge University Press 2015.
227. Webster`s. Dictionary of the English Language, Cleveland /New York 1970.
228. Weller, M.P., Die Vertragstreue – Vertragsbindung, Naturalerfüllungsgrundsatz, Leistungstreue, Tübingen 2009.

229. Wengler, W., Völkerrecht, Band I. Berlin, Göttingen, Heidelberg 1964.
230. Werth-Regendanz, A., Die Clausula rebus sic stantibus im Völkerrecht, insbesondere in ihrer Anwendung auf den Young-Plan, Göttingen 1931.
231. Williams, F., The Permanence of Treaties, in: AJIL 1928, p. 91.
232. Woolsey, L. H., The forced transfer of property in enemy occupied territories, in: AJIL, Vol. 37, 1943, p. 282.

9. Abkürzungen

AdV: Archiv des Völkerrechts

AFDI: Annuaire Francais de Droit International

AJIL: The American Journal of International Law

ÖZföRV: Österreichische Zeitschrift für öffentliches Recht und Völkerrecht

RdC: Recueil de Cours, Academie de Droit International, Den Haag

RGDIP: Revue Général de Droit International Public

SJMP: Sowjetskij jeschewodnik meschdunarodnowo prawa

SGiP: Sowjetskoje gossudarstwo y prawo

ZaöRV: Zeitschrift für ausländisches öffentliches Recht und Völkerrecht

10. Anhang

Wiener Übereinkommen über das Recht der Verträge von 1969*.

* Quelle: Official Publication in United Nations, Treaty Series, vol. 1155, p.331. (UNTS Vol. 1155 S. 331)

Die Vertragsstaaten dieses Übereinkommens, in Anbetracht der grundlegenden Rolle der Verträge in der Geschichte der internationalen Beziehungen, in Erkenntnis der ständig wachsenden Bedeutung der Verträge als Quelle des Völkerrechts und als Mittel zur Entwicklung der friedlichen Zusammenarbeit zwischen den Völkern ungeachtet ihrer Verfassungs- und Gesellschaftssysteme, im Hinblick darauf, dass die Grundsätze der freien Zustimmung und von Treu und Glauben sowie der Rechtsgrundsatz *pacta sunt servanda* allgemein anerkannt sind, in Bekräftigung des Grundsatzes, dass Streitigkeiten über Verträge wie andere internationale Streitigkeiten durch friedliche Mittel nach den Grundsätzen der Gerechtigkeit und des Völkerrechts beigelegt werden sollen, eingedenk der Entschlossenheit der Völker der Vereinten Nationen, Bedingungen zu schaffen, unter denen Gerechtigkeit und die Achtung vor den Verpflichtungen aus Verträgen gewahrt werden können, im Bewusstsein der in der Charta der Vereinten Nationen[3] enthaltenen völkerrechtlichen Grundsätze, darunter der Grundsätze der Gleichberechtigung und Selbstbestimmung der Völker, der souveränen Gleichheit und Unabhängigkeit aller Staaten, der Nichteinmischung in die inneren Angelegenheiten der Staaten, des Verbots der Androhung oder Anwendung von Gewalt sowie der allgemeinen Achtung und Wahrung der Menschenrechte und Grundfreiheiten für alle, überzeugt, dass die in diesem Übereinkommen verwirklichte Kodifizierung und fortschreitende Entwicklung des Vertragsrechts die in der Charta der Vereinten Nationen verkündeten Ziele fördern wird, nämlich die Wahrung des Weltfriedens und der internationalen Sicherheit, die Entwicklung freundschaftlicher Beziehungen und die Verwirklichung der Zusammenarbeit zwischen den Nationen, in Bekräftigung des Grundsatzes, dass die Sätze des Völkergewohnheitsrechts weiterhin für Fragen gelten, die in diesem Übereinkommen nicht geregelt sind, *haben folgendes vereinbart:*

Teil I Einleitung

Art. 1 Geltungsbereich dieses Übereinkommens

Dieses Übereinkommen findet auf Verträge zwischen Staaten Anwendung.

Art. 2 Begriffsbestimmungen

(1) Im Sinne dieses Übereinkommens

a) bedeutet «Vertrag» eine in Schriftform geschlossene und vom Völkerrecht bestimmte internationale Übereinkunft zwischen Staaten, gleichviel ob sie in einer oder in mehreren zusammengehörigen Urkunden enthalten ist und welche besondere Bezeichnung sie hat;

b) bedeutet «Ratifikation», «Annahme», «Genehmigung» und «Beitritt» jeweils die so bezeichnete völkerrechtliche Handlung, durch die ein Staat im internationalen Bereich seine Zustimmung bekundet, durch einen Vertrag gebunden zu sein;

c) bedeutet «Vollmacht» eine vom zuständigen Organ eines Staates errichtete Urkunde, durch die einzelne oder mehrere Personen benannt werden, um in Vertretung des Staates den Text eines Vertrags auszuhandeln oder als authentisch festzulegen, die Zustimmung des Staates auszudrücken, durch einen Vertrag gebunden zu sein, oder sonstige Handlungen in Bezug auf einen Vertrag vorzunehmen;

d) bedeutet «Vorbehalt» eine wie auch immer formulierte oder bezeichnete, von einem Staat bei der Unterzeichnung, Ratifikation, Annahme oder Genehmigung eines Vertrags oder bei dem Beitritt zu einem Vertrag abgegebene einseitige Erklärung, durch die der Staat bezweckt, die Rechtswirkung einzelner Vertragsbestimmungen in der Anwendung auf diesen Staat auszuschließen oder zu ändern;

e) bedeutet «Verhandlungsstaat» einen Staat, der am Abfassen und Annehmen des Vertragstextes teilgenommen hat;

f) bedeutet «Vertragsstaat» einen Staat, der zugestimmt hat, durch den Vertrag gebunden zu sein, gleichviel ob der Vertrag in Kraft getreten ist oder nicht;

g) bedeutet «Vertragspartei» einen Staat, der zugestimmt hat, durch den Vertrag gebunden zu sein, und für den der Vertrag in Kraft ist;

h) bedeutet «Drittstaat» einen Staat, der nicht Vertragspartei ist;

i) bedeutet «internationale Organisation» eine zwischenstaatliche Organisation.

(2) Die Bestimmungen des Absatzes l über die in diesem Übereinkommen verwendeten Begriffe beeinträchtigen weder die Verwendung dieser Begriffe noch die Bedeutung, die ihnen im innerstaatlichen Recht gegebenenfalls zukommt.

Art. 3 Nicht in den Geltungsbereich dieses Übereinkommens fallende internationale Übereinkünfte

Der Umstand, dass dieses Übereinkommen weder auf die zwischen Staaten und anderen Völkerrechtssubjekten oder zwischen solchen anderen Völkerrechtssubjekten geschlossenen internationalen Übereinkünfte noch auf nicht schriftliche internationale Übereinkünfte Anwendung findet, berührt nicht

a) die rechtliche Gültigkeit solcher Übereinkünfte;

b) die Anwendung einer der in diesem Übereinkommen niedergelegten Regeln auf sie, denen sie auch unabhängig von diesem Übereinkommen auf Grund des Völkerrechts unterworfen wären;

c) die Anwendung des Übereinkommens auf die Beziehungen zwischen Staaten auf Grund internationaler Übereinkünfte, denen auch andere Völkerrechtssubjekte als Vertragsparteien angehören.

Art. 4 Nichtrückwirkung dieses Übereinkommens

Unbeschadet der Anwendung der in diesem Übereinkommen niedergelegten Regeln, denen Verträge unabhängig von dem Übereinkommen auf Grund des Völkerrechts unterworfen wären, findet das Übereinkommen nur auf Verträge Anwendung, die von Staaten geschlossen werden, nachdem das Übereinkommen für sie in Kraft getreten ist.

Art. 5 Gründungsverträge internationaler Organisationen und im Rahmen einer internationalen Organisation angenommene Verträge

Dieses Übereinkommen findet auf jeden Vertrag Anwendung, der die Gründungsurkunde einer internationalen Organisation bildet, sowie auf jeden im Rahmen einer internationalen Organisation angenommenen Vertrag, unbeschadet aller einschlägigen Vorschriften der Organisation.

Teil II Abschluss und Inkrafttreten von Verträgen

Abschnitt 1 Abschluss von Verträgen

Art. 6 Vertragsfähigkeit der Staaten

Jeder Staat besitzt die Fähigkeit, Verträge zu schließen.

Art. 7 Vollmacht

(1) Eine Person gilt hinsichtlich der Annahme des Textes eines Vertrags oder der Festlegung seines authentischen Textes oder der Abgabe der Zustimmung eines Staates, durch einen Vertrag gebunden zu sein, als Vertreter eines Staates,

a) wenn sie eine gehörige Vollmacht vorlegt oder

b) wenn aus der Übung der beteiligten Staaten oder aus anderen Umständen hervorgeht, dass sie die Absicht hatten, diese Person als Vertreter des Staates für die genannten Zwecke anzusehen und auch keine Vollmacht zu verlangen.

(2) Kraft ihres Amtes werden, ohne eine Vollmacht vorlegen zu müssen, als Vertreter ihres Staates angesehen

a) Staatsoberhäupter, Regierungschefs und Außenminister zur Vornahme aller sich auf den Abschluss eines Vertrags beziehenden Handlungen;

b) Chefs diplomatischer Missionen zum Annehmen des Textes eines Vertrags zwischen Entsende- und Empfangsstaat;

c) die von Staaten bei einer internationalen Konferenz oder bei einer internationalen Organisation oder einem ihrer Organe beglaubigten Vertreter zum Annehmen des Textes eines Vertrags im Rahmen der Konferenz, der Organisation oder des Organs.

Art. 8 Nachträgliche Bestätigung einer ohne Ermächtigung vorgenommenen Handlung

Eine sich auf den Abschluss eines Vertrags beziehende Handlung, die von einer Person vorgenommen wird, welche nicht nach Art. 7 als zur Vertretung eines Staates zu diesem Zweck ermächtigt angesehen werden kann, ist ohne Rechtswirkung, sofern sie nicht nachträglich von dem Staat bestätigt wird.

Art. 9 Annehmen des Textes

(1) Der Text eines Vertrags wird durch Zustimmung aller an seiner Abfassung beteiligten Staaten angenommen, soweit Absatz 2 nichts anderes vorsieht.

(2) Auf einer internationalen Konferenz wird der Text eines Vertrags mit den Stimmen von zwei Dritteln der anwesenden und abstimmenden Staaten angenommen, sofern sie nicht mit der gleichen Mehrheit die Anwendung einer anderen Regel beschließen.

Art. 10 Festlegung des authentischen Textes

Der Text eines Vertrags wird als authentisch und endgültig festgelegt,

a) nach dem Verfahren, das darin vorgesehen oder von den an seiner Abfassung beteiligten Staaten vereinbart wurde, oder,

b) in Ermangelung eines solchen Verfahrens, durch Unterzeichnung, Unterzeichnung *ad referendum* oder Paraphierung des Vertragswortlauts oder einer den Wortlaut enthaltenden Schlussakte einer Konferenz durch die Vertreter dieser Staaten.

Art. 11 Arten der Zustimmung, durch einen Vertrag gebunden zu sein

Die Zustimmung eines Staates, durch einen Vertrag gebunden zu sein, kann durch Unterzeichnung, Austausch von Urkunden, die einen Vertrag bilden, Ratifikation, Annahme, Genehmigung oder Beitritt oder auf eine andere vereinbarte Art ausgedrückt werden.

Art. 12 Zustimmung, durch einen Vertrag gebunden zu sein, durch Unterzeichnung

(1) Die Zustimmung eines Staates, durch einen Vertrag gebunden zu sein, wird durch Unterzeichnung seitens seines Vertreters ausgedrückt,

a) wenn der Vertrag vorsieht, dass der Unterzeichnung diese Wirkung zukommen soll;

b) wenn anderweitig feststeht, dass die Verhandlungsstaaten der Unterzeichnung einvernehmlich diese Wirkung beilegen wollten, oder

c) wenn die Absicht des Staates, der Unterzeichnung diese Wirkung beizulegen, aus der Vollmacht seines Vertreters hervorgeht oder während der Verhandlung zum Ausdruck gebracht wurde.

(2) Im Sinne des Absatzes 1

a) gilt die Paraphierung des Textes als Unterzeichnung des Vertrags, wenn feststeht, dass die Verhandlungsstaaten dies vereinbart haben;

b) gilt die Unterzeichnung eines Vertrags *ad referendum* durch den Vertreter eines Staates als unbedingte Vertragsunterzeichnung, wenn sie von dem Staat bestätigt wird.

Art. 13 Zustimmung, durch einen Vertrag gebunden zu sein, durch Austausch der einen Vertrag bildenden Urkunden

Die Zustimmung von Staaten, durch einen Vertrag gebunden zu sein, der durch zwischen ihnen ausgetauschte Urkunden begründet wird, findet in diesem Austausch ihren Ausdruck,

a) wenn die Urkunden vorsehen, dass ihrem Austausch diese Wirkung zukommen soll, oder

b) wenn anderweitig feststeht, dass diese Staaten dem Austausch der Urkunden einvernehmlich diese Wirkung beilegen wollten.

Art. 14 Zustimmung, durch einen Vertrag gebunden zu sein, durch Ratifikation, Annahme oder Genehmigung

(1) Die Zustimmung eines Staates, durch einen Vertrag gebunden zu sein, wird durch Ratifikation ausgedrückt,

a) wenn der Vertrag vorsieht, dass diese Zustimmung durch Ratifikation ausgedrückt wird;

b) wenn anderweitig feststeht, dass die Verhandlungsstaaten die Ratifikation einvernehmlich für erforderlich hielten;

c) wenn der Vertreter des Staates den Vertrag unter Vorbehalt der Ratifikation unterzeichnet hat oder

d) wenn die Absicht des Staates, den Vertrag unter Vorbehalt der Ratifikation zu unterzeichnen, aus der Vollmacht seines Vertreters hervorgeht oder während der Verhandlungen zum Ausdruck gebracht wurde.

(2) Die Zustimmung eines Staates, durch einen Vertrag gebunden zu sein, wird durch Annahme oder Genehmigung unter ähnlichen Bedingungen ausgedrückt, wie sie für die Ratifikation gelten.

Art. 15 Zustimmung, durch einen Vertrag gebunden zu sein, durch Beitritt

Die Zustimmung eines Staates, durch einen Vertrag gebunden zu sein, wird durch Beitritt ausgedrückt,

a) wenn der Vertrag vorsieht, dass die Zustimmung von diesem Staat durch Beitritt ausgedrückt werden kann;

b) wenn anderweitig feststeht, dass die Verhandlungsstaaten vereinbart haben, dass die Zustimmung von diesem Staat durch Beitritt ausgedrückt werden kann, oder

c) wenn alle Vertragsparteien nachträglich vereinbart haben, dass die Zustimmung von diesem Staat durch Beitritt ausgedrückt werden kann.

Art. 16 Austausch oder Hinterlegung von Ratifikations-, Annahme-, Genehmigungs- oder Beitrittsurkunden

Sofern der Vertrag nichts anderes vorsieht, begründen Ratifikations-, Annahme-, Genehmigungs- oder Beitrittsurkunden die Zustimmung eines Staates, durch einen Vertrag gebunden zu sein, im Zeitpunkt

a) ihres Austausches zwischen den Vertragsstaaten;

b) ihrer Hinterlegung bei dem Verwahrer oder

c) ihrer Notifikation an die Vertragsstaaten oder den Verwahrer, wenn dies vereinbart wurde.

Art. 17 Zustimmung, durch einen Teil eines Vertrags gebunden zu sein, sowie Wahl zwischen unterschiedlichen Bestimmungen

(1) Unbeschadet der Artikel 19 bis 23 ist die Zustimmung eines Staates, durch einen Teil eines Vertrags gebunden zu sein, nur wirksam, wenn der Vertrag dies zulässt oder die anderen Vertragsstaaten dem zustimmen.

(2) Die Zustimmung eines Staates, durch einen Vertrag gebunden zu sein, der eine Wahl zwischen unterschiedlichen Bestimmungen zulässt, ist nur wirksam, wenn klargestellt wird, auf welche Bestimmungen sich die Zustimmung bezieht.

Art. 18 Verpflichtung, Ziel und Zweck eines Vertrags vor seinem Inkrafttreten nicht zu vereiteln

Ein Staat ist verpflichtet, sich aller Handlungen zu enthalten, die Ziel und Zweck eines Vertrags vereiteln würden,

a) wenn er unter Vorbehalt der Ratifikation, Annahme oder Genehmigung den Vertrag unterzeichnet oder Urkunden ausgetauscht hat, die einen Vertrag bilden, solange er seine Absicht nicht klar zu erkennen gegeben hat, nicht Vertragspartei zu werden, oder

b) wenn er seine Zustimmung, durch den Vertrag gebunden zu sein, ausgedrückt hat, und zwar bis zum Inkrafttreten des Vertrags und unter der Voraussetzung, dass sich das Inkrafttreten nicht ungebührlich verzögert.

Abschnitt 2 Vorbehalte

Art. 19 Anbringen von Vorbehalten

Ein Staat kann bei der Unterzeichnung, Ratifikation, Annahme oder Genehmigung eines Vertrags oder beim Beitritt einen Vorbehalt anbringen, sofern nicht

a) der Vertrag den Vorbehalt verbietet;

b) der Vertrag vorsieht, dass nur bestimmte Vorbehalte gemacht werden dürfen, zu denen der betreffende Vorbehalt nicht gehört, oder

c) in den unter Buchstabe a oder b nicht bezeichneten Fällen der Vorbehalt mit Ziel und Zweck des Vertrags unvereinbar ist.

Art. 20 Annahme von Vorbehalten und Einsprüche gegen Vorbehalte

(1) Ein durch einen Vertrag ausdrücklich zugelassener Vorbehalt bedarf der nachträglichen Annahme durch die anderen Vertragsstaaten nur, wenn der Vertrag dies vorsieht.

(2) Geht aus der begrenzten Zahl der Verhandlungsstaaten sowie aus Ziel und Zweck eines Vertrags hervor, dass die Anwendung des Vertrags in seiner Gesamtheit zwischen allen Vertragsparteien eine wesentliche Voraussetzung für die Zustimmung jeder Vertragspartei ist, durch den Vertrag gebunden zu sein, so bedarf ein Vorbehalt der Annahme durch alle Vertragsparteien.

(3) Bildet ein Vertrag die Gründungsurkunde einer internationalen Organisation und sieht er nichts anderes vor, so bedarf ein Vorbehalt der Annahme durch das zuständige Organ der Organisation.

(4) In den nicht in den Absätzen 1 bis 3 bezeichneten Fällen und sofern der Vertrag nichts anderes vorsieht,

a) macht die Annahme eines Vorbehalts durch einen anderen Vertragsstaat den den Vorbehalt anbringenden Staat zur Vertragspartei im Verhältnis zu jenem anderen Staat, sofern der Vertrag für diese Staaten in Kraft getreten ist oder sobald er für sie in Kraft tritt;

b) schließt der Einspruch eines anderen Vertragsstaats gegen einen Vorbehalt das Inkrafttreten des Vertrags zwischen dem den Einspruch erhebenden und dem den Vorbehalt anbringenden Staat nicht aus, sofern nicht der den Einspruch erhebende Staat seine gegenteilige Absicht eindeutig zum Ausdruck bringt;

c) wird eine Handlung, mit der die Zustimmung eines Staates, durch den Vertrag gebunden zu sein, ausgedrückt wird und die einen Vorbehalt in sich schliesst, wirksam, sobald mindestens ein anderer Vertragsstaat den Vorbehalt angenommen hat.

(5) Im Sinne der Absätze 2 und 4 und sofern der Vertrag nichts anderes vorsieht, gilt ein Vorbehalt als von einem Staat angenommen, wenn dieser bis zum Ablauf von zwölf Monaten, nachdem ihm der Vorbehalt notifiziert worden ist, oder bis zu dem Zeitpunkt, wenn dies der spätere ist, in dem er seine Zustimmung ausgedrückt hat, durch den Vertrag gebunden zu sein, keinen Einspruch gegen den Vorbehalt erhebt.

Art. 21 Rechtswirkungen von Vorbehalten und von Einsprüchen gegen Vorbehalte

(1) Ein gegenüber einer anderen Vertragspartei nach den Artikeln 19, 20 und 23 bestehender Vorbehalt

a) ändert für den den Vorbehalt anbringenden Staat im Verhältnis zu der anderen Vertragspartei die Vertragsbestimmungen, auf die sich der Vorbehalt bezieht, in dem darin vorgesehenen Ausmaß und

b) ändert diese Bestimmungen für die andere Vertragspartei im Verhältnis zu dem den Vorbehalt anbringenden Staat in demselben Ausmaß.

(2) Der Vorbehalt ändert die Vertragsbestimmungen für die anderen Vertragsparteien untereinander nicht.

(3) Hat ein Staat, der einen Einspruch gegen einen Vorbehalt erhoben hat, dem Inkrafttreten des Vertrags zwischen sich und dem den Vorbehalt anbringenden Staat nicht widersprochen, so finden die Bestimmungen, auf die sich der Vorbehalt bezieht, in dem darin vorgesehenen Ausmaß zwischen den beiden Staaten keine Anwendung.

Art. 22 Zurückziehen von Vorbehalten und von Einsprüchen gegen Vorbehalte

(1) Sofern der Vertrag nichts anderes vorsieht, kann ein Vorbehalt jederzeit zurückgezogen werden; das Zurückziehen bedarf nicht der Zustimmung eines Staates, der den Vorbehalt angenommen hat.

(2) Sofern der Vertrag nichts anderes vorsieht, kann ein Einspruch gegen einen Vorbehalt jederzeit zurückgezogen werden.

(3) Sofern der Vertrag nichts anderes vorsieht oder sofern nichts anderes vereinbart ist,

a) wird das Zurückziehen eines Vorbehalts im Verhältnis zu einem anderen Vertragsstaat erst wirksam, wenn dieser Staat eine Notifikation des Zurückziehens erhalten hat;

b) wird das Zurückziehen eines Einspruchs gegen einen Vorbehalt erst wirksam, wenn der Staat, der den Vorbehalt angebracht hat, eine Notifikation des Zurückziehens erhalten hat.

Art. 23 Verfahren bei Vorbehalten

(1) Ein Vorbehalt, die ausdrückliche Annahme eines Vorbehalts und der Einspruch gegen einen Vorbehalt bedürfen der Schriftform und sind den Vertragsstaaten sowie sonstigen Staaten mitzuteilen, die Vertragsparteien zu werden berechtigt sind.

(2) Wenn der Vertrag vorbehaltlich der Ratifikation, Annahme oder Genehmigung unterzeichnet und hierbei ein Vorbehalt angebracht wird, so ist dieser von dem ihn anbringenden Staat in dem Zeitpunkt förmlich zu bestätigen, zu dem dieser Staat seine Zustimmung ausdrückt, durch den Vertrag gebunden zu sein. In diesem Fall gilt der Vorbehalt als im Zeitpunkt seiner Bestätigung angebracht.

(3) Die vor Bestätigung eines Vorbehalts erfolgte ausdrückliche Annahme des Vorbehalts oder der vor diesem Zeitpunkt erhobene Einspruch gegen den Vorbehalt bedarf selbst keiner Bestätigung.

(4) Das Zurückziehen eines Vorbehalts oder des Einspruchs gegen einen Vorbehalt bedarf der Schriftform.

Abschnitt 3 Inkrafttreten und vorläufige Anwendung von Verträgen

Art. 24 Inkrafttreten

(1) Ein Vertrag tritt in der Weise und zu dem Zeitpunkt in Kraft, die er vorsieht oder die von den Verhandlungsstaaten vereinbart werden.

(2) In Ermangelung einer solchen Bestimmung oder Vereinbarung tritt ein Vertrag in Kraft, sobald die Zustimmung aller Verhandlungsstaaten vorliegt, durch den Vertrag gebunden zu sein.
(3) Wird die Zustimmung, durch einen Vertrag gebunden zu sein, von einem Staat erst nach dem Zeitpunkt des Inkrafttretens erteilt, so tritt der Vertrag für diesen Staat zu diesem Zeitpunkt in Kraft, sofern er nichts anderes vorsieht.
(4) Vertragsbestimmungen über die Festlegung des authentischen Textes, die Zustimmung von Staaten, durch den Vertrag gebunden zu sein, die Art und den Zeitpunkt seines Inkrafttretens sowie über Vorbehalte, die Aufgaben des Verwahrers und sonstige sich notwendigerweise vor dem Inkrafttreten des Vertrags ergebende Fragen gelten von dem Zeitpunkt an, zu dem sein Text angenommen wird.

Art. 25 Vorläufige Anwendung
(1) Ein Vertrag oder ein Teil eines Vertrags wird bis zu seinem Inkrafttreten vorläufig angewendet,
a) wenn der Vertrag dies vorsieht oder
b) wenn die Verhandlungsstaaten dies auf andere Weise vereinbart haben.
(2) Sofern der Vertrag nichts anderes vorsieht oder die Verhandlungsstaaten nichts anderes vereinbart haben, endet die vorläufige Anwendung eines Vertrags oder eines Teiles eines Vertrags hinsichtlich eines Staates, wenn dieser den anderen Staaten, zwischen denen der Vertrag vorläufig angewendet wird, seine Absicht notifiziert, nicht Vertragspartei zu werden.

Teil III Einhaltung, Anwendung und Auslegung von Verträgen

Abschnitt 1 Einhaltung von Verträgen

Art. 26 *Pacta sunt servanda*
Ist ein Vertrag in Kraft, so bindet er die Vertragsparteien und ist von ihnen nach Treu und Glauben zu erfüllen.

Art. 27 Innerstaatliches Recht und Einhaltung von Verträgen

Eine Vertragspartei kann sich nicht auf ihr innerstaatliches Recht berufen, um die Nichterfüllung eines Vertrags zu rechtfertigen. Diese Bestimmung lässt Artikel 46 unberührt.

Abschnitt 2 Anwendung von Verträgen

Art. 28 Nichtrückwirkung von Verträgen

Sofern keine abweichende Absicht aus dem Vertrag hervorgeht oder anderweitig festgestellt ist, binden seine Bestimmungen eine Vertragspartei nicht in Bezug auf eine Handlung oder Tatsache, die vor dem Inkrafttreten des Vertrags hinsichtlich der betreffenden Vertragspartei vorgenommen wurde oder eingetreten ist, sowie in Bezug auf eine Lage, die vor dem genannten Zeitpunkt zu bestehen aufgehört hat.

Art. 29 Räumlicher Geltungsbereich von Verträgen

Sofern keine abweichende Absicht aus dem Vertrag hervorgeht oder anderweitig festgestellt ist, bindet ein Vertrag jede Vertragspartei hinsichtlich ihres gesamten Hoheitsgebiets.

Art. 30 Anwendung aufeinander folgender Verträge über denselben Gegenstand

(1) Vorbehaltlich des Artikels 103 der Charta der Vereinten Nationen bestimmen sich die Rechte und Pflichten von Staaten, die Vertragsparteien aufeinander folgender Verträge über denselben Gegenstand sind, nach den folgenden Absätzen.

(2) Bestimmt ein Vertrag, dass er einem früher oder später geschlossenen Vertrag untergeordnet ist oder nicht als mit diesem unvereinbar anzusehen ist, so hat der andere Vertrag Vorrang.

(3) Sind alle Vertragsparteien eines früheren Vertrags zugleich Vertragsparteien eines späteren, ohne dass der frühere Vertrag beendet oder nach Artikel 59 suspendiert wird, so findet der frühere Vertrag nur insoweit Anwendung, als er mit dem späteren Vertrag vereinbar ist.

(4) Gehören nicht alle Vertragsparteien des früheren Vertrags zu den Vertragsparteien des späteren,

a) so findet zwischen Staaten, die Vertragsparteien beider Verträge sind, Absatz 3 Anwendung;

b) so regelt zwischen einem Staat, der Vertragspartei beider Verträge ist, und einem Staat, der Vertragspartei nur eines der beiden Verträge ist, der Vertrag, dem beide Staaten als Vertragsparteien angehören, ihre gegenseitigen Rechte und Pflichten.

(5) Absatz 4 gilt unbeschadet des Artikels 41 sowie unbeschadet aller Fragen der Beendigung oder der Suspendierung eines Vertrags nach Artikel 60 und aller Fragen der Verantwortlichkeit, die sich für einen Staat aus Abschluss oder Anwendung eines Vertrags ergeben können, dessen Bestimmungen mit seinen Pflichten gegenüber einem anderen Staat auf Grund eines anderen Vertrags unvereinbar sind.

Abschnitt 3 Auslegung von Verträgen

Art. 31 Allgemeine Auslegungsregel

(1) Ein Vertrag ist nach Treu und Glauben in Übereinstimmung mit der gewöhnlichen, seinen Bestimmungen in ihrem Zusammenhang zukommenden Bedeutung und im Lichte seines Zieles und Zweckes auszulegen.

(2) Für die Auslegung eines Vertrags bedeutet der Zusammenhang ausser dem Vertragswortlaut samt Präambel und Anlagen

a) jede sich auf den Vertrag beziehende Übereinkunft, die zwischen allen Vertragsparteien anlässlich des Vertragsabschlusses getroffen wurde;

b) jede Urkunde, die von einer oder mehreren Vertragsparteien anlässlich des Vertragsabschlusses abgefasst und von den anderen Vertragsparteien als eine sich auf den Vertrag beziehende Urkunde angenommen wurde.

(3) Außer dem Zusammenhang sind in gleicher Weise zu berücksichtigen

a) jede spätere Übereinkunft zwischen den Vertragsparteien über die Auslegung des Vertrags oder die Anwendung seiner Bestimmungen;

b) jede spätere Übung bei der Anwendung des Vertrags, aus der die Übereinstimmung der Vertragsparteien über seine Auslegung hervorgeht;

c) jeder in den Beziehungen zwischen den Vertragsparteien anwendbare einschlägige Völkerrechtssatz.

(4) Eine besondere Bedeutung ist einem Ausdruck beizulegen, wenn feststeht, dass die Vertragsparteien dies beabsichtigt haben.

Art. 32 Ergänzende Auslegungsmittel

Ergänzende Auslegungsmittel, insbesondere die vorbereitenden Arbeiten und die Umstände des Vertragsabschlusses, können herangezogen werden, um die sich unter Anwendung des Artikels 31 ergebende Bedeutung zu bestätigen oder die Bedeutung zu bestimmen, wenn die Auslegung nach Artikel 31

a) die Bedeutung mehrdeutig oder dunkel lässt oder

b) zu einem offensichtlich sinnwidrigen oder unvernünftigen Ergebnis führt.

Art. 33 Auslegung von Verträgen mit zwei oder mehr authentischen Sprachen

(1) Ist ein Vertrag in zwei oder mehr Sprachen als authentisch festgelegt worden, so ist der Text in jeder Sprache in gleicher Weise maßgebend, sofern nicht der Vertrag vorsieht oder die Vertragsparteien vereinbaren, dass bei Abweichungen ein bestimmter Text vorgehen soll.

(2) Eine Vertragsfassung in einer anderen Sprache als einer der Sprachen, deren Text als authentisch festgelegt wurde, gilt nur dann als authentischer Wortlaut, wenn der Vertrag dies vorsieht oder die Vertragsparteien dies vereinbaren.

(3) Es wird vermutet, dass die Ausdrücke des Vertrags in jedem authentischen Text dieselbe Bedeutung haben.

(4) Außer in Fällen, in denen ein bestimmter Text nach Absatz 1 vorgeht, wird, wenn ein Vergleich der authentischen Texte einen Bedeutungsunterschied aufdeckt, der durch die Anwendung der Artikel 31 und 32 nicht ausgeräumt werden kann, diejenige Bedeutung zugrunde gelegt, die unter Berücksichtigung von Ziel und Zweck des Vertrags die Wortlaute am besten miteinander in Einklang bringt.

Abschnitt 4 Verträge und Drittstaaten

Art. 34 Allgemeine Regel betreffend Drittstaaten

Ein Vertrag begründet für einen Drittstaat ohne dessen Zustimmung weder Pflichten noch Rechte.

Art. 35 Verträge zu Lasten von Drittstaaten

Ein Drittstaat wird durch eine Vertragsbestimmung verpflichtet, wenn die Vertragsparteien beabsichtigen, durch die Vertragsbestimmung eine Verpflichtung zu begründen, und der Drittstaat diese Verpflichtung ausdrücklich in Schriftform annimmt.

Art. 36 Verträge zugunsten von Drittstaaten

(1) Ein Drittstaat wird durch eine Vertragsbestimmung berechtigt, wenn die Vertragsparteien beabsichtigen, durch die Vertragsbestimmung dem Drittstaat oder einer Staatengruppe, zu der er gehört, oder allen Staaten ein Recht einzuräumen, und der Drittstaat dem zustimmt. Sofern der Vertrag nichts anderes vorsieht, wird die Zustimmung vermutet, solange nicht das Gegenteil erkennbar wird.

(2) Ein Staat, der ein Recht nach Absatz 1 ausübt, hat die hierfür in dem Vertrag niedergelegten oder im Einklang mit ihm aufgestellten Bedingungen einzuhalten.

Art. 37 Aufhebung oder Änderung der Pflichten oder Rechte von Drittstaaten

(1) Ist nach Artikel 35 einem Drittstaat eine Verpflichtung erwachsen, so kann diese nur mit Zustimmung der Vertragsparteien und des Drittstaats aufgehoben oder geändert werden, sofern nicht feststeht, dass sie etwas anderes vereinbart hatten.

(2) Ist nach Artikel 36 einem Drittstaat ein Recht erwachsen, so kann dieses von den Vertragsparteien nicht aufgehoben oder geändert werden, wenn feststeht, dass beabsichtigt war, dass das Recht nur mit Zustimmung des Drittstaats aufgehoben oder geändert werden kann.

Art. 38 Vertragsbestimmungen, die kraft internationaler Gewohnheit für Drittstaaten verbindlich werden

Die Artikel 34 bis 37 schließen nicht aus, dass eine vertragliche Bestimmung als ein Satz des Völkergewohnheitsrechts, der als solcher anerkannt ist, für einen Drittstaat verbindlich wird.

Teil IV Änderung und Modifikation von Verträgen

Art. 39 Allgemeine Regel über die Änderung von Verträgen

Ein Vertrag kann durch Übereinkunft zwischen den Vertragsparteien geändert werden. Teil II findet auf eine solche Übereinkunft insoweit Anwendung, als der Vertrag nichts anderes vorsieht.

Art. 40 Änderung mehrseitiger Verträge

(1) Sofern der Vertrag nichts anderes vorsieht, richtet sich die Änderung mehrseitiger Verträge nach den folgenden Absätzen.

(2) Vorschläge zur Änderung eines mehrseitigen Vertrags mit Wirkung zwischen allen Vertragsparteien sind allen Vertragsstaaten zu notifizieren; jeder von ihnen ist berechtigt,

a) an dem Beschluss über das auf einen solchen Vorschlag hin zu Veranlassende teilzunehmen;

b) am Aushandeln und am Abschluss einer Übereinkunft zur Änderung des Vertrags teilzunehmen.

(3) Jeder Staat, der berechtigt ist, Vertragspartei des Vertrags zu werden, ist auch berechtigt, Vertragspartei des geänderten Vertrags zu werden.

(4) Die Änderungsübereinkunft bindet keinen Staat, der schon Vertragspartei des Vertrags ist, jedoch nicht Vertragspartei der Änderungsübereinkunft wird; auf einen solchen Staat findet Artikel 30 Absatz 4 Buchstabe b Anwendung.

(5) Ein Staat, der nach Inkrafttreten der Änderungsübereinkunft Vertragspartei des Vertrags wird, gilt, sofern er nicht eine abweichende Absicht äußert,

a) als Vertragspartei des geänderten Vertrags und

b) als Vertragspartei des nicht geänderten Vertrags im Verhältnis zu einer Vertragspartei, die durch die Änderungsübereinkunft nicht gebunden ist.

Art. 41 Übereinkünfte zur Modifikation mehrseitiger Verträge zwischen einzelnen Vertragsparteien

(1) Zwei oder mehr Vertragsparteien eines mehrseitigen Vertrags können eine Übereinkunft schließen, um den Vertrag ausschließlich im Verhältnis zueinander zu modifizieren,

a) wenn die Möglichkeit einer solchen Modifikation in dem Vertrag vorgesehen ist oder

b) wenn die betreffende Modifikation durch den Vertrag nicht verboten ist und

i) die anderen Vertragsparteien in dem Genuss ihrer Rechte auf Grund des Vertrags oder in der Erfüllung ihrer Pflichten nicht beeinträchtigt und

ii) sich nicht auf eine Bestimmung bezieht, von der abzuweichen mit der vollen Verwirklichung von Ziel und Zweck des gesamten Vertrags unvereinbar ist.

(2) Sofern der Vertrag in einem Fall des Absatzes 1 Buchstabe a nichts anderes vorsieht, haben die betreffenden Vertragsparteien den anderen Vertragsparteien ihre Absicht, eine Übereinkunft zu schließen, sowie die darin vorgesehene Modifikation zu notifizieren.

Teil V Ungültigkeit, Beendigung und Suspendierung von Verträgen

Abschnitt 1 Allgemeine Bestimmungen

Art. 42 Gültigkeit und Weitergeltung von Verträgen

(1) Die Gültigkeit eines Vertrags oder der Zustimmung eines Staates, durch einen Vertrag gebunden zu sein, kann nur in Anwendung dieses Übereinkommens angefochten werden.

(2) Die Beendigung eines Vertrags, seine Kündigung oder der Rücktritt einer Vertragspartei kann nur in Anwendung der Bestimmungen des Vertrags oder dieses Übereinkommens erfolgen. Das gleiche gilt für die Suspendierung eines Vertrags.

Art. 43 Pflichten, die das Völkerrecht unabhängig von einem Vertrag auferlegt

Die Ungültigkeit, Beendigung oder Kündigung eines Vertrags, der Rücktritt einer Vertragspartei vom Vertrag oder seine Suspendierung beeinträchtigen, soweit sie sich aus der Anwendung dieses Übereinkommens oder des Vertrags ergeben, in keiner Hinsicht die Pflicht eines Staates, eine in dem Vertrag enthaltene Verpflichtung zu erfüllen, der es auch unabhängig von dem Vertrag auf Grund des Völkerrechts unterworfen ist.

Art. 44 Trennbarkeit von Vertragsbestimmungen

(1) Das in einem Vertrag vorgesehene oder sich aus Artikel 56 ergebende Recht einer Vertragspartei, zu kündigen, zurückzutreten oder den Vertrag zu suspendieren, kann nur hinsichtlich des gesamten Vertrags ausgeübt werden, sofern der Vertrag nichts anderes vorsieht oder die Vertragsparteien nichts anderes vereinbaren.

(2) Ein in diesem Übereinkommen anerkannter Grund dafür, einen Vertrag als ungültig zu erklären, ihn zu beenden, von ihm zurückzutreten oder ihn zu suspendieren, kann nur hinsichtlich des gesamten Vertrags geltend gemacht werden, sofern in den folgenden Absätzen oder in Artikel 60 nichts anderes vorgesehen ist.

(3) Trifft der Grund nur auf einzelne Bestimmungen zu, so kann er hinsichtlich dieser allein geltend gemacht werden,

a) wenn diese Bestimmungen von den übrigen Vertragsbestimmungen getrennt angewendet werden können;

b) wenn aus dem Vertrag hervorgeht oder anderweitig feststeht, dass die Annahme dieser Bestimmungen keine wesentliche Grundlage für die Zustimmung der anderen Vertragspartei oder Vertragsparteien war, durch den gesamten Vertrag gebunden zu sein, und

c) wenn die Weiteranwendung der übrigen Vertragsbestimmungen nicht unbillig ist.

(4) In den Fällen der Artikel 49 und 50 kann ein Staat, der berechtigt ist, Betrug oder Bestechung geltend zu machen, dies entweder hinsichtlich des gesamten Vertrags oder, vorbehaltlich des Absatzes 3, nur hinsichtlich einzelner Bestimmungen tun.

(5) In den Fällen der Artikel 51, 52 und 53 ist die Abtrennung einzelner Vertragsbestimmungen unzulässig.

Art. 45 Verlust des Rechtes, Gründe dafür geltend zu machen, einen Vertrag als ungültig zu erklären, ihn zu beenden, von ihm zurückzutreten oder ihn zu suspendieren

Ein Staat kann Gründe nach den Artikeln 46 bis 50 oder 60 und 62 nicht länger geltend machen, um einen Vertrag als ungültig zu erklären, ihn zu beenden, von ihm zurückzutreten oder ihn zu suspendieren, wenn, nachdem dem Staat der Sachverhalt bekannt geworden ist,

a) er ausdrücklich zugestimmt hat, dass der Vertrag – je nach Lage des Falles – gültig ist, in Kraft bleibt oder weiterhin angewendet wird, oder

b) auf Grund seines Verhaltens angenommen werden muss, er habe – je nach Lage des Falles – der Gültigkeit des Vertrags, seinem Inkraftbleiben oder seiner Weiteranwendung stillschweigend zugestimmt.

Abschnitt 2 Ungültigkeit von Verträgen

Art. 46 Innerstaatliche Bestimmungen über die Zuständigkeit zum Abschluss von Verträgen

(1) Ein Staat kann sich nicht darauf berufen, dass seine Zustimmung, durch einen Vertrag gebunden zu sein, unter Verletzung einer Bestimmung seines innerstaatlichen Rechts über die Zuständigkeit zum Abschluss von Verträgen ausgedrückt wurde und daher ungültig sei, sofern nicht die Verletzung offenkundig war und eine innerstaatliche Rechtsvorschrift von grundlegender Bedeutung betraf.

(2) Eine Verletzung ist offenkundig, wenn sie für jeden Staat, der sich hierbei im Einklang mit der allgemeinen Übung und nach Treu und Glauben verhält objektiv erkennbar ist.

Art. 47 Besondere Beschränkungen der Ermächtigung, die Zustimmung eines Staates zum Ausdruck zu bringen

Ist die Ermächtigung eines Vertreters, die Zustimmung eines Staates auszudrücken durch einen bestimmten Vertrag gebunden zu sein, einer besonderen Beschränkung unterworfen worden, so kann nur dann geltend gemacht werden, dass diese Zustimmung wegen Nichtbeachtung der Beschränkung ungültig sei, wenn die Beschränkung den anderen Verhandlungsstaaten notifiziert worden war, bevor der Vertreter die Zustimmung zum Ausdruck brachte.

Art. 48 Irrtum

(1) Ein Staat kann geltend machen, dass seine Zustimmung, durch den Vertrag gebunden zu sein, wegen eines Irrtums im Vertrag ungültig sei, wenn sich der Irrtum auf eine Tatsache oder Lage bezieht, deren Bestehen der Staat im Zeitpunkt des Vertragsabschlusses annahm und die eine wesentliche Grundlage für seine Zustimmung bildete.

(2) Absatz 1 findet keine Anwendung, wenn der betreffende Staat durch sein eigenes Verhalten zu dem Irrtum beigetragen hat oder nach den Umständen mit der Möglichkeit eines Irrtums rechnen musste.

(3) Ein ausschließlich redaktioneller Irrtum berührt die Gültigkeit eines Vertrags nicht; in diesem Fall findet Artikel 79 Anwendung.

Art. 49 Betrug

Ist ein Staat durch das betrügerische Verhalten eines anderen Verhandlungsstaats zum Vertragsabschluss veranlasst worden, so kann er geltend machen, dass seine Zustimmung, durch den Vertrag gebunden zu sein, wegen des Betrugs ungültig sei.

Art. 50 Bestechung eines Staatenvertreters

Hat ein Verhandlungsstaat die Zustimmung eines anderen Staates, durch einen Vertrag gebunden zu sein, mittelbar oder unmittelbar durch Bestechung des Vertreters dieses

Staates herbeigeführt, so kann dieser Staat geltend machen, dass seine Zustimmung wegen der Bestechung ungültig sei.

Art. 51 Zwang gegen einen Staatenvertreter

Wurde die Zustimmung eines Staates, durch einen Vertrag gebunden zu sein, durch Zwang gegen seinen Vertreter mittels gegen diesen gerichteter Handlungen oder Drohungen herbeigeführt, so hat sie keine Rechtswirkung.

Art. 52 Zwang gegen einen Staat durch Androhung oder Anwendung von Gewalt

Ein Vertrag ist nichtig, wenn sein Abschluss durch Androhung oder Anwendung von Gewalt unter Verletzung der in der Charta der Vereinten Nationen niedergelegten Grundsätze des Völkerrechts herbeigeführt wurde.

Art. 53 Verträge im Widerspruch zu einer zwingenden Norm des allgemeinen Völkerrechts *(ius cogens)*

Ein Vertrag ist nichtig, wenn er im Zeitpunkt seines Abschlusses im Widerspruch zu einer zwingenden Norm des allgemeinen Völkerrechts steht. Im Sinne dieses Übereinkommens ist eine zwingende Norm des allgemeinen Völkerrechts eine Norm, die von der internationalen Staatengemeinschaft in ihrer Gesamtheit angenommen und anerkannt wird als eine Norm, von der nicht abgewichen werden darf und die nur durch eine spätere Norm des allgemeinen Völkerrechts derselben Rechtsnatur geändert werden kann.

Abschnitt 3 Beendigung und Suspendierung von Verträgen

Art. 54 Beendigung eines Vertrags oder Rücktritt vom Vertrag auf Grund seiner Bestimmungen oder durch Einvernehmen zwischen den Vertragsparteien

Die Beendigung eines Vertrags oder der Rücktritt einer Vertragspartei vom Vertrag können erfolgen

a) nach Maßgabe der Vertragsbestimmungen oder

b) jederzeit durch Einvernehmen zwischen allen Vertragsparteien nach Konsultierung der anderen Vertragsstaaten.

Art. 55 Abnahme der Zahl der Vertragsparteien eines mehrseitigen Vertrags auf weniger als die für sein Inkrafttreten erforderliche Zahl

Sofern der Vertrag nichts anderes vorsieht, erlischt ein mehrseitiger Vertrag nicht schon deshalb, weil die Zahl der Vertragsparteien unter die für sein Inkrafttreten erforderliche Zahl sinkt.

Art. 56 Kündigung eines Vertrags oder Rücktritt von einem Vertrag, der keine Bestimmung über Beendigung, Kündigung oder Rücktritt enthält

(1) Ein Vertrag, der keine Bestimmung über seine Beendigung enthält und eine Kündigung oder einen Rücktritt nicht vorsieht, unterliegt weder der Kündigung noch dem Rücktritt, sofern

a) nicht feststeht, dass die Vertragsparteien die Möglichkeit einer Kündigung oder eines Rücktritts zuzulassen beabsichtigten, oder

b) ein Kündigungs- oder Rücktrittsrecht sich nicht aus der Natur des Vertrags herleiten lässt.

(2) Eine Vertragspartei hat ihre Absicht, nach Absatz 1 einen Vertrag zu kündigen oder von einem Vertrag zurückzutreten, mindestens zwölf Monate im Voraus zu notifizieren.

Art. 57 Suspendierung eines Vertrags auf Grund seiner Bestimmungen oder durch Einvernehmen zwischen den Vertragsparteien

Ein Vertrag kann gegenüber allen oder einzelnen Vertragsparteien suspendiert werden

a) nach Maßgabe der Vertragsbestimmungen oder

b) jederzeit durch Einvernehmen zwischen allen Vertragsparteien nach Konsultierung der anderen Vertragsstaaten.

Art. 58 Suspendierung eines mehrseitigen Vertrags auf Grund einer Übereinkunft zwischen einzelnen Vertragsparteien

(1) Zwei oder mehr Vertragsparteien eines mehrseitigen Vertrags können eine Übereinkunft zur zeitweiligen, nur zwischen ihnen wirksamen Suspendierung einzelner Vertragsbestimmungen schließen,

a) wenn eine solche Suspendierungsmöglichkeit im Vertrag vorgesehen ist oder

b) wenn die Suspendierung durch den Vertrag nicht verboten ist, vorausgesetzt,

i) dass sie die anderen Vertragsparteien im Genuss ihrer Rechte auf Grund des Vertrags oder in der Erfüllung ihrer Pflichten nicht beeinträchtigt und

ii) dass sie mit Ziel und Zweck des Vertrags nicht unvereinbar ist.

(2) Sofern der Vertrag in einem Fall des Absatzes 1 Buchstabe a nichts anderes vorsieht, haben diese Vertragsparteien den anderen Vertragsparteien ihre Absicht, die Übereinkunft zu schließen, sowie diejenigen Vertragsbestimmungen zu notifizieren, die sie suspendieren wollen.

Art. 59 Beendigung oder Suspendierung eines Vertrags durch Abschluss eines späteren Vertrags

(1) Ein Vertrag gilt als beendet, wenn alle Vertragsparteien später einen sich auf denselben Gegenstand beziehenden Vertrag schließen und

a) aus dem späteren Vertrag hervorgeht oder anderweitig feststeht, dass die Vertragsparteien beabsichtigten, den Gegenstand durch den späteren Vertrag zu regeln, oder

b) die Bestimmungen des späteren Vertrags mit denen des früheren Vertrags in solchem Masse unvereinbar sind, dass die beiden Verträge eine gleichzeitige Anwendung nicht zulassen.

(2) Der frühere Vertrag gilt als nur suspendiert, wenn eine solche Absicht der Vertragsparteien aus dem späteren Vertrag hervorgeht oder anderweitig feststeht.

Art. 60 Beendigung oder Suspendierung eines Vertrags infolge Vertragsverletzung

(1) Eine erhebliche Verletzung eines zweiseitigen Vertrags durch eine Vertragspartei berechtigt die andere Vertragspartei, die Vertragsverletzung als Grund für die Beendigung des Vertrags oder für seine gänzliche oder teilweise Suspendierung geltend zu machen.

(2) Eine erhebliche Verletzung eines mehrseitigen Vertrags durch eine Vertragspartei

a) berechtigt die anderen Vertragsparteien, einvernehmlich den Vertrag ganz oder teilweise zu suspendieren oder ihn zu beenden

i) entweder im Verhältnis zwischen ihnen und dem vertragsbrüchigen Staat

ii) oder zwischen allen Vertragsparteien;

b) berechtigt eine durch die Vertragsverletzung besonders betroffene Vertragspartei, die Verletzung als Grund für die gänzliche oder teilweise Suspendierung des Vertrags im Verhältnis zwischen ihr und dem vertragsbrüchigen Staat geltend zu machen;

c) berechtigt jede Vertragspartei außer dem vertragsbrüchigen Staat, die Vertragsverletzung als Grund für die gänzliche oder teilweise Suspendierung des

Vertrags in Bezug auf sich selbst geltend zu machen, wenn der Vertrag so beschaffen ist, dass eine erhebliche Verletzung seiner Bestimmungen durch eine Vertragspartei die Lage jeder Vertragspartei hinsichtlich der weiteren Erfüllung ihrer Vertragsverpflichtungen grundlegend ändert.

(3) Eine erhebliche Verletzung im Sinne dieses Artikels liegt

a) in einer nach diesem Übereinkommen nicht zulässigen Ablehnung des Vertrags oder

b) in der Verletzung einer für die Erreichung des Vertragsziels oder des Vertragszwecks wesentlichen Bestimmung.

(4) Die Absätze 1 bis 3 lassen die Vertragsbestimmungen unberührt, die bei einer Verletzung des Vertrags anwendbar sind.

(5) Die Absätze 1 bis 3 finden keine Anwendung auf Bestimmungen über den Schutz der menschlichen Person in Verträgen humanitärer Art, insbesondere auf Bestimmungen zum Verbot von Repressalien jeder Art gegen die durch derartige Verträge geschützten Personen.

Art. 61 Nachträgliche Unmöglichkeit der Erfüllung

(1) Eine Vertragspartei kann die Unmöglichkeit der Vertragserfüllung als Grund für die Beendigung des Vertrags oder den Rücktritt vom Vertrag geltend machen, wenn sich die Unmöglichkeit aus dem endgültigen Verschwinden oder der Vernichtung eines zur Ausführung des Vertrags unerlässlichen Gegenstandes ergibt. Eine vorübergehende Unmöglichkeit kann nur als Grund für die Suspendierung des Vertrags geltend gemacht werden.

(2) Eine Vertragspartei kann die Unmöglichkeit der Vertragserfüllung nicht als Grund für die Beendigung des Vertrags, den Rücktritt vom Vertrag oder seine Suspendierung geltend machen, wenn sie die Unmöglichkeit durch die Verletzung einer Vertragsverpflichtung oder einer sonstigen, gegenüber einer anderen Vertragspartei bestehenden internationalen Verpflichtung selbst herbeigeführt hat.

Art. 62 Grundlegende Änderung der Umstände

(1) Eine grundlegende Änderung der beim Vertragsabschluss gegebenen Umstände, die von den Vertragsparteien nicht vorausgesehen wurde, kann nicht als Grund für die Beendigung des Vertrags oder den Rücktritt von ihm geltend gemacht werden, es sei denn

a) das Vorhandensein jener Umstände bildete eine wesentliche Grundlage für die Zustimmung der Vertragsparteien, durch den Vertrag gebunden zu sein, und

b) die Änderung der Umstände würde das Ausmaß der auf Grund des Vertrags noch zu erfüllenden Verpflichtungen tief greifend umgestalten.

(2) Eine grundlegende Änderung der Umstände kann nicht als Grund für die Beendigung des Vertrags oder den Rücktritt von ihm geltend gemacht werden,

a) wenn der Vertrag eine Grenze festlegt oder

b) wenn die Vertragspartei, welche die grundlegende Änderung der Umstände geltend macht, diese durch Verletzung einer Vertragsverpflichtung oder einer sonstigen, gegenüber einer anderen Vertragspartei bestehenden internationalen Verpflichtung selbst herbeigeführt hat.

(3) Kann eine Vertragspartei nach Absatz 1 oder 2 eine grundlegende Änderung der Umstände als Grund für die Beendigung des Vertrags oder den Rücktritt von ihm geltend machen, so kann sie die Änderung auch als Grund für die Suspendierung des Vertrags geltend machen.

Art. 63 Abbruch der diplomatischen oder konsularischen Beziehungen

Der Abbruch der diplomatischen oder konsularischen Beziehungen zwischen Parteien eines Vertrags lässt die zwischen ihnen durch den Vertrag begründeten Rechtsbeziehungen unberührt, es sei denn, das Bestehen diplomatischer oder konsularischer Beziehungen ist für die Anwendung des Vertrags unerlässlich.

Art. 64 Entstehung einer neuen zwingenden Norm des allgemeinen Völkerrechts *(ius cogens)*

Entsteht eine neue zwingende Norm des allgemeinen Völkerrechts, so wird jeder zu dieser Norm im Widerspruch stehende Vertrag nichtig und erlischt.

Abschnitt 4 Verfahren

Art. 65 Verfahren bei Ungültigkeit oder Beendigung eines Vertrags, beim Rücktritt von einem Vertrag oder bei Suspendierung eines Vertrags

(1) Macht eine Vertragspartei auf Grund dieses Übereinkommens entweder einen Mangel in ihrer Zustimmung, durch einen Vertrag gebunden zu sein, oder einen Grund zur Anfechtung der Gültigkeit eines Vertrags, zu seiner Beendigung, zum Rücktritt vom

Vertrag oder zu seiner Suspendierung geltend, so hat sie den anderen Vertragsparteien ihren Anspruch zu notifizieren. In der Notifikation sind die in Bezug auf den Vertrag beabsichtigte Maßnahme und die Gründe dafür anzugeben.

(2) Erhebt innerhalb einer Frist, die – außer in besonders dringenden Fällen – nicht weniger als drei Monate nach Empfang der Notifikation beträgt, keine Vertragspartei Einspruch, so kann die notifizierende Vertragspartei in der in Artikel 67 vorgesehenen Form die angekündigte Maßnahme durchführen.

(3) Hat jedoch eine andere Vertragspartei Einspruch erhoben, so bemühen sich die Vertragsparteien um eine Lösung durch die in Artikel 33 der Charta der Vereinten Nationen genannten Mittel.

(4) Die Absätze 1 bis 3 berühren nicht die Rechte oder Pflichten der Vertragsparteien auf Grund in Kraft befindlicher und für die Vertragsparteien verbindlicher Bestimmungen über die Beilegung von Streitigkeiten.

(5) Unbeschadet des Artikels 45 hindert der Umstand, dass ein Staat die nach Absatz 1 vorgeschriebene Notifikation noch nicht abgegeben hat, diesen nicht daran, eine solche Notifikation als Antwort gegenüber einer anderen Vertragspartei abzugeben, die Vertragserfüllung fordert oder eine Vertragsverletzung behauptet.

Art. 66 Verfahren zur gerichtlichen oder schiedsgerichtlichen Beilegung oder zum Vergleich

Ist innerhalb von zwölf Monaten nach Erhebung eines Einspruchs keine Lösung nach Artikel 65 Absatz 3 erzielt worden, so sind folgende Verfahren anzuwenden:

a) jede Partei einer Streitigkeit über die Anwendung oder Auslegung des Artikels 53 oder 64 kann die Streitigkeit durch eine Klageschrift dem Internationalen Gerichtshof zur Entscheidung unterbreiten, sofern die Parteien nicht vereinbaren, die Streitigkeit einem Schiedsverfahren zu unterwerfen;

b) jede Partei einer Streitigkeit über die Anwendung oder Auslegung eines sonstigen Artikels des Teiles V dieses Übereinkommens kann das im Anhang zu dem Übereinkommen bezeichnete Verfahren durch einen diesbezüglichen Antrag an den Generalsekretär der Vereinten Nationen einleiten.

Art. 67 Urkunden zur Ungültigerklärung oder Beendigung eines Vertrags, zum Rücktritt von einem Vertrag oder zur Suspendierung eines Vertrags

(1) Die Notifikation nach Artikel 65 Absatz 1 bedarf der Schriftform.

(2) Eine Handlung, durch die ein Vertrag auf Grund seiner Bestimmungen oder nach Artikel 65 Absatz 2 oder 3 dieses Übereinkommens für ungültig erklärt oder beendet wird, durch die der Rücktritt vom Vertrag erklärt oder dieser suspendiert wird, ist durch eine den anderen Vertragsparteien zu übermittelnde Urkunde vorzunehmen. Ist die Urkunde nicht vom Staatsoberhaupt, Regierungschef oder Außenminister unterzeichnet, so kann der Vertreter des die Urkunde übermittelnden Staates aufgefordert werden, seine Vollmacht vorzulegen.

Art. 68 Rücknahme von Notifikationen und Urkunden nach den Artikeln 65 und 67

Eine Notifikation oder eine Urkunde nach den Artikeln 65 und 67 kann jederzeit zurückgenommen werden, bevor sie wirksam wird.

Abschnitt 5 Folgen der Ungültigkeit, der Beendigung oder der Suspendierung eines Vertrags

Art. 69 Folgen der Ungültigkeit eines Vertrags

(1) Ein Vertrag, dessen Ungültigkeit auf Grund dieses Übereinkommens festgestellt wird, ist nichtig. Die Bestimmungen eines nichtigen Vertrags haben keine rechtliche Gültigkeit.

(2) Sind jedoch, gestützt auf einen solchen Vertrag, Handlungen vorgenommen worden,

a) so kann jede Vertragspartei von jeder anderen Vertragspartei verlangen, dass diese in ihren gegenseitigen Beziehungen soweit wie möglich die Lage wiederherstellt, die bestanden hätte, wenn die Handlungen nicht vorgenommen worden wären;

b) so werden Handlungen, die vor Geltendmachung der Ungültigkeit in gutem Glauben vorgenommen wurden, nicht schon durch die Ungültigkeit des Vertrags rechtswidrig.

(3) In den Fällen des Artikels 49, 50, 51 oder 52 findet Absatz 2 keine Anwendung in Bezug auf die Vertragspartei, welcher der Betrug, die Bestechung oder der Zwang zuzurechnen ist.

(4) Ist die Zustimmung eines bestimmten Staates, durch einen mehrseitigen Vertrag gebunden zu sein, mit einem Mangel behaftet, so finden die Absätze 1 bis 3 im Verhältnis zwischen diesem Staat und den Vertragsparteien Anwendung.

Art. 70 Folgen der Beendigung eines Vertrags

(1) Sofern der Vertrag nichts anderes vorsieht oder die Vertragsparteien nichts anderes vereinbaren, hat die nach den Bestimmungen des Vertrags oder nach diesem Übereinkommen eingetretene Beendigung des Vertrags folgende Wirkungen:

a) sie befreit die Vertragsparteien von der Verpflichtung, den Vertrag weiterhin zu erfüllen;

b) sie berührt nicht die vor Beendigung des Vertrags durch dessen Durchführung begründeten Rechte und Pflichten der Vertragsparteien und ihre dadurch geschaffene Rechtslage.

(2) Kündigt ein Staat einen mehrseitigen Vertrag oder tritt er von ihm zurück, so gilt Absatz 1 in den Beziehungen zwischen diesem Staat und jeder anderen Vertragspartei vom Zeitpunkt des Wirksamwerdens der Kündigung oder des Rücktritts an.

Art. 71 Folgen der Ungültigkeit eines Vertrags, der im Widerspruch zu einer zwingenden Norm des allgemeinen Völkerrechts steht

(1) Im Fall eines nach Artikel 53 nichtigen Vertrags haben die Vertragsparteien

a) soweit wie möglich die Folgen von Handlungen zu beseitigen, die, gestützt auf eine zu der zwingenden Norm des allgemeinen Völkerrechts im Widerspruch stehende Bestimmung, vorgenommen wurden, und

b) ihre gegenseitigen Beziehungen mit der zwingenden Norm des allgemeinen Völkerrechts in Einklang zu bringen.

(2) Im Fall eines Vertrags, der nach Artikel 64 nichtig wird und erlischt, hat die Beendigung folgende Wirkungen:

a) Sie befreit die Vertragsparteien von der Verpflichtung, den Vertrag weiterhin zu erfüllen;

b) sie berührt nicht die vor Beendigung des Vertrags begründeten Rechte und Pflichten der Vertragsparteien und ihre dadurch geschaffene Rechtslage; solche Rechte, Pflichten und Rechtslagen dürfen danach jedoch nur insoweit aufrechterhalten werden, als ihre Aufrechterhaltung als solche nicht im Widerspruch zu der neuen zwingenden Norm des allgemeinen Völkerrechts steht.

Art. 72 Folgen der Suspendierung eines Vertrags

(1) Sofern der Vertrag nichts anderes vorsieht oder die Vertragsparteien nichts anderes vereinbaren, hat die nach den Bestimmungen des Vertrags oder nach diesem Übereinkommen erfolgte Suspendierung des Vertrags folgende Wirkungen:

a) sie befreit die Vertragsparteien, zwischen denen der Vertrag suspendiert ist, in ihren gegenseitigen Beziehungen während der Suspendierung von der Verpflichtung, den Vertrag zu erfüllen;
b) sie berührt anderweitig die durch den Vertrag zwischen den Vertragsparteien begründeten Rechtsbeziehungen nicht.
(2) Während der Suspendierung haben sich die Vertragsparteien aller Handlungen zu enthalten, die der Wiederanwendung des Vertrags entgegenstehen könnten.

Teil VI Verschiedene Bestimmungen

Art. 73 Fälle der Staatennachfolge, der Verantwortlichkeit der Staaten und des Ausbruchs von Feindseligkeiten
Dieses Übereinkommen lässt Fragen unberührt, die sich hinsichtlich eines Vertrags aus der Nachfolge von Staaten, aus der völkerrechtlichen Verantwortlichkeit eines Staates oder aus dem Ausbruch von Feindseligkeiten zwischen Staaten ergeben können.

Art. 74 Diplomatische und konsularische Beziehungen und der Abschluss von Verträgen
Der Abbruch oder das Fehlen diplomatischer oder konsularischer Beziehungen zwischen zwei oder mehr Staaten steht dem Abschluss von Verträgen zwischen diesen Staaten nicht entgegen. Der Abschluss eines Vertrags ist als solcher ohne Wirkung in Bezug auf diplomatische oder konsularische Beziehungen.

Art. 75 Fall eines Angreiferstaats
Dieses Übereinkommen berührt keine mit einem Vertrag zusammenhängenden Verpflichtungen, welche sich für einen Angreiferstaat infolge von Maßnahmen ergeben können, die auf den Angriff des betreffenden Staates hin im Einklang mit der Charta der Vereinten Nationen getroffen wurden.

Teil VII Verwahrer, Notifikationen, Berichtigungen und Registrierung

Art. 76 Verwahrer von Verträgen
(1) Der Verwahrer eines Vertrags kann von den Verhandlungsstaaten im Vertrag selbst oder in sonstiger Weise bestimmt werden. Einzelne oder mehrere Staaten, eine

internationale Organisation oder der leitende Verwaltungsbeamte einer internationalen Organisation können Verwahrer sein.

(2) Die Aufgaben des Verwahrers haben internationalen Charakter; der Verwahrer ist verpflichtet, diese Aufgaben unparteiisch wahrzunehmen. Insbesondere wird diese Verpflichtung nicht davon berührt, dass ein Vertrag zwischen einzelnen Vertragsparteien nicht in Kraft getreten ist oder dass zwischen einem Staat und einem Verwahrer über die Erfüllung von dessen Aufgaben Meinungsverschiedenheiten aufgetreten sind.

Art. 77 Aufgaben des Verwahrers

(1) Sofern der Vertrag nichts anderes vorsieht oder die Vertragsstaaten nichts anderes vereinbaren, hat ein Verwahrer insbesondere folgende Aufgaben:

a) Die Urschrift des Vertrags und die dem Verwahrer übergebenen Vollmachten zu verwahren;

b) beglaubigte Abschriften der Urschrift sowie weitere Texte des Vertrags in den nach dem Vertrag erforderlichen zusätzlichen Sprachen zu erstellen und sie den Vertragsparteien und den Staaten zu übermitteln, die berechtigt sind, Vertragsparteien zu werden;

c) Unterzeichnungen des Vertrags entgegenzunehmen sowie alle sich auf den Vertrag beziehenden Urkunden, Notifikationen und Mitteilungen entgegenzunehmen und zu verwahren;

d) zu prüfen, ob die Unterzeichnung und jede sich auf den Vertrag beziehende Urkunde, Notifikation oder Mitteilung in guter und gehöriger Form sind, und, falls erforderlich, den betreffenden Staat darauf aufmerksam zu machen;

e) die Vertragsparteien sowie die Staaten, die berechtigt sind, Vertragsparteien zu werden, von Handlungen, Notifikationen und Mitteilungen zu unterrichten, die sich auf den Vertrag beziehen;

f) die Staaten, die berechtigt sind, Vertragsparteien zu werden, von dem Zeitpunkt zu unterrichten, zu dem die für das Inkrafttreten des Vertrags erforderliche Anzahl von Unterzeichnungen oder von Ratifikation—, Annahme—, Genehmigungs- oder Beitrittsurkunden vorliegt oder hinterlegt wurde;

g) den Vertrag beim Sekretariat der Vereinten Nationen registrieren zu lassen;

h) die in anderen Bestimmungen dieses Übereinkommens bezeichneten Aufgaben zu erfüllen.

(2) Treten zwischen einem Staat und dem Verwahrer über die Erfüllung von dessen Aufgaben Meinungsverschiedenheiten auf, so macht dieser die Unterzeichnerstaaten und die Vertragsstaaten oder, wenn angebracht, das zuständige Organ der internationalen Organisation darauf aufmerksam.

Art. 78 Notifikationen und Mitteilungen

Sofern der Vertrag oder dieses Übereinkommen nichts anderes vorsieht, gilt für Notifikationen und Mitteilungen, die ein Staat auf Grund dieses Übereinkommens abzugeben hat, folgendes:

a) ist kein Verwahrer vorhanden, so sind sie unmittelbar den Staaten zu übersenden, für die sie bestimmt sind; ist ein Verwahrer vorhanden, so sind sie diesem zu übersenden;

b) sie gelten erst dann als von dem betreffenden Staat abgegeben, wenn sie – je nach Lage des Falles – der Staat, dem sie übermittelt werden, oder der Verwahrer empfangen hat;

c) werden sie einem Verwahrer übermittelt, so gelten sie erst in dem Zeitpunkt als von dem Staat, für den sie bestimmt sind, empfangen, zu dem dieser nach Artikel 77 Absatz 1 Buchstabe e von dem Verwahrer unterrichtet wurde.

Art. 79 Berichtigung von Fehlern im Text oder in den beglaubigten Abschriften von Verträgen

(1) Kommen die Unterzeichnerstaaten und die Vertragsstaaten nach Festlegung des authentischen Textes eines Vertrags übereinstimmend zu der Ansicht, dass er einen Fehler enthält, so wird dieser, sofern die genannten Staaten nicht ein anderes Verfahren zur Berichtigung beschließen, wie folgt berichtigt:

a) Der Text wird entsprechend berichtigt und die Berichtigung von gehörig ermächtigten Vertretern paraphiert;

b) über die vereinbarte Berichtigung wird eine Urkunde errichtet oder werden mehrere Urkunden ausgetauscht oder

c) ein berichtigter Text des gesamten Vertrags wird nach demselben Verfahren hergestellt wie der ursprüngliche Text.

(2) Ist für einen Vertrag ein Verwahrer vorhanden, so notifiziert dieser den Unterzeichnerstaaten und den Vertragsstaaten den Fehler und den Berichtigungsvorschlag und setzt eine angemessene Frist, innerhalb welcher Einspruch

gegen die vorgeschlagene Berichtigung erhoben werden kann. Ist nach Ablauf dieser Frist

a) kein Einspruch erhoben worden, so nimmt der Verwahrer die Berichtigung am Text vor und paraphiert sie; ferner fertigt er eine Niederschrift über die Berichtigung an und übermittelt von dieser je eine Abschrift den Vertragsparteien und den Staaten, die berechtigt sind, Vertragsparteien zu werden;

b) Einspruch erhoben worden, so teilt der Verwahrer den Unterzeichnerstaaten und den Vertragsstaaten den Einspruch mit.

(3) Die Absätze 1 und 2 finden auch Anwendung, wenn der Text in zwei oder mehr Sprachen als authentisch festgelegt wurde und sich ein Mangel an Übereinstimmung herausstellt, der nach einhelliger Auffassung der Unterzeichnerstaaten und der Vertragsstaaten behoben werden soll.

(4) Der berichtigte Text tritt *ab initio* an die Stelle des mangelhaften Textes, sofern die Unterzeichnerstaaten und die Vertragsstaaten nichts anderes beschließen.

(5) Die Berichtigung des Textes eines registrierten Vertrags ist dem Sekretariat der Vereinten Nationen zu notifizieren.

(6) Wird in einer beglaubigten Abschrift eines Vertrags ein Fehler festgestellt, so fertigt der Verwahrer eine Niederschrift über die Berichtigung an und übermittelt den Unterzeichnerstaaten und den Vertragsstaaten von dieser je eine Abschrift.

Art. 80 Registrierung und Veröffentlichung von Verträgen

(1) Verträge werden nach ihrem Inkrafttreten dem Sekretariat der Vereinten Nationen zur Registrierung beziehungsweise Aufnahme in die Akten (filing and recording) und zur Veröffentlichung übermittelt.

(2) Ist ein Verwahrer bestimmt, so gilt er als befugt, die in Absatz 1 genannten Handlungen vorzunehmen.

Teil VIII Schlussbestimmungen

Art. 81 Unterzeichnung

Dieses Übereinkommen liegt für alle Mitgliedstaaten der Vereinten Nationen, einer ihrer Sonderorganisationen oder der Internationalen Atomenergie-Organisation, für Vertragsparteien des Statuts des Internationalen Gerichtshofs und für jeden anderen Staat, den die Generalversammlung der Vereinten Nationen einlädt, Vertragspartei des

Übereinkommens zu werden, wie folgt zur Unterzeichnung auf: bis zum 30. November 1969 im Bundesministerium für Auswärtige Angelegenheiten der Republik Österreich und danach bis zum 30. April 1970 am Sitz der Vereinten Nationen in New York.

Art. 82 Ratifikation

Dieses Übereinkommen bedarf der Ratifikation. Die Ratifikationsurkunden werden beim Generalsekretär der Vereinten Nationen hinterlegt.

Art. 83 Beitritt

Dieses Übereinkommen steht jedem Staat zum Beitritt offen, der einer der in Artikel 81 bezeichneten Kategorien angehört. Die Beitrittsurkunden werden beim Generalsekretär der Vereinten Nationen hinterlegt.

Art. 84 Inkrafttreten

(1) Dieses Übereinkommen tritt am dreißigsten Tag nach Hinterlegung der fünfunddreißigsten Ratifikations- oder Beitrittsurkunde in Kraft.

(2) Für jeden Staat, der nach Hinterlegung der fünfunddreißigsten Ratifikations- oder Beitrittsurkunde das Übereinkommen ratifiziert oder ihm beitritt, tritt es am dreißigsten Tag nach Hinterlegung seiner eigenen Ratifikations- oder Beitritts-urkunde in Kraft.

Art. 85 Authentische Texte

Die Urschrift dieses Übereinkommens, dessen chinesischer, englischer, französischer, russischer und spanischer Wortlaut gleichermaßen verbindlich ist, wird beim Generalsekretär der Vereinten Nationen hinterlegt.

Zu Urkunde dessen haben die unterzeichneten, von ihren Regierungen hierzu gehörig befugten Bevollmächtigten dieses Übereinkommen unterschrieben.

Geschehen zu Wien am 23. Mai 1969.

(1) Der Generalsekretär der Vereinten Nationen erstellt und führt ein Verzeichnis qualifizierter Juristen als Vermittler. Zu diesem Zweck wird jeder Staat, der Mitglied der Vereinten Nationen oder Vertragspartei dieses Übereinkommens ist, ersucht, zwei Vermittler zu ernennen, die Namen der so Ernannten bilden das Verzeichnis. Die Vermittler, einschließlich der zur zeitweiligen Stellvertretung berufenen, werden für fünf Jahre ernannt; die Ernennung kann erneuert werden. Nach Ablauf der Zeit, für

welche die Vermittler ernannt worden sind, nehmen diese weiterhin die Aufgaben wahr, für die sie nach Absatz 2 ausgewählt wurden.

(2) Ist nach Artikel 66 ein Antrag beim Generalsekretär gestellt worden, so legt dieser die Streitigkeit einer Vergleichskommission vor, die sich wie folgt zusammensetzt:

Der Staat oder die Staaten, die eine der Streitparteien bilden, bestellen

a) einen Vermittler mit der Staatsangehörigkeit dieses Staates oder eines dieser Staaten, der aus dem in Absatz 1 genannten Verzeichnis ausgewählt werden kann, sowie

b) einen Vermittler, der nicht die Staatsangehörigkeit dieses Staates oder eines dieser Staaten besitzt und der aus dem Verzeichnis auszuwählen ist.

Der Staat oder die Staaten, welche die andere Streitpartei bilden, bestellen in derselben Weise zwei Vermittler. Die von den Parteien ausgewählten vier Vermittler sind innerhalb von sechzig Tagen zu bestellen, nachdem der Antrag beim Generalsekretär eingegangen ist.

Die vier Vermittler bestellen innerhalb von sechzig Tagen, nachdem der letzte von ihnen bestellt wurde, einen fünften Vermittler zum Vorsitzenden, der aus dem Verzeichnis auszuwählen ist.

Wird der Vorsitzende oder ein anderer Vermittler nicht innerhalb der oben hierfür vorgeschriebenen Frist bestellt, so wird er innerhalb von sechzig Tagen nach Ablauf der genannten Frist vom Generalsekretär bestellt. Der Generalsekretär kann eine der im Verzeichnis eingetragenen Personen oder ein Mitglied der Völkerrechtskommission zum Vorsitzenden ernennen. Sämtliche Fristen, innerhalb deren die Bestellungen vorzunehmen sind, können durch Vereinbarung zwischen den Streitparteien verlängert werden.

Wird die Stelle eines Vermittlers frei, so ist sie nach dem für die ursprüngliche Bestellung vorgeschriebenen Verfahren zu besetzen.

(3) Die Vergleichskommission beschließt ihr Verfahren. Mit Zustimmung der Streitparteien kann die Kommission jede Vertragspartei einladen, ihr ihre Ansichten schriftlich oder mündlich darzulegen. Entscheidungen und Empfehlungen der Kommission bedürfen der Mehrheit der fünf Mitglieder.

(4) Die Kommission kann den Streitparteien Maßnahmen aufzeigen, die eine gütliche Beilegung erleichtern könnten.

(5) Die Kommission hört die Parteien, prüft die Ansprüche und Einwendungen und macht den Parteien Vorschläge mit dem Ziel einer gütlichen Beilegung der Streitigkeit.

(6) Die Kommission erstattet innerhalb von zwölf Monaten nach ihrer Einsetzung Bericht. Der Bericht wird an den Generalsekretär gerichtet und den Streitparteien übermittelt. Der Bericht der Kommission, einschließlich der darin niedergelegten Schlussfolgerungen über Tatsachen oder in Rechtsfragen, bindet die Parteien nicht und hat nur den Charakter von Empfehlungen, die den Parteien zur Prüfung vorgelegt werden, um eine gütliche Beilegung der Streitigkeit zu erleichtern.

(7) Der Generalsekretär gewährt der Kommission jede Unterstützung und stellt ihr alle Einrichtungen zur Verfügung, deren sie bedarf. Die Kosten der Kommission werden von den Vereinten Nationen getragen.

More Books!

yes I want morebooks!

Buy your books fast and straightforward online - at one of world's fastest growing online book stores! Environmentally sound due to Print-on-Demand technologies.

Buy your books online at
www.morebooks.shop

Kaufen Sie Ihre Bücher schnell und unkompliziert online – auf einer der am schnellsten wachsenden Buchhandelsplattformen weltweit! Dank Print-On-Demand umwelt- und ressourcenschonend produziert.

Bücher schneller online kaufen
www.morebooks.shop

KS OmniScriptum Publishing
Brivibas gatve 197
LV-1039 Riga, Latvia
Telefax: +371 686 204 55

info@omniscriptum.com
www.omniscriptum.com

OMNIScriptum

FSC
www.fsc.org
MIX
Papier | Fördert gute Waldnutzung
FSC® C083411

Kolibri 360 GmbH
Ferdinand-Jühlke-Straße 7
99095 Erfurt, Deutschland
produktsicherheit@kolibri360.de

Druck:
CPI Druckdienstleistungen GmbH
im Auftrag der
Kolibri 360 GmbH
Ferdinand-Jühlke-Str. 7
99095 Erfurt